AF834823

www.ingramcontent.com/pod-product-compliance
Lightning Source LLC
LaVergne TN
LVHW022139071026
849580LV00015B/2202
* 9 7 8 9 6 9 7 2 2 3 3 7 4 *

اہلِ اسلام، اہلِ حق اہلِ سنّت و جماعت کے سچے عقیدوں کے بیان پر مشتمل

مُعِینُ الْاَصْحَاب

شرح

اِعْتِقَادُ الْاَحْبَابِ فِی الْجَمِیْلِ وَالْمُصْطَفٰی وَالْاٰلِ وَالْاَصْحَابِ

۱۲۹۸ھ

(اَحباب کا اِعتقاد، جمیل (اللہ پاک)، مصطفٰی صلی اللہ تعالٰی علیہ وسلم، آپ کی آل اور اصحاب کے بارے میں)

یعنی

دس اسلامی عقیدے

تصنیفِ لطیف

اعلیٰ حضرت، امامِ اہلِ سنّت امام احمد رضا خان قادری رحمۃ اللہ علیہ

شارح

مولانا محمد عدنان چشتی عطاری مدنی، مولانا محمد فرمان علی عطاری مدنی

پیشکش: المدینۃ العلمیۃ (دعوتِ اسلامی)
Islamic Research Center

شعبہ کتبِ اعلیٰ حضرت

ناشر: مکتبۃُ المدینہ کراچی

نام کتاب	اِعْتِقَادُ الْاَحْبَابِ فِی الْجَمِیْلِ وَ الْمُصْطَفٰی وَ الْاٰلِ وَ الْاَصْحَابِ
شرح بنام	دس اسلامی عقیدے
مصنف	اعلیٰ حضرت، امامِ اہلِ سنّت امام احمد رضا خان قادری رحمۃ اللہ علیہ
شارح	مولانا محمد عدنان چشتی عطاری مدنی، مولانا محمد فرمان علی عطاری مدنی
صفحات	218
پہلی بار	رمضان المبارک ۱۴۴۳ھ، اپریل 2022ء تعداد 7000 (سات ہزار)
دوسری بار	شوال المکرم ۱۴۴۳ھ، مئی 2022ء تعداد 10000 (دس ہزار)
تیسری بار	جمادی الاخریٰ ۱۴۴۴ھ، دسمبر 2022ء تعداد 15000 (پندرہ ہزار)
چوتھی بار	جمادی الاخریٰ ۱۴۴۵ھ، دسمبر 2023ء تعداد 2000 (دو ہزار)
پانچویں بار	ربیع الآخر 1446ھ، نومبر 2024ء تعداد: 10000 (دس ہزار)
پیش کش	المدینۃ العلمیۃ Islamic Research Center

مکتبۃ المدینہ
MAKTABA TUL MADINAH

دینی کتابوں کی اشاعت کا بین الاقوامی ادارہ

فیضانِ مدینہ، محلہ سوداگران، پرانی سبزی منڈی، کراچی

Faizan-E-Madina,Mohalla Sodagaran,Old Sabzi Mandi,Karachi

UAN : +922111252692, Ext : 1144 , :92-313-1139278, Ext : 9223

www.dawateislami.net www.maktabatulmadinah.com

ilmia@dawateislami.net feedback@maktabatulmadinah.com

پاکستان کے چند مکتبۃ المدینہ

کراچی: عالمی مدنی مرکز فیضانِ مدینہ نزد عسکری پارک کراچی	+92 312 2802126	لاہور: داتا دربار مارکیٹ نزد ستا ہوٹل گنج بخش روڈ لاہور	+92 42 37300561
ملتان: نزد پیپل والی مسجد اندرون بوہڑ گیٹ ملتان	+92 61 4511192	اسلام آباد: فیضانِ مدینہ، شبیر شریف روڈ، جی 11 مرکز اسلام آباد	+92 314 5208663
فیصل آباد: امین پور بازار فیصل آباد	+92 41 2632625	راولپنڈی: اقبال روڈ فضل داد پلازہ بیسمنٹ نزد کمیٹی چوک راولپنڈی	+92 51 5553765
حیدر آباد: فیضانِ مدینہ آفندی ٹاؤن حیدر آباد	+92 313 0492960	پشاور: سٹی ٹاور شاپ # ایف 15,16 کابلی روڈ پشاور	+92 341 1458486
کراچی: اردو بازار نزد سوبھراج ہسپتال کراچی	+92 318 3402526	کراچی: رضا مسجد چشتیہ مارکیٹ کورنگی 4 نمبر کراچی	+92 311 2569741
گجرانوالہ: عرفات کالونی شیخوپورہ موڑ جی ٹی روڈ گجرانوالہ	+92 316 7223528	گجرات: گلی فیضانِ مدینہ شاہ جہانگیر روڈ گجرات	+92 312 6372786
آزاد کشمیر: نزد فیضانِ مدینہ چوک شہیداں میرپور آزاد کشمیر	+92 300 5787824	خان پور: شاہی روڈ نزد دورانی چوک خان پور	+92 312 7436719

دنیا بھر کے چند مکتبۃ المدینہ

سعودی عرب:	00971-525641947	متحدہ عرب امارات:	00971-45146911	انگلینڈ:	0044 7872 119618	جرمنی:	0049 1521 6972748
ملائیشیا:	0060 16-934 1591	آسٹریلیا:	0061 430 539 226	اٹلی:	0039-3392358897	امریکہ:	001 (847) 800-3865
جاپان:	0081-8097526831	ترکی:	0090-5318980786	بھارت:	0091 93703 84948	ساؤتھ افریقہ:	0027 79 271 9161
ساؤتھ افریقہ:	0027 79 271 9161	بنگلہ دیش:	00880 1934-457874	کویت:	00965-99972721	ساؤتھ کوریا:	0082 105517-2612

المدینۃ العلمیۃ (دعوتِ اسلامی) — DAWAT-E-ISLAMI — مکتبۃ المدینہ MAKTABA TUL MADINAH

فہرست

المدینۃُ العلمیۃ
Islamic Research Centre

عالَمِ اسلام کی عظیم دینی تحریک دعوتِ اسلامی نے مسلمانوں کو درست اسلامی لٹریچر پہنچانے اور اس کے ذریعے اصلاحِ فرد و معاشرہ کے عظیم مقصد کے لئے 1421ھ مطابق 2001ء کو جامعۃ المدینہ گلستانِ جوہر کراچی میں المدینۃ العلمیۃ کے نام سے ایک تحقیقی ادارہ قائم کیا جس کا بنیادی مقصد اعلیٰ حضرت امام احمد رضا خان قادری رحمۃ اللہ علیہ کی کتب کو دورِ حاضر کے تقاضوں کے مطابق شائع کروانا تھا۔ جمادی الاولیٰ 1424ھ / جولائی 2003ء میں اسے عالمی مدنی مرکز فیضانِ مدینہ پرانی سبزی منڈی، یونیورسٹی روڈ کراچی منتقل کر دیا گیا۔ امیر اہلِ سنّت، بانی دعوتِ اسلامی علامہ محمد الیاس عطار قادری دامت بَرَکاتُہُمُ العالیہ کے نیکی کی دعوت، اِحیائے سنّت اور اِشاعتِ علمِ شریعت کا عزم پیشِ نظر رکھتے ہوئے یہ ادارہ چھ شعبہ جات میں تقسیم کیا گیا۔ پھر ان میں بتدریج اضافہ ہوتا رہا۔ اس کی کراچی کے علاوہ ایک شاخ مدنی مرکز فیضانِ مدینہ، مدینہ ٹاؤن فیصل آباد، پنجاب میں بھی قائم ہو چکی ہے، دونوں شاخوں میں 120 سے زائد علما تصنیف و تالیف یا ترجمہ و تحقیق وغیرہ کے کام میں مصروف ہیں اور 2021ء تک اس کے 23 شعبے قائم کئے جا چکے ہیں:

(1) شعبہ فیضانِ قرآن (2) شعبہ فیضانِ حدیث (3) شعبہ فقہ (فقہ حنفی و شافعی) (4) شعبہ سیرتِ مصطفےٰ (5) شعبہ فیضانِ صحابہ واہلِ بیت (6) شعبہ فیضانِ صحابیات و صالحات (7) شعبہ فیضانِ اولیا و علما (8) شعبہ کتبِ اعلیٰ حضرت (9) شعبہ تخریج (10) شعبہ درسی کتب (11) شعبہ اصلاحی کتب (12) شعبہ ہفتہ وار رسالہ (13) شعبہ بیاناتِ دعوتِ اسلامی (14) شعبہ تراجم کتب (15) شعبہ فیضانِ امیر اہلِ سنّت (16) ماہنامہ فیضانِ مدینہ (17) شعبہ دینی کاموں کی تحریرات و رسائل (18) دعوتِ اسلامی کے شب و روز (19) شعبہ بچّوں کی دنیا (20) شعبہ رسائلِ دعوتِ اسلامی (21) شعبہ گرافکس ڈیزائننگ (22) شعبہ رابطہ برائے مصنفین و محققین (23) شعبہ انتظامی امور قائم ہیں۔

المدینۃ العلمیۃ کے اغراض و مقاصد یہ ہیں: ☆ باصلاحیت علمائے کرام کو تحقیق، تصنیف و تالیف کیلئے پلیٹ فارم مہیا کرنا اور ان کی صلاحیتوں میں اضافہ کرنا۔ ☆ قرآنی تعلیمات کو عصری تقاضوں کے مطابق منظر عام پر لانا۔ ☆ افادۂ خواص و عوام کیلئے علومِ حدیث اور بالخصوص شرحِ حدیث پر مشتمل کتب تحریر کرنا۔ ☆ سیرتِ نبوی، عہدِ نبوی، قوانینِ نبوی، طبِ نبوی وغیرہ پر مشتمل تحریریں شائع

کرنا۔ ☆اہل بیت وصحابہ کرام اور علما وبزرگانِ دین کی حیات وخدمات سے آگاہ کرنا۔ ☆بزرگوں کی کتب ورسائل جدید منہج واسلوب کے مطابق منظر عام پر لانا بالخصوص عربی مخطوطات (غیر مطبوع) کتب ورسائل کو دورِ جدید سے ہم آہنگ تحقیقی منہج پر شائع کروانا۔ ☆نیکی کی دعوت کا جذبہ رکھنے والوں کو مستند مواد فراہم کرنا۔ ☆دینی ودنیاوی تعلیمی اداروں کے طلبہ کو مستند صحت مند مواد کی فراہمی نیز درسِ نظامی کے طلبہ واساتذہ کے لئے نصابی کتب عمدہ شروحات وحواشی کے ساتھ شائع کرکے انکی ضرورت کو پورا کرنا۔

اَلْحَمْدُ لِلّٰہ! اَمیرِ اَہلِ سنّت دامت بَرَکاتُہمُ العالیہ کی شفقت وعنایت، تربیت اور عطا کردہ اصولوں پر عمل پیرا ہونے کا ہی نتیجہ ہے کہ دنیا وآخرت میں کامیابی پانے، نئی نسل کو اسلام کی حقانیت سے آگاہ کرنے، انہیں باعمل مسلمان اور ایک صحت مند معاشرے کا بہترین فرد بنانے، والدین واساتذہ اور سرپرست حضرات کو اندازِ تربیت کے درست طریقوں سے آگاہ کرنے اور اسلام کی نظریاتی سرحدوں اور دین وایمان کی حفاظت کیلئے المدینۃ العلمیہ نے اپنے آغاز سے لے کر اب تک جو کام کیا وہ اپنی مثال آپ ہے۔

اللہ پاک اپنے فضل وکرم سے بشمول المدینۃ العلمیہ دعوتِ اسلامی کے دینی کاموں، اداروں اور شعبوں کو مزید ترقی عطا فرمائے۔

امین بجاہ النبی الامین صلی اللہ علیہ والہ وسلم

تاریخ: 15 شوال المکرم 1442ھ / 27 مئی 2021ء

عقیدے کی اہمیت

"عقیدہ" عربی زبان کا لفظ ہے، جس کے معنیٰ ہیں: ایسا فیصلہ یا نظریہ جس کے ماننے والوں کیلئے اس میں شک وشبہ کی گنجائش نہ ہو۔ اصطلاحی اعتبار سے عقیدہ اُن دینی امور کا نام ہے جن پر دل بغیر کسی شک وشبہ کے پختہ ہو جائے۔

(حدیقہ ندیہ، 1/96)

مسلمان ہونے کی حیثیت سے عقائد کا علم سیکھنا اور عقائد کو درست رکھنا ہمارے لیے انتہائی ضروری اور بڑی اہمیت کا حامل ہے۔ اِمامِ اَہلسنّت، مولانا شاہ امام احمد رَضا خان رحمۃ اللہ علیہ کے فرمان کا خُلاصہ ہے کہ سب میں اَوّلین و اَہم ترین فرض یہ ہے کہ بنیادی عقائد کا علم حاصل کرے جس سے آدمی صحیح العقیدہ سُنّی بنتا ہے اور جن کے انکار و مخالَفت سے کافِر یا گُمراہ ہو جاتا ہے۔ (فتاوی رضویہ، 23/623 ماخوذا)

عقیدہ عمل پر مُقدَّم ہے یہی وجہ ہے کہ نیک اعمال پر اجر وثواب کا ملنا عقیدے کی درستی پر موقوف ہے اگر کسی کا عقیدہ خراب ہے تو اس کے بڑے بڑے نیک اعمال بھی غارَت واَکارَت ہو کر آخرت میں کسی کام نہ آئیں گے جیسا کہ قرآنِ پاک میں ارشاد ہوتا ہے:

اِنَّ الَّذِیۡنَ کَفَرُوۡا بَعۡدَ اِیۡمَانِہِمۡ ثُمَّ ازۡدَادُوۡا کُفۡرًا لَّنۡ تُقۡبَلَ تَوۡبَتُہُمۡ ۚ وَ اُولٰٓئِکَ ہُمُ الضَّآلُّوۡنَ ﴿۹۰﴾ اِنَّ الَّذِیۡنَ کَفَرُوۡا

ترجمۂ کنز الایمان: بے شک وہ جو ایمان لا کر کافر ہوئے، پھر اور کفر میں بڑھے، ان کی توبہ ہرگز قبول نہ ہوگی اور وہی ہیں بہکے ہوئے، وہ جو کافر ہوئے اور کافر ہی مرے، ان میں کسی سے زمین بھر سونا ہرگز قبول نہ

وَمَاتُوْا وَهُمْ كُفَّارٌ فَلَنْ يُّقْبَلَ مِنْ اَحَدِهِمْ مِّلْءُ الْاَرْضِ ذَهَبًا وَّلَوِ افْتَدٰى بِهٖ ؕ اُولٰٓئِكَ لَهُمْ عَذَابٌ اَلِيْمٌ وَّمَا لَهُمْ مِّنْ نّٰصِرِيْنَ ﴿۹۱﴾

کیا جائے گا اگرچہ اپنی خلاصی کو دے، ان کے لئے دردناک عذاب ہے اور ان کا کوئی یار نہیں۔ (پ 3، اٰلِ عمران: 90، 91)

حضرت عائشہ صدّیقہ رضی اللہ عنہا نے بارگاہِ رسالت میں عرض کی: یارسولَ اللہ! زمانۂ جاہلیت میں ابنِ جدعان (بنو تیم کا مشہور سخی) رشتہ داروں کے ساتھ نیک سلوک کیا کرتا تھا، مسکینوں کو کھانا کھلاتا تھا، کیا یہ اعمال اسے (آخرت میں) نفع دیں گے؟ نبی کریم صلی اللہ علیہ واٰلہ وسلم نے فرمایا: یہ اعمال اس کے کام نہیں آئیں گے، کیونکہ اس نے (اللہ پر ایمان نہ رکھنے کی وجہ سے) ایک دن بھی یہ نہیں کہا کہ اے اللہ! آخرت میں میری خطاؤں کو بخش دینا۔ (مسلم، ص111، حدیث: 518)

ایک مسلمان کیلئے ذات و صفاتِ باری تعالیٰ، نبی کریم صلی اللہ علیہ واٰلہ وسلم اور دیگر انبیاء و مرسلین، ملائکہ مقربین، مرنے کے بعد زندہ ہونے، جنت و دوزخ، منکر نکیر کے سوالات، حوضِ کوثر اور پل صراط کے حق ہونے نیز حضرت ابو بکر صدّیق رضی اللہ عنہ کا حضراتِ انبیائے کرام علیہمُ السّلام کے بعد سب سے افضل ہونے وغیرہ عقائد کا اتنا علم ضروری ہے کہ جس سے صحیح اور غلط عقیدے کی پہچان ہو جائے۔ اعلیٰ حضرت رحمۃ اللہ علیہ نے اپنی مایہ ناز کتب و رسائل میں دلائل کے ذریعے بے دینوں اور بدمذہبوں کے باطل نظریات کا رد فرما کر قرآن و سنت کی روشنی میں نہ صرف مسلمانوں کے درست عقائد ثابت فرمائے بلکہ انہیں اپنے عقیدے کی حفاظت کا بھرپور ذہن بھی دیا ہے۔

اعلیٰ حضرت کا رسالہ ''اِعۡتِقَادُ الۡاَحۡبَابِ فِی الۡجَمِیۡلِ وَالۡمُصۡطَفٰی وَالۡاٰلِ وَالۡاَصۡحَاب'' جو آپ کے پیشِ نظر ہے اس کا واضح ثبوت ہے۔ اس رسالے میں اعلیٰ حضرت نے عقائدِ اہلِ سنت کو جس حُسنِ اسلوب، جامعیت اور اختصار کے ساتھ پیش فرمایا ہے وہ سہلِ مُمۡتَنِع کا مظہر اور آپ کی مہارتِ سخن کی واضح دلیل ہے۔ اس میں جہاں قلم رضا ایک طرف عشق و ایمان اور عقیدت و عرفان کے پھول کھلا رہا ہے وہیں تِشنہ دلوں کو فیصلہ کُن اور متفقہ عقائد کے روح پرور جاموں سے سیراب بھی کر رہا ہے۔ اس رسالے کی اہمیت کے پیش نظر کچھ عرصہ قبل بھی دعوتِ اسلامی کے علمی و تحقیقی شعبے المدینۃ العلمیہ (Islamic Researh Center) نے اعلیٰ حضرت کے اس رسالے کو خلیل العلما حضرت علامہ مولانا مفتی خلیل خان برکاتی رحمۃ اللہ علیہ کی شرح کے ساتھ جدید تقاضوں کے مطابق پیش کیا تھا۔ اشاعت کے بعد کچھ ناگزیر وجوہات کی بنا پر مجلس المدینۃ العلمیہ نے یہ طے کیا کہ اعلیٰ حضرت کے اس رسالے کی شرح المدینۃ العلمیہ کے مدنی علمائے کرام سے کروائی جائے اور از سرِ نو اسے عوام الناس کے سامنے پیش کیا جائے۔ اس مقصد کیلئے المدینۃ العلمیہ کے چند سینئر مدنی علمائے کرام کو یہ ذمہ داری سونپی گئی۔ ان میں بالخصوص مولانا محمد فرمان علی عطاری مدنی اور مجلس المدینۃ العلمیہ کے رکن مولانا محمد عدنان چشتی عطاری مدنی نے اس شرح کو مکمل کیا۔ فارمیشن کیلئے مولانا محمد حامد سراج عطاری مدنی (ذمہ دار شعبہ سیرتِ مصطفیٰ) کی خدمات لی گئیں۔

اس شرح میں مزید یہ کام کئے گئے ہیں:

1. مفتی خلیل خان برکاتی رحمۃ اللہ علیہ کی شرح کے ساتھ اس رسالے کا نام "دس عقیدے" تھا، اب چونکہ از سرِ نو شرح کی گئی ہے تو رسالے کے نام میں بھی تبدیلی کی گئی ہے اور اب اس کا نام ہے "دس اسلامی عقیدے"

2. کتاب کا اُسلوب یہ ہے کہ سب سے پہلے اعلیٰ حضرت رحمۃ اللہ علیہ کا متن، پھر متن کے مشکل الفاظ کے معانی و مفاہیم، اس کے بعد وضاحت ہے۔

3. اعلیٰ حضرت رحمۃ اللہ علیہ کی عبارت سمجھنا آسان ہو، اسی لیے آپ کی عبارت میں موجود مشکل الفاظ پر اعراب لگائے گئے ہیں اور ان کے معانی و مفاہیم بھی درج کئے گئے ہیں۔

4. اعلیٰ حضرت کی عبارت کا فونٹ سائز 16 ہے جبکہ شرح کا فونٹ سائز 14 ہے۔ جہاں مشکل الفاظ کے معانی اور وضاحت شروع ہو رہی ہے وہاں آسانی کیلئے یہ الفاظ لکھ دیئے گئے ہیں۔

5. کتاب کو ٹو کلر میں لایا گیا ہے۔ اس لیے اعلیٰ حضرت رحمۃ اللہ علیہ کا تحریر کیا گیا متن، آیاتِ کریمہ کا متن، عربی عبارات اور شرح کے عنوانات کو پوری کتاب میں رنگین کر دیا گیا ہے۔

6. اعلیٰ حضرت رحمۃ اللہ علیہ کے متن کا تقابل "ادارۂ اشاعتِ تصنیفاتِ رضا، بریلی" کے 1398ھ میں طبع ہوئے نسخے سے کیا گیا ہے۔ دیگر نسخوں کی طرف بھی مراجعت کی گئی ہے۔

7. نبیرۂ اعلیٰ حضرت، حضور تاج الشریعہ مفتی اختر رضا خان قادری رحمۃ اللہ علیہ اور خلیلِ ملت، حضرت علامہ مفتی خلیل خان برکاتی رحمۃ اللہ علیہ نے بھی اعتقاد الاحباب پر کام کیا ہے، بعض مقامات پر ان کے مفید حواشی کو بھی ضرورتاً شامل کیا گیا ہے۔

8. اعتقاد الاحباب کے اصل مسودے میں بعض مقامات پر بیاض تھا، جسے حضور تاج الشریعہ اور مفتی خلیل خان برکاتی رحمۃ اللہ علیہما نے حل فرمایا ہے، ان بزرگوں کی ایسی عبارات کو متن کا حصہ تو بنایا گیا ہے مگر فرق کیلئے ان تمام مقامات کی نشاندہی کر دی ہے۔

9. متن میں موجود فارسی اشعار کا سلیس ترجمہ بھی کیا گیا ہے۔

10. متن کے مشکل مقامات کو حل کرنے کیلئے ضرورتاً مفید حواشی دیئے گئے ہیں۔

11. متن کی توثیق و توضیح کیلئے شرح میں قرآن و حدیث اور مسلمہ علمائے کرام کی کتب سے بحوالہ دلائل شامل کیے گئے ہیں۔

12. کتاب میں موجود تمام حوالہ جات کی تخریج، تفتیش اور تقابل بھی کیا گیا ہے۔

13. کتاب میں تمام آیات پیسٹ کی گئی ہیں، جبکہ آیات کا ترجمہ "کنز الایمان شریف" سے پیش کیا گیا ہے۔

14. شرح میں سہولت و آسانی کیلئے مختلف موضوعات کے تحت عنوانات بھی قائم کئے گئے ہیں۔

15. کتاب کی تفصیلی فہرست ابتدا میں ہی شامل کی گئی ہے۔

16. جن کتب سے حوالے دیئے گئے ہیں ان کے مطابع کی تفصیلات کتاب

کے آخر میں ماٰخذ و مراجع کی صورت میں پیش کی گئی ہیں۔

17. اہلِ ذوق کیلئے اعلیٰ حضرت رحمۃ اللہ علیہ کے رسالے کا مکمل متن بھی آخر میں شامل کیا گیا ہے۔

18. شرح میں کوئی شرعی غلطی نہ رہے اس لیے دارالافتا اہلسنت کے مولانا مفتی عبد الماجد عطاری مدنی زِید لطفہ سے شرعی تفتیش بھی کروائی گئی ہے۔

اللہ پاک یہ کوشش قبول فرمائے اور مسلمانوں کو اس کے ذریعے اپنے عقائد درست کرنے کی توفیق عطا فرمائے۔ اٰمین بِجاہِ النّبیِّ الاَمین صلی اللہ علیہ واٰلہٖ وسلم

عقیدۂ اُولٰی (1)

پہلا عقیدہ اللہ پاک کی ذات وصفات کے بارے میں

اَلْحَمْدُ لِلّٰہِ رَبِّ الْعٰلَمِیْنَ وَالصَّلٰوۃُ وَالسَّلَامُ عَلٰی سَیِّدِ الْمُرْسَلِیْنَ مُحَمَّدٍ وَّاٰلِہٖ الطَّیِّبِیْنَ الطَّاھِرِیْنَ وَصَحْبِہِ الْمُکَرَّمِیْنَ الْمُعَظَّمِیْنَ وَاَوْلِیَاءِ اُمَّتِہٖ وَعُلَمَاءِ مِلَّتِہٖ وَعَلَیْنَا مَعَھُمْ اَجْمَعِیْنَ ط

عقیدۂ اُولیٰ (1) [1]

حضرت حق سُبْحَانَہٗ وَتَبَارَکَ وَتَعَالٰی شَانُہٗ واحد ہے نہ عدد سے،

مشکل الفاظ کے معانی حضرت حق: اللہ پاک۔ عدد: گنتی، ہندسہ۔

وضاحت اعلیٰ حضرت، امامِ اہلِ سنّت امام احمد رضا خان رحمۃ اللہ علیہ عقیدۂ توحید کو بیان کرتے ہوئے فرما رہے ہیں کہ اللہ پاک واحد ہے۔ قرآنِ کریم کی کئی آیاتِ مبارکہ اس عقیدے کی تائید کرتی ہیں جن میں سے دو آیات ملاحظہ کیجئے:

قُلْ ھُوَ اللّٰہُ اَحَدٌ ۚ﴿۱﴾ ترجمہ [2]: تم فرماؤ وہ اللہ ہے وہ ایک ہے۔

(پ30، الاخلاص:1)

وَ اِلٰـھُکُمْ اِلٰہٌ وَّاحِدٌ ۚ لَاۤ اِلٰہَ اِلَّا ھُوَ ترجمہ: اور تمہارا معبود ایک معبود ہے اس کے سوا کوئی معبود نہیں

(پ2، البقرۃ:163)

یاد رہے اللہ پاک گنتی اور ہندسے والا ایک نہیں ہے بلکہ اس سے تنہا، یکتا و واحد مراد ہے جسے واحدِ حقیقی کہتے ہیں نہ کہ وہ ایک جو دو کا آدھا ہوتا ہے۔

قرآنِ کریم میں اللہ پاک کی "وحدانیت" (یعنی اس کے ایک ہونے) کی قطعی مگر عام فہم دلیل یہ بیان کی گئی ہے:

---

[1] پہلا عقیدہ اللہ پاک کی ذات وصفات کے بارے میں۔

[2] تمام آیات کا ترجمہ کنز الایمان شریف سے شامل کیا گیا ہے۔

لَوْ كَانَ فِيْهِمَآ اٰلِهَةٌ اِلَّا اللّٰهُ لَفَسَدَتَا ۚ (پ17،الانبیآء:22) ترجمہ: اگر آسمان و زمین میں اللہ کے سِوا اَور خدا ہوتے تو ضرور وہ تباہ ہو جاتے۔

اس آیتِ مبارکہ کے مفہوم کو یوں سمجھئے کہ بالفرض اگر کائنات کے دو خدا ہوتے تو ان میں ایک کا دوسرے سے ٹکراؤ لازمی ہوتا جیسے ان میں سے ایک ارادہ کرتا کہ فلاں چیز حرکت کرے اور دوسرا ارادہ کرتا کہ وہ ساکن رہے (حرکت نہ کرے)۔ اب حرکت اور سکون دونوں چیزیں فی نفسہٖ ممکن تو ہیں، اسی طرح دو خداؤں کا حرکت اور سکون میں سے ہر ایک چیز کا ارادہ کرنا بھی ممکن ہے لیکن دونوں کے ارادے کے بعد ہوتا کیا؟ اگر ان کے ارادوں کے مطابق حرکت اور سکون دونوں چیزیں واقع ہوں تو اس طرح دو مُتضاد چیزوں کا جمع ہونا لازم آئے گا اور اگر (حرکت وسکون) دونوں واقع نہ ہوں تو ان خداؤں کا عاجز ہونا لازم آئے گا اور اگر ایک واقع ہو دوسری نہ ہو تو دونوں میں سے ایک خدا کا عاجز ہونا لازم آئے گا اور جو عاجز ہے وہ خدا نہیں ہو سکتا کیونکہ عاجز ہونا محتاجی اور نقص ہے جو کہ واجبُ الوجود ہونے کے مُنافی ہے تو ثابت ہوا کہ دو خدا ہونا ہی محال ہے۔ اسی بات کو سورج کے طلوع اور غروب کی مثال سے بھی سمجھا جاسکتا ہے۔

خالق ہے نہ علّت سے۔

مشکل الفاظ کے معانی خالق: پیدا کرنے والا، مراد اللہ پاک کی ذات۔ علّت: سبب، وجہ۔

وضاحت اللہ پاک کے "خالق" ہونے سے مراد یہ ہے کہ عالَم میں ہونے والا ہر واقعہ اسی کا فعل، اُسی کی تخلیق اور اُس ہی کی ایجاد ہے۔ چنانچہ قرآنِ کریم میں ہے: اَللّٰهُ خَالِقُ كُلِّ شَیْءٍ ۫ [1] ترجمہ: اللہ ہر چیز کا پیدا کرنے والا ہے۔

[1] پ24،الزمر:62

اللہ پاک صرف نظر آنے والے اجسام، اَبدان کا ہی خالق نہیں ہے بلکہ اعمال وافعال کو بھی اللہ پاک نے ہی پیدا کیا ہے جیسا کہ قرآنِ پاک میں فرمایا:

وَاللّٰهُ خَلَقَكُمْ وَمَا تَعْمَلُوْنَ ﴿۹۶﴾ ترجمہ: اور اللہ نے تمہیں پیدا کیا اور تمہارے اعمال کو۔ (پ23، الصّٰفّٰت:96)

یہاں یہ بات ہرگز نہیں کہی جاسکتی کہ جس طرح ہمارے کام علّت اور سبب کے محتاج ہوتے ہیں اسی طرح اللہ پاک کے افعال بھی علّت و سبب کے محتاج ہیں مَعاذَ اللہ!۔ اسی سوال کا جواب دیتے ہوئے اعلیٰ حضرت رحمۃ اللہ علیہ نے ارشاد فرمایا: "نہ علّت سے" یعنی اللہ پاک نے علّت اور سبب پیدا ضرور فرمائے ہیں مگر ہمارا ربّ علّت و سبب کا محتاج نہیں ہے مثلاً اللہ پاک نے آنکھ کو دیکھنے کے لئے، کان کو سننے کے لئے، آگ کو جلانے کے لئے اور پانی کو پیاس بجھانے کے لئے پیدا کیا ہے، اِن میں دیکھنا، سننا، جلانا اور پیاس بجھانا علّتیں اور اسباب ہیں لیکن اللہ پاک چاہے تو آنکھ سنے، کان دیکھے، آگ پیاس بجھائے اور پانی جلائے بلکہ اگر وہ چاہے تو بغیر علت و سبب کے وجود بخش دے جیسے حضرت آدم علیہ السلام اور حضرت حواء رضی اللہ عنہا کو بغیر والدین کے اور حضرت عیسیٰ علیہ السلام کو بغیر والد کے پیدا فرمایا۔

فَعَّال ہے نہ جَوارِح سے۔

مشکل الفاظ کے معانی فعال: ہمیشہ جو چاہے کر لینے والا۔ جوارح: ہاتھ پاؤں وغیرہ جسمانی اَعضاء۔

وضاحت اللہ پاک جو چاہتا ہے کرتا ہے، قرآن پاک میں ہے: فَعَّالٌ لِّمَا یُرِیْدُ ﴿۱۶﴾

(1) ترجمہ: ہمیشہ جو چاہے کر لینے والا

---

(1) پ30، البروج:16

ہم اگر کوئی کام کرتے ہیں تو ہاتھ، پاؤں، آنکھ، ناک زبان وغیرہ جسمانی اعضاء کے محتاج ہوتے ہیں لیکن یہ محتاجی صرف مخلوق کے لئے ہے، اللہ کریم کسی کام کو کرنے کیلئے جسمانی اعضاء کا محتاج نہیں اسی وجہ سے اعلیٰ حضرت رَحمۃ اللہ علیہ نے فرمایا: وہ فعّال ہے نہ کہ جوارح سے یعنی اللہ پاک جسمانی اعضاء کے بغیر ہی سب کام کرنے پر قادر ہے کیونکہ وہ جسم وجسمانیت سے پاک ہے۔ جو یہ کہے کہ جیسے ہمارے ہاتھ آنکھ ہیں ایسے ہی جسم کے ٹکڑے اللہ پاک کے لیے ہیں وہ قطعاً کافر ہے اللہ پاک کا ایسے یَد وعَین (ہاتھ اور آنکھ) سے پاک ہونا ضروریاتِ دین سے ہے۔ [1] نہ وہ جسم ہے، نہ اس میں وہ باتیں پائی جاتی ہیں جو جسم سے تعلق رکھتی ہیں بلکہ یہ اُس کے حق میں محال ہیں۔ قرآن وحدیث میں جو بعض الفاظ ایسے آئے ہیں مثلاً یَدٌ، (ہاتھ) وَجْہٌ، (چہرہ) رِجْل، (پاؤں) ضَحِك (ہنسنا) وغیرہا جن کا ظاہر جسمیت پر دلالت کرتا ہے اُن کے ظاہری معنیٰ لینا گمراہی وبدمذہبی ہے۔ [2]

قریب ہے نہ مُسافت سے۔

مشکل الفاظ کے معانی مسافت: دوری، فاصلہ۔

وضاحت اللہ کریم کی ایک صفت "قریب ہونا" ہے لیکن اس کا قریب ہونا، ماپ اور پیمائش کے اعتبار سے نہیں کہ اتنے فٹ یا اتنے کلومیٹر ہم سے قریب یا دُور ہے، بلکہ وہ اپنی قدرت اور علم ورحمت کے اعتبار سے ہماری "شہ رگ" سے بھی زیادہ قریب ہے، جیسا کہ خود ارشاد فرماتا ہے:

وَ نَحْنُ اَقْرَبُ اِلَیْهِ مِنْ حَبْلِ الْوَرِیْدِ ﴿۱۶﴾ (پ26، قٓ:16)

ترجمہ: اور ہم دل کی رگ سے بھی اس سے زیادہ نزدیک ہیں۔

---

[1] فتاویٰ رضویہ، 29/414 بتصرف

[2] قانونِ شریعت، ص25 ملتقطاً

اللہ پاک کے ہماری شہ رگ سے زیادہ قریب ہونے کے معنیٰ یہ ہیں کہ اس کا علم، قدرت، رحمت قریب ہیں ورنہ حق تعالیٰ قربِ مکانی سے پاک ہے۔ [1]

مَلِکِ بے وزیر، والیِ بے مُشِیر

مشکل الفاظ کے معانی مَلِک: بادشاہ۔

وضاحت دُنیا کے بادشاہوں کو اُمورِ سلطنت سنبھالنے کیلئے ہوشیار اور عقلمند وزیر کی ضرورت ہوتی ہے جو بادشاہ کے کاموں میں شریک ہو کر اُس کا بوجھ ہلکا کرتے اور ہاتھ بٹاتے ہیں لیکن اللہ پاک زمین وآسمان کا ایسا حقیقی بادشاہ ہے جسے زمین و آسمان کے معاملات سنبھالنے کیلئے کسی کی مدد کی ضرورت نہیں، وہ اکیلا ہی سارے جہان کے نظام کو چلانے پر قادر ہے نیز وہ ایسا مالک وحاکم ہے کہ کسی سے مشورہ لیے بغیر جو چاہے، جیسا چاہے حکم کرتا ہے۔ کوئی اُس کے اَحکامات میں دَخل اندازی نہیں کرسکتا۔ وِلایت، ملکیت، مالکیت اور حاکِمیَّت کے سارے اِختیارات اُسی کو حاصل ہیں۔ کسی کو کسی حیثیت سے بھی اُس کی ذاتِ پاک پر قدرت نہیں، بادشاہی و حکمرانی کا حقیقی مالک ہے۔ تمام موجودات یعنی اِنسان، حیوان، چرند و پرند اور تمام مخلوقات اُسی کے زیرِ قدرت ہیں اور اُسی کی بادشاہی ہمیشہ ہمیشہ کے لیے ہے جسے زوال نہیں۔

اس مضمون پر دلالت کرنے والی قرآنِ کریم کی کثیر آیات ہیں، ان میں سے دو ملاحظہ کیجئے:

وَ لَهٗ مَنْ فِی السَّمٰوٰتِ وَ الْاَرْضِؕ كُلٌّ لَّهٗ قٰنِتُوْنَ ﴿۲۶﴾ (پ21، الروم:26)

ترجمہ: اور اسی کے ہیں جو کوئی آسمانوں اور زمین میں ہیں سب اس کے زیرِ حکم ہیں

یُسَبِّحُ لِلّٰهِ مَا فِی السَّمٰوٰتِ وَ مَا فِی الْاَرْضِۚ لَهُ الْمُلْكُ وَ لَهُ الْحَمْدُ٘

ترجمہ: اللہ کی پاکی بولتا ہے جو کچھ آسمانوں میں ہے اور جو کچھ زمین میں اُسی کا مُلک ہے

---

[1] مرآۃ المناجیح، 3/341

وَهُوَ عَلٰى كُلِّ شَيْءٍ قَدِيْرٌ ① اور اسی کی تعریف اور وہ ہر چیز پر قادر ہے۔

(پ28، التغابن:1)

حضرتِ علّامہ علاؤالدین علی بن محمد بغدادی رَحمۃ اللہ علیہ فرماتے ہیں: اس آیت میں اللہ پاک کی چار شانیں بیان ہوئی ہیں: (1) جو کچھ آسمانوں اور زمین میں موجود ہے سب اللہ کریم کی پاکی بیان کرتے ہیں۔ (2) اسی کی بادشاہت ہے اور وہ اپنی بادشاہت میں جیسے چاہے تَصَرُّف فرماتا ہے، اِس میں اُس کا نہ کوئی شریک ہے نہ حصہ دار۔ (3) تمام تعریفیں اسی کے لئے ہیں کیونکہ سب نعمتیں اسی کی ہیں۔ (4) وہ ہر چیز پر قادر ہے اور کسی مانع اور رکاوٹ کے بغیر جو چاہتا ہے جیسا چاہتا ہے کرتا ہے۔[1]

حیات و کلام و سمع و بصر و ارادہ و قدرت و علم و غیرھا تمام صفاتِ کمال سے ازلاً و ابداً موصوف،

مشکل الفاظ کے معانی سمع: سننا۔ بصر: دیکھنا۔ ازلاً و ابداً: ہمیشہ ہمیشہ سے۔

وضاحت اللہ پاک کی صفات اُس کی ذات کی طرح ہمیشہ ہمیشہ کیلئے ہیں، یعنی نہ تو پیدا کی گئی ہیں اور نہ زیرِ قدرت داخل کہ جب جس صفت کو ختم کرنا چاہے ختم کردے ایسا نہیں ہے۔ یادرہے! صفات کا زیرِ قدرت نہ ہونا قدرتِ الٰہی کے خلاف بھی نہیں ہے۔

اس کی صفاتِ ذاتیہ یہ ہیں: (1) ایسی حیات جو روح کے بغیر ہے۔ (2) علم (3) قدرت (4) ارادہ (5) سماعت (6) بصارت (7) اور کلام۔ قوتِ سماعت کا یہ عالم ہے کہ ہر ہلکی سے ہلکی آواز بھی بغیر کانوں کے سنتا ہے جیسے کسی نرم چیز پر چیونٹی کے پاؤں کی آواز۔ قوتِ بصارت کا عالم یہ ہے کہ آنکھ کی پتلی کے بغیر ہر نئی پرانی، موٹی اور باریک سے باریک چیز کو بھی دیکھ لیتا ہے

[1] خازن، التغابن، تحت الآیۃ: 1، 4/274 ملخصاً

حتّٰی کہ تاریک رات میں کالے پہاڑ پر چلنے والی کالی چیونٹی اور پوشیدہ رازوں کو بھی دیکھتا ہے۔ اللہ پاک کی یہ صفات ہمیشہ ہمیشہ کیلئے ہیں۔[1]

یاد رہے! صفاتِ ذاتیہ وہ صفات ہیں جن کی ضد کے ساتھ موصوف نہ ہو سکے، یعنی مَعَاذَ اللہ اس کو مردہ، جاہل، عاجز، مجبور، بہرا، اندھا، گونگا، بیکار نہیں کہہ سکتے کیونکہ یہ سب باتیں عیب اور نقصان کی ہیں اور وہ عیب و نقصان سے پاک ہے۔ ان صفات کو اُمَّہَاتُ الصِّفَات بھی کہتے ہیں۔[2]

صفاتِ اضافیہ و فعلیہ: وہ صفات ہیں کہ جن سے وہ موصوف ہو ان کی ضد سے بھی موصوف ہو، مگر اس کا تعلق اور اثر غیر کے ساتھ ہوگا، جیسے مارنا، جلانا، صحت دینا، بیمار کرنا، غنی، فقیر بنا دینا وغیرہ وغیرہ۔ ان صفات کو اضافیہ بھی کہتے ہیں۔[3]

تمام شُیُون وشَیُن وعَیب سے اَوّلًا وآخِرًا بَری۔

مشکل الفاظ کے معانی شُیُون وشَیُن: عیب، برائی۔ بَری: پاک۔ محال: محال کے معنٰی ہی یہ ہیں کہ کسی طرح موجود نہ ہو سکے۔

وضاحت اللہ پاک کی ذات وصفات ہمیشہ ہمیشہ سے تمام کوتاہیوں، ہر قسم کے عُیُوب اور بُرائیوں سے پاک وصاف ہے اس لیے کہ وہ ہر کمال وخوبی کا جامع ہے اور ہر اُس چیز سے پاک ہے جس میں عیب و نقصان ہو، یعنی اُس میں عیب و نقصان کا ہونا محال ہے، بلکہ جس بات میں نہ کمال وخوبی ہو نہ نقصان وہ بھی اُس کے لیے محال ہے۔ جھوٹ، دھوکہ، خیانت، ظلم، جہالت، بے حیائی وغیرہ عیوب اُس پر قطعاً محال ہیں اور یہ کہنا کہ جھوٹ پر قدرت ہے اِن

---

1 المسامرة بشرح المسايرة، ص391-392، ملخصاً

2 توضیح العقائد، ص32 ملتقطاً

3 توضیح العقائد، ص33

معنوں میں کہ وہ جھوٹ بول سکتا ہے (لیکن بولتا نہیں) محال بات کو ممکن ٹھہرانا اور اللہ پاک کو عیبی بتانا بلکہ اللہ پاک کا اِنکار کرنا ہے اور یہ سمجھنا کہ محالات یعنی ناممکنات پر قادر نہ ہو گا تو قدرت کمزور اور ناقص ہو جائے گی یہ بات محض بَاطل اور بے بنیاد ہے۔ [1]

ذاتِ پاک اس کی نِدّ و ضِد و شبہ و مِثْل و کَیف و کَم و شَکْل و جِسْم و جِہت و مکان و اَمد و زَمان سے مُنَزَّہ،

مشکل الفاظ کے معانی: نِدّ: ہم پلہ، نظیر۔ ضِد: مقابل، مخالف۔ شبہ: مانند۔ مِثْل: مشابہ، کی طرح۔ کَیف و کَم: کیفیت و مقدار۔ جِہت: سمت۔ مُنَزَّہ: پاک۔ امد: حد، انتہا۔

وضاحت: اللہ کریم کی ذاتِ پاک کسی چیز کے مشابہ اور مماثل ہونے سے بھی پاک ہے وہ اپنی ذات میں یکتا و تنہا ہے۔ اسی طرح کیفیت و مقدار، شکل و صورت، جسم و سمت، مکان اور زمانے وغیرہ مخلوق کی تمام صفات و کیفیات سے پاک ہے۔ [2]

اہلِ سنت و جماعت کا راستہ یہ ہے کہ بے شک عالَم حادث ہے (یعنی پہلے موجود نہ تھا بعد میں ایجاد ہوا) ہے اور عالَم کو بنانے والا قدیم (ہمیشہ سے ہے جو) ایسی قدیم صفات سے متصف ہے جو نہ اس کا عینِ (ذات) ہیں نہ غیر (یعنی نہ ذات سے جدا ہیں)۔ وہ واحد ہے، نہ اُس کی کوئی مثل ہے نہ مقابل نہ شریک، نہ انتہا، نہ صورت، نہ حد، نہ وہ کسی میں حُلول کرتا ہے، نہ اس کے ساتھ کوئی حادث قائم ہوتا ہے، نہ اس پر حرکت صحیح، نہ انتقال، نہ جہالت، جھوٹ اور نہ ہی نقص۔ اور بے شک آخرت میں اُس کا دیدار کیا جائے گا۔ [3]

حضرت علّامہ سعدُ الدِّین تَفْتازانی رحمۃ اللہ علیہ فرماتے ہیں: اللہ پاک مکان میں ہونے

---

[1] بہارِ شریعت، 1/6۔ المسامرۃ بشرح المسایرۃ، ص393

[2] المسامرۃ بشرح المسایرۃ، ص30-31

[3] شرح المقاصد، 3/464

سے پاک ہے اور جب وہ مکان میں ہونے سے پاک ہے تو جِہَت (سَمت) سے بھی پاک ہے۔ (اِسی طرح) اُوپر اور نیچے ہونے سے بھی پاک ہے۔ [1]

نہ والد ہے نہ مَولود، نہ کوئی شے اُوس کے جوڑ کی

مشکل الفاظ کے معانی مَولود: اولاد۔ شے: چیز۔ جوڑ: برابر۔

وضاحت اللہ پاک نہ تو کسی کا باپ ہے اور نہ ہی بیٹا۔ اس کی اولاد کیسے ہو سکتی ہے؟ حالانکہ اس کی کوئی بیوی ہی نہیں اور عورت کے بغیر اولاد نہیں ہوتی اور اس کی زوجہ ہونا شانِ خداوندی کے لائق نہیں کیونکہ کوئی شے اس کی مثل نہیں۔ دوسری بات یہ کہ اس نے کائنات کی ہر شے کو اکیلے ہی پیدا کیا ہے تو دنیا میں جو کچھ ہے وہ سب اُس کی مخلوق ہے اور مخلوق اولاد نہیں ہو سکتی۔ تیسری بات یہ کہ اولاد باپ کی جنس سے ہوتی ہے اور اللہ کریم اِس سے پاک ہے یونہی وہ خود کسی سے پیدا نہیں ہوا کیونکہ وہ قدیم ہے یعنی ہمیشہ سے ہے اور پیدا ہونا اس چیز کی صفت ہے جو پہلے نہ ہو بعد میں وجود میں آئے لہٰذا ثابت ہوا کہ اللہ پاک نہ تو کسی کا باپ ہے نہ بیٹا۔ اس پر بطورِ دلیل قرآن کریم کی بہت سی آیاتِ مبارکہ موجود ہیں جن میں سے چند یہ ہیں:

(1) لَمْ یَلِدْ ۙ۬ وَ لَمْ یُوْلَدْ ۙ﴿۳﴾ [2] ترجمہ: نہ اس کی کوئی اولاد اور نہ وہ کسی سے پیدا ہوا۔

(2) مَا اتَّخَذَ صَاحِبَةً وَّ لَا وَلَدًا ۙ﴿۳﴾ [3] ترجمہ: نہ اس نے عورت اختیار کی اور نہ بچہ۔

(3) وَ مَا یَنْۢبَغِیْ لِلرَّحْمٰنِ اَنْ یَّتَّخِذَ وَلَدًا ؕ﴿۹۲﴾ [4] ترجمہ: اور رحمٰن کے لئے لائق نہیں کہ اولاد اختیار کرے۔

---

[1] شرح عقائد نسفیہ، ص132

[2] پ 30، الاخلاص: 3

[3] پ29، الجن: 3

[4] پ16، مریم: 92

(4) قُلْ اِنْ كَانَ لِلرَّحْمٰنِ وَلَدٌ ۖ فَاَنَا اَوَّلُ الْعٰبِدِيْنَ [1] ترجمہ: تم فرماؤ بفرضِ مُحال رحمٰن کے کوئی بچہ ہوتا تو سب سے پہلے میں پوجتا۔

(5) وَقُلِ الْحَمْدُ لِلّٰهِ الَّذِيْ لَمْ يَتَّخِذْ وَلَدًا [2] ترجمہ: اور یوں کہو سب خوبیاں اللہ کو جس نے اپنے لئے بچہ اختیار نہ فرمایا۔

شفاء شریف میں ہے کہ جس نے اللہ پاک کیلئے بیٹا، بیوی، باپ یا اس کے کسی چیز سے پیدا ہونے کا دعویٰ کیا تو یہ سب اجماعِ مسلمین کی وجہ سے کفر ہے۔[3] اسی طرح مجمعُ الانہر میں ہے کہ اللہ کریم کو ایسی صفت سے موصوف کرنا جو اس کی شان کے لائق نہیں یا اس کے ساتھ کسی کو شریک ٹھہرانا یا اس کے لیے بیٹا یا بیوی ماننا کفر ہے۔[4]

اور جس طرح ذاتِ کریم اس کی مُناسبتِ ذَوات سے مُبَرَّا، اُسی طرح صفاتِ کمالیہ اس کی مُشابہتِ صفات سے مُعَرَّا، اوروں کے علم وقدرت کو اس کے علم وقدرت سے فقط ”ع، ل، م، ق، د، ر، ت“ میں مُشابَہَت ہے اس سے آگے اُوس کی تعالِی و تکبر کا سَرا پردہ کسی کو اپنے میں بار نہیں دیتا،

مشکل الفاظ کے معانی مُناسبت: باہمی تعلق۔ ذَوات: ذات کی جمع، جسم وبدن۔ مُبَرَّا: پاک۔ مُعَرَّا: پاک۔ تعالِی: بلندی وبرتری۔ سَراپردہ: شاہی بارگاہ۔ بار نہیں دیتا: دَخل نہیں دیتا، اجازت نہیں دیتا۔

---

1. پ25، الزخرف:81
2. پ15، بنی اسرآءیل:111
3. الشفا، 2/283
4. مجمع الانہر، 2/504۔ بحر الرائق، 5/202

وضاحت: جس طرح مخلوق کی ذاتوں اور حقیقتوں کو اللہ کریم کی ذاتِ پاک سے کسی قسم کی کوئی بھی مناسب ومشابہت نہیں اِسی طرح اس کی صفاتِ کمالیہ (حیات، سمع، بصر وغیرہ) میں کوئی کسی ایک صفت میں بھی اس کے مُماثل ومُشابہ نہیں ہے۔ اسے لَاشَرِیْكَ لَهٗ جاننا فرضِ اوّل ومدارِ ایمان ہے کہ اس کا کوئی شریک ہی نہیں، نہ توذات میں کہ "لَآ اِلٰهَ اِلَّا اللّٰهُ"[1] ترجمہ: اللہ کے سوا کسی کی بندگی نہیں۔ اور نہ ہی صفات میں کہ لَیْسَ كَمِثْلِهٖ شَیْءٌ[2] ترجمہ: اس جیسا کوئی نہیں۔ نہ اس کے اسماء (ناموں) میں کہ ارشاد ہوتا ہے هَلْ تَعْلَمُ لَهٗ سَمِیًّا ﴿۶۵﴾[3] ترجمہ: کیا اس کے نام کا دوسرا جانتے ہو۔ اور نہ ہی اس کے احکام میں کوئی شریک ہے جیسا کہ ارشادِ باری ہے: وَلَا یُشْرِكُ فِیْ حُكْمِهٖۤ اَحَدًا ﴿۲۶﴾[4] ترجمہ: اور وہ اپنے حکم میں کسی کو شریک نہیں کرتا۔ نہ افعال میں ہی اس کا کوئی شریک ہے کہ هَلْ مِنْ خَالِقٍ غَیْرُ اللّٰهِ[5] ترجمہ: کیا اللہ کے سوا اور بھی کوئی خالق (ہے)۔ وہ اکیلا سارے جہاں کا بادشاہ ہے اور بادشاہی میں بھی کوئی شریک نہیں کہ ارشاد فرماتا ہے: وَلَمْ یَكُنْ لَّهٗ شَرِیْكٌ فِی الْمُلْكِ[6] ترجمہ: اور اس کی سلطنت میں کوئی ساجھی (شریک) نہیں۔

تو ثابت ہوا کہ جس طرح اس کی ذات دیگر ذاتوں کے مشابہ نہیں اسی طرح اس کی صفات بھی مخلوق کی صفات کی طرح نہیں ہیں۔ مخلوق کو اس کے علم وقدرت سے صرف اور صرف "ع۔ل۔م" اور "ق۔د۔ر۔ت" میں مشابہت ہے یعنی لفظی اور ظاہری موافقت اور

---

[1] پ23، الصّٰفّٰت:35
[2] پ25، الشوریٰ:11
[3] پ16، مریم:65
[4] پ15، الکھف:26
[5] پ22، فاطر:3
[6] پ18، الفرقان:2

مشابہت ہے۔ اللہ کریم اپنی ذاتی صفاتِ علم و قدرت کے اعتبار سے علیم و قدیر ہے، جبکہ مخلوق اُسی کی عطا سے عارضی طور پر علیم و قدیر ہے تو اب اِن بندوں پر جو علم و قدرت کا اطلاق ہوتا ہے وہ صرف اور صرف ایک صلاحیت کا نام ہونے کی وجہ سے ہے، نہ یہ کہ وہ بھی اللہ پاک کی طرح علیم و قدیر ہو گئے یا اس کے علم و قدرت میں قدرے شریک ہو گئے بلکہ کسی ایک کو بھی اس کے علم و قدرت کے مقابلے میں نہ کوئی علم و معرفت ہے نہ ہی کوئی طاقت و قدرت اسی طرح اور صفات کا معاملہ ہے۔

اللہ پاک کی صفات اور مخلوق کی صفات میں بے شمار فرق ہیں، چند یہاں ذکر کئے گئے ہیں:

اللہ پاک کی صفات	مخلوق کی صفات
ذاتی ہیں	عطائی ہیں
قدیم ہیں	حادث ہیں
نہ ابتدا ہے نہ انتہاء	ابتداء وانتہاء دونوں ہیں
لامحدود ہیں	محدود ہیں۔
گھٹتی بڑھتی نہیں	گھٹتی بڑھتی ہیں
کسی کی محتاج نہیں	اللہ کی محتاج ہیں
صفات کو فنا نہیں	فانی ہیں

اتنے فرق پائے جانے کے بعد بھی بھلا شرک ہو سکتا ہے؟ ہر گز نہیں، یقیناً نہیں، کیا یہ ایک فرق ہی کافی نہیں کہ اللہ پاک خالق ہے جبکہ نبی، ولی، صالحین سب مخلوق ہیں، خالق و مخلوق میں برابری کیسی؟

حجۃ الاسلام حضرت امام غزالی رَحمۃ اللہ علیہ اللہ پاک اور اس کی مخلوق کے علم میں فرق بیان کرتے ہوئے فرماتے ہیں: اوّلین و آخرین کے علم کو اللہ کریم کے علم کے ساتھ کیا نسبت

ہے کہ جس کا علم تمام اشیاء کا اس طرح احاطہ کیے ہوئے ہے کہ اس کی انتہاء نہیں، حتّٰی کہ زمین و آسمان کا کوئی ذرّہ اُس سے غائب نہیں اور اُس نے تمام مخلوق کو مخاطب کر کے ارشاد فرمایا: وَمَاۤ اُوْتِیْتُمْ مِّنَ الْعِلْمِ اِلَّا قَلِیْلًا ﴿۸۵﴾ [1] ترجمہ: اور تمہیں علم نہ ملا مگر تھوڑا۔ بلکہ اگر تمام آسمان و زمین والے جمع ہو کر اللہ کریم کے علم اور حکمت کا احاطہ کرنا چاہیں جو ایک مکھی یا مچھر کی تخلیق کی تفصیل کے متعلق ہے تو وہ اس کے دسویں حصے پر بھی مُطّلع نہ ہو سکیں گے۔ ارشادِ باری تعالیٰ ہے: وَلَا یُحِیْطُوْنَ بِشَیْءٍ مِّنْ عِلْمِهٖۤ اِلَّا بِمَا شَآءَ [2] ترجمہ: اور وہ نہیں پاتے اس کے علم میں سے مگر جتنا وہ چاہے۔ اور جو تھوڑی مقدار علم کی تمام مخلوق کو حاصل ہے وہ بھی اسی کے عطا فرمانے سے ہے جیسا کہ اللہ کریم ارشاد فرماتا ہے: خَلَقَ الْاِنْسَانَ ﴿۳﴾ عَلَّمَهُ الْبَیَانَ ﴿۴﴾ [3] ترجمہ: انسانیت کی جان محمد کو پیدا کیا۔ ماکان ومایکون کا بیان اُنھیں سکھایا۔ [4]

تمام عزتیں اس کے حضور پست

مشکل الفاظ کے معانی پست: نیچا، کم رتبہ، بلند کی ضد۔

وضاحت مخلوق میں کوئی کتنا ہی بڑا صاحبِ مرتبہ اور عزت والا کیوں نہ ہو مگر ذاتِ باری تعالیٰ کے مقابلے میں وہ کم رتبہ ہے کیونکہ عزت و مرتبہ کا حقیقی مالک اللہ پاک ہے، جیسا کہ اس کا فرمان ہے: اِنَّ الْعِزَّةَ لِلّٰهِ جَمِیْعًا [5] ترجمہ: بے شک عزت ساری اللہ کے لئے ہے۔

واضح رہے کہ اس کا یہ مطلب ہر گز نہیں کہ سب کے سب اس کے سامنے ذلیل و حقیر اور بے عزت ہیں بلکہ وہ شان و عزت کا مالک جسے چاہتا ہے عزت عطا فرماتا ہے۔ وہ خود فرماتا ہے:

---

1. پ 15، بنی اسرآءیل: 85
2. پ 3، البقرۃ: 255
3. پ 27، الرحمٰن: 3، 4
4. احیاء العلوم، 5/15
5. پ 11، یونس: 65

وَ تُعِزُّ مَنْ تَشَآءُ [1] ترجمہ: اور جسے چاہے عزت دے۔ پھر اس نے جن لوگوں کو عزت سے نوازا ان کی نشاندہی بھی اپنے اس فرمان میں خود ہی فرما دی:

وَ لِلّٰهِ الْعِزَّةُ وَ لِرَسُوْلِهٖ وَ لِلْمُؤْمِنِیْنَ ترجمہ: اور عزّت تو اللہ اور اس کے رسول اور مسلمانوں ہی کے لیے ہے۔ (پ28، المنافقون:8)

اس نے اپنے رسولوں کو عام لوگوں کے مقابلے میں بے پناہ عزت عطا فرمائی اور لوگوں کو ان کی تعظیم کا حکم دیتے ہوئے فرمایا: وَ اٰمَنْتُمْ بِرُسُلِیْ وَ عَزَّرْتُمُوْهُمْ [2] ترجمہ: اور میرے رسولوں پر ایمان لاؤ اور اُن کی تعظیم کرو۔ اور اپنے حبیب صلی اللہ علیہ وآلہ وسلم کے بارے میں فرمایا: وَ تُعَزِّرُوْهُ وَ تُوَقِّرُوْهُ [3] ترجمہ: اور رسول کی تعظیم و توقیر کرو۔

اور سب ہستیاں اس کے آگے نیست كُلُّ شَیْءٍ هَالِكٌ اِلَّا وَجْهَهٗ۔

مشکل الفاظ کے معانی ہستیاں: موجودات، مخلوقات۔ نیست: معدوم، فنا۔

وضاحت اللہ پاک کی ذات سے ہی کائنات کا وجود اور اِس کی بقاء ہے یعنی ہر چیز اپنے قیام اور بقاء میں اُسی تنہا ذات کی محتاج ہے۔ اس لیے زمین و آسمان میں پائی جانے والی جتنی بھی مخلوقات اور موجودات ہیں ذاتِ باری تعالیٰ کے سامنے گویا معدوم ہیں کیونکہ ان کا کوئی ذاتی وجود نہیں، اللہ کا وجود وجودِ حقیقی ہے، ہر چیز کو اسی نے وجود بخشا ہے، وہی باقی رہے گا، اس کے سوا ہر شے فنا ہونے والی ہے، جیسا کہ قرآنِ مجید میں ارشادِ باری تعالیٰ ہے:

كُلُّ شَیْءٍ هَالِكٌ اِلَّا وَجْهَهٗ ترجمہ: ہر چیز فانی ہے سوا اُس کی ذات کے۔ (پ20، القصص:88)

---

[1] پ3، اٰلِ عمرٰن:26
[2] پ6، المائدۃ:12
[3] پ26، الفتح:9

نیز رسولِ کریم صلی اللہ علیہ وآلہ وسلم نے فرمایا: اَصْدَقُ كَلِمَةٍ قَالَهَا الشَّاعِرُ كَلِمَةُ لَبِيْدٍ ''اَلَا كُلُّ شَيْءٍ مَا خَلَا اللهَ بَاطِلُ'' یعنی سب سے زیادہ سچی بات جو کسی شاعر نے کہی (وہ) لَبید کی (یہ) بات ہے: سنو! اللہ کے سوا ہر چیز فانی ہے۔[1]

وجود واحد، موجود واحد، باقی سب اعتبارات ہیں ذرّاتِ اَکوان کو اس کی ذات سے ایک نسبت مَجْهُولَةُ الْكَيْف ہے جس کے لحاظ سے مَن وتُو کو موجود و کائن کہا جاتا ہے اور اس کے آفتابِ وجود کا ایک پَرتَو ہے کہ ہر ذرّہ نگاہِ ظاہر میں جلوہ آرائیاں کر رہا ہے۔ اگر اس نسبت وپَرتَو سے قطعِ نظر کی جائے تو عالَم ایک خوابِ پریشاں کا نام لے۔ ہُو کا مَیدان عدمِ بَحْت کی سُنْسان۔

مشکل الفاظ کے معانی واحد: ایک۔ اَکْوان: کَون کی جمع یعنی عالَم۔ مَجْهُولَةُ الْكَيْف: نامعلوم کیفیت والی۔ مَن وتُو: میں اور آپ۔ کائن: موجود، واقع۔ آفتابِ وجود: وجود کا سورج۔ پَرتَو: سایہ، عکس۔ خوابِ پریشان: ڈراؤنا خواب۔ ہُو کا میدان: اُجاڑ میدان۔ بَحْت: صرف، محض۔ عدمِ بَحْت: صِرف ویرانی۔

وضاحت جو ذات وجود رکھتی ہے اور جو ہستی ذاتی طور پر موجود ہے وہ صرف ایک ہے، اس کے علاوہ کائنات کی تمام چیزوں کا وجود محض اعتباری ہے، اعتبار کریں تو موجود ہیں ورنہ ذاتی طور پر نہ ان کا کوئی وجود ہے اور نہ ہی وہ فی نفسہٖ موجود ہیں۔ در حقیقت کائنات کے ذرے ذرے کو اللہ پاک کی ذات سے ایک نامعلوم کیفیت والی نسبت ہے، اسی نسبت کی وجہ سے میں اور آپ اس دنیا میں موجود ہیں، نیز یہ اسی کے وجود کا سورج ہے کہ جس کے عکس اور روشنی سے

---

[1] بخاری، 4/140، حدیث: 6147

کائنات کا ذرہ ذرہ ہماری ظاہری آنکھوں میں جلوہ نُما ہے ورنہ اگر ذاتِ باری تعالیٰ کی نسبت اور ذرے ذرے میں موجود اس کے عکس سے نظر ہٹالی جائے تو اس دنیا کی کوئی حقیقت باقی نہیں رہے گی اور یہ صرف ایک ڈراؤنا خواب بن کر رہ جائے گی ایسے جیسے اُجاڑ میدان اور وحشت کا مکان۔

مرتبۂ وجود میں ایک ہی ذات ہے

وحدتِ وجود یعنی مرتبۂ وجود میں ایک ہی ذات کے ہونے پر اعلیٰ حضرت امام احمد رضا خان رَحمۃ اللہ علیہ کے فتاویٰ رضویہ میں موجود ایک عبارت کا خلاصہ پیش خدمت ہے:

مرتبۂ وجود میں صرف اللہ کی ذات ہے کیونکہ در حقیقت موجود ہونا صرف اسی کی ذاتِ پاک کے ساتھ خاص ہے۔ وحدتِ وجود کے جو معنیٰ عقل میں آسکتے ہیں وہ یہی ہیں کہ وجود رکھنے اور موجود ہونے والی ذات صرف ایک ہے باقی سب اس کے مظاہر (ظہور کے مقامات) ہیں اور یہ اپنی ذات میں اصلاً وجود سے کوئی حصہ نہیں رکھتے۔ قرآنِ مجید میں ہے: كُلُّ شَیْءٍ هَالِكٌ اِلَّا وَجْهَهٗ [1] ترجمہ: ہر چیز فانی ہے سوا اُس کی ذات کے۔ واضح رہے کہ اس کا یہ مطلب ہر گز نہیں کہ مَعَاذَ اللہ میں اور آپ، زید اور عمرو ہر شے خدا ہے، یہ اتحاد والوں کا قول ہے جو کافروں کا ایک فرقہ ہے۔ لیکن پہلی بات توحید کے قائل سچے مسلمانوں اور ایمان والوں کا مذہب ہے۔[2]

ایک اور مقام پر آپ فرماتے ہیں: بیشک وجود ایک بادشاہ (یعنی اللہ پاک) کے لئے ہے، موجود ایک وہی ہے یہ سب (مخلوقات و موجودات) ظِلّ و عکس ہیں کہ اپنی حدِ ذات میں اصلاً وجود نہیں رکھتے، اس تجلی سے قطعِ نظر کر (یعنی نظر ہٹا) کے دیکھو کہ پھر ان میں کچھ رہتا ہے حاشا (ہرگز

[1] پ20، القصص:88
[2] فتاویٰ رضویہ، 26/603-604 ملخصاً

نہیں) عدمِ محض کے سوا کچھ نہیں، اور جب یہ اپنی ذات میں معدوم وفانی ہیں اور بادشاہ موجود، یہ اِس نُمودِ وجود (وجود کے ظہور) میں اسی کے محتاج ہیں اور وہ سب سے غنی (بے نیاز)، یہ ناقص (نامکمل) ہیں وہ تام (کامل)، یہ ایک ذرہ کے بھی مالک نہیں اور وہ سلطنت کا مالک، یہ کوئی کمال نہیں رکھتے، حیاۃ، علم، سمع، بصر، قدرت، ارادہ، کلام، سب سے خالی ہیں اور وہ سب کا جامع، تو یہ اس کا عین کیونکر ہوسکتے ہیں؟ لاجَرم (بیشک، یقیناً) یہ نہیں کہ "یہ سب وہی ہیں" بلکہ "وہی وہ ہے اور یہ (موجودات) صرف اُس تجلی کی نُمود (ظہور)"، یہی حق و حقیقت ہے اور یہی وحدۃُ الوجود۔ [1]

موجود واحد ہے، نہ وہ واحد جو چند سے مل کر مُرَکَّب ہوا نہ وہ واحد جو چند کی طرف تَحْلِیل پائے، نہ وہ واحد جو بہ تُہمت حُلُولِ عَیْنِیَّت اَوجِ وحدَت سے حَضِیضِ اِثنینیت میں آئے۔ هُوَ وَلَا مَوْجُوْدٌ اِلَّا هُوَ۔ آیۂ کریمہ سُبْحٰنَهٗ وَتَعٰلٰى عَمَّا يُشْرِكُوْنَ ۝ [2] جس طرح شِرک فِی الْاُلُوہِیَّۃ کو رَدّ کرتی ہے یوہیں اِشْتِراک فِی الْوُجود کی نفی فرماتی ہے۔

غیر تش غیر درجہاں نہ گزاشت
لاجرم عین جملہ معنی شد [3]

مشکل الفاظ کے معانی مُرَکَّب: چند چیزوں سے بنا ہوا۔ حُلُولِ عَیْنِیَّت: ذاتِ باری کا کسی چیز میں داخل ہو جانا۔ اوجِ وحدت: وحدانیت کی بلندی۔ حَضِیضِ اِثنینیت: اشتراک کی پستیوں۔ شِرک فِی الْاُلُوہِیَّۃ: معبود ہونے میں شرک کرنا۔ اِشْتِراک فِی الْوُجود: وجود میں

---

[1] فتاویٰ رضویہ، 14/643

[2] پ 11، یونس: 18

[3] اس کی غیرت نے جہاں میں کوئی غیر نہ رکھا تو بلاشبہ ہر شے کا وجود اسی ذاتِ واحد کا ظل ہوا۔

شریک ماننا۔

موجودِ واحد سے مراد

موجودِ حقیقی یعنی اللہ پاک واحد ہے، ایسا واحد جو اس بات سے پاک ہے کہ وہ چند اجزاء سے مل کر بَنا ہو، جس طرح انسانی جسم ہڈی، گوشت، کھال، خون وغیرہ سے مل کر بنا ہے۔ نہ ہی وہ ایسا واحد ہے جو چند ٹکڑوں میں علیحدہ علیحدہ تقسیم یا تحلیل ہو جائے۔ اسی طرح اللہ پاک موجودِ واحد تو ہے لیکن ایسا نہیں کہ کسی چیز میں حلول کیے ہو جیسا کہ عیسائی یہ تہمت لگاتے ہیں کہ (مَعَاذَ اللہ) اللہ پاک حضرت عیسیٰ علیہ السلام کے بدن میں گھل مل گیا یا سرایت کر گیا ہے، اللہ کریم اس جھوٹے الزام سے پاک ہے کیونکہ یہ تہمت وحدانیت کی بُلندیوں سے اُتار کر اشتراکیت وحصہ داری کی پستیوں اور گہرائیوں میں ڈال دیتی ہے۔ اِس طرح کا عقیدہ رکھنا سراسر کفر و شرک ہے۔ قرآنِ پاک میں جگہ جگہ عیسائیوں کے بُرے عقائد کے رَدّ میں آیات نازل کی گئیں، چنانچہ اِرشادِ خداوندی ہے:

اِنَّمَا الْمَسِیْحُ عِیْسَى ابْنُ مَرْیَمَ رَسُوْلُ اللّٰهِ وَ كَلِمَتُهٗ ۚ اَلْقٰىهَاۤ اِلٰى مَرْیَمَ وَ رُوْحٌ مِّنْهُ٘ فَاٰمِنُوْا بِاللّٰهِ وَ رُسُلِهٖ ۚ وَ لَا تَقُوْلُوْا ثَلٰثَةٌ ؕ اِنْتَهُوْا خَیْرًا لَّكُمْ ؕ اِنَّمَا اللّٰهُ اِلٰهٌ وَّاحِدٌ ؕ سُبْحٰنَهٗۤ اَنْ یَّكُوْنَ لَهٗ وَلَدٌ ۘ (پ6، النسآء:171)	ترجمہ: مسیح عیسیٰ مریم کا بیٹا اللہ کا رسول ہی ہے اور اس کا ایک کلمہ کہ مریم کی طرف بھیجا اور اس کے یہاں کی ایک روح تو اللہ اور اس کے رسولوں پر ایمان لاؤ اور تین نہ کہو باز رہو اپنے بھلے کو اللہ تو ایک ہی خدا ہے پاکی اُسے اس سے کہ اس کے کوئی بچہ ہو۔

وہ پاک ذات ہر طرح کے شرک سے بری ہے اور اس کے سوا کوئی معبود نہیں یہ آیتِ

مبارکہ "سُبۡحٰنَهٗ وَتَعٰلٰى عَمَّا يُشۡرِكُوۡنَ ﴿۱۸﴾" [1] ترجمہ: اسے پاکی اور برتری ہے ان کے شرک سے" جس طرح شرکت فی الالوہیت یعنی خدا تعالیٰ کے سوا کسی اور کی عبادت کرنے یا اسے مستحقِ عبادت سمجھنے کا ردّ کرتی ہے اِسی طرح اشتراک فی الوجود یعنی کسی اور کو واجب الوجود ماننے کی بھی تردید کرتی ہے۔

مختصر یہ کہ اللہ پاک کی ذات و صفات، الوہیت و ربوبیت، مالکیت و ملکیت، اختیارات و احکامات اور وجود و بقا میں کوئی بھی کسی بھی طرح اُس کا مماثل و مقابل نہیں۔

---

[1] پ 11، یونس: 18

عقیدۂ ثانیہ (2)

دوسرا عقیدہ سب سے اعلیٰ اور سب سے اَولیٰ
یعنی سید الانبیاء صلی اللہ علیہ وآلہ وسلم کے بارے میں

عقیدۂ ثانیہ (2) [1]

بایں ہمہ اس نے اپنی حکمتِ کاملہ کے مطابق عالَم کو جس طرح وہ جانتا ہے اِیجاد فرمایا اور مُکَلَّفِین کو اپنے فضل وعدل سے دو فرقے کر دیا فَرِیۡقٌ فِی الۡجَنَّۃِ وَ فَرِیۡقٌ فِی السَّعِیۡرِ ۝ [2] اور جس طرح پَرتَوِ وجود سے سب نے بَہرہ پایا اسی طرح فریقِ جنت کو اس کے صفاتِ کمالیہ سے نصیبۂ خاص ملا۔ دَبستانِ عَلَّمَکَ مَا لَمۡ تَکُنۡ تَعۡلَمُ [3] میں تعلیم فرمایا وَ کَانَ فَضۡلُ اللّٰہِ عَلَیۡکَ عَظِیۡمًا ۝ [4] نے اور رنگ آمیزیاں کیں اور یہ سب تَصَدُّق ایک ذات جامِعُ البَرَکات کا تھا جسے اپنا محبوبِ خاص فرمایا۔

مشکل الفاظ کے معانی بایں ہمہ: ان تمام باتوں کے باوجود۔ عالَم: دنیا۔ اِیجاد: وجود میں لانا۔ مُکَلَّفِین: ربّ کے وہ بندے جو احکام کے پابند ہیں۔ فرقے: گروہ۔ پَرتَو: عکس، سایہ۔ بَہرہ پایا: حصہ پایا۔ نصیبۂ خاص: خاص حصہ۔ دَبستان: مدرسہ۔ رنگ آمیزیاں: رنگ سازی، مراد شانیں بڑھائیں۔

وضاحت اللہ پاک نے اکیلے ہی اپنی کامل حکمت کے مطابق اپنے ازلی علم کے ذریعے اس کائنات کو پیدا فرمایا۔ انسانوں کو پیدا فرمایا، اُنہیں کان، آنکھ، ہاتھ، پاؤں، زبان وغیرہ عطا فرمائے اور اِنہیں کام میں لانے کا طریقہ بھی بتایا۔ انسان کی ہدایت ورہنمائی کیلئے مختلف انبیا اور رسول بھیجے، اُن پر کتابیں اور صحیفے نازل فرما کر ان کے ذریعے لوگوں کو حلال وحرام کی تمیز سکھائی، ذرا ذرا سی بات بتائی، کسی کے عذر کی کوئی جگہ باقی نہ چھوڑی۔ ہر عاقل و بالغ کیلئے ان

---

[1] دوسرا عقیدہ سب سے اعلیٰ اور سب سے اَولیٰ یعنی سید الانبیاء صلی اللہ علیہ وآلہ وسلم کے بارے میں۔
[2] پ25، الشوریٰ:7
[3] تمہیں سکھا دیا جو کچھ تم نہ جانتے تھے (پ5، النسآء:113)
[4] اور اللہ کا تم پر بڑا فضل ہے (پ5، النسآء:113)

احکامات کی پابندی کو لازم قرار دیا۔ جس نے اس کے حکم کو تسلیم کیا وہ اس کے فضل ورحمت سے جنتی گروہ میں شامل ہوا اور حکم عدولی کرنے والا اس کی ناراضی کا شکار ہو کر جہنم کے عذاب کا حقدار قرار پایا۔ جس طرح ہر ایک کا وجود اُس واحد و موجود جَلَّ جَلالُہٗ کے وجودِ پاک کی شعاع و ظِلّ سے کچھ حصہ لے کر معرضِ وجود میں آیا، اِسی طرح جنتیوں کو اپنی صفاتِ کمالیہ سے ایک خاص حصہ نصیب فرمایا۔ آیتِ کریمہ: "وَ عَلَّمَكَ مَا لَمْ تَكُنْ تَعْلَمُ" [1] ترجمہ: اور تمہیں سکھا دیا جو کچھ تم نہ جانتے تھے۔" کے مصداق سرورِ کائنات صلی اللہ علیہ وآلہ وسلم کے فیضانِ کرم سے تمام امتِ مسلمہ نے علم و معرفت کا عظیم خزانہ حاصل کیا، جس پر "وَ كَانَ فَضْلُ اللّٰهِ عَلَيْكَ عَظِيْمًا ﴿۱۱۳﴾" [2] ترجمہ: اور اللہ کا تم پر بڑا فضل ہے۔" کے بہتے سمندر نے علم و معرفت میں اور زیادہ جاذبیت پیدا کر دی۔ اللہ کریم نے اپنے فضلِ عظیم سے لوگوں کو طاقت و قوت عطا فرمائی، علم و معرفت کے اعلیٰ درجے پر پہنچایا، طرح طرح کی ایجادات کرنے کی صلاحیت و قابلیت سے نوازا، اَلْغَرَض! دنیا و آخرت کی تمام بھلائیاں کرنے کے سبب انہیں کامیاب و کامران فرما کر جنت ان کا ٹھکانا بنایا۔ روزِ اوّل سے قیامت آنے تک یہ سارے اِنعامات واِکرامات تمام برکتوں کی جامع شخصیت، اپنے پیارے حبیب صلی اللہ علیہ وآلہ وسلم کے صدقے میں عطا فرمائے، جنہیں اپنا خاص محبوب بنایا، ان کی شان یہ ہے کہ ساری مخلوق حتّٰی کہ نبی و رسول اور مُقرَّب فرشتے سب رِضائے الٰہی کے طالب ہیں اور وہ مالک و خالق اِن کی رِضا کا طالب ہے جیسا کہ تفسیر کبیر میں ہے: يَا مُحَمَّدُ كُلُّ اَحَدٍ يَطْلُبُ رِضَايَ وَاَنَا اَطْلُبُ رِضَاكَ فِي الدَّارَيْنِ یعنی اے محمد! صلی اللہ علیہ واٰلہٖ وسلم ہر ایک میری رضا چاہتا ہے اور میں دونوں جہاں میں تیری رضا چاہتا ہوں۔ [3]

---

[1] پ5، النسآء:113

[2] پ5، النسآء:113

[3] تفسیر کبیر، البقرۃ، تحت الآیۃ:142، 2/82

مرکزِ دائرہ ودائرۂ مرکز کاف ونون بنایا، اپنی خلافتِ کاملہ کا خِلعت رفیعُ المنزلت اُوس کے قامتِ مَوزُوں پر سجا کہ تمامہ افرادِ کائنات اس کے ظِلِّ ظَلیل اور ذَیلِ جَلیل میں آرام کرتے ہیں۔ اَعَاظِم مُقَرَّبِین کو جب تک اُس مَامَنِ جہان سے تَوَسُّل نہ کریں بادشاہ تک پہونچنا ممکن نہیں۔

مشکل الفاظ کے معانی مرکز: کسی چیز کا درمیانی حصہ۔ خِلعت: لباس۔ رفیعُ المنزلت: بلند مرتبہ۔ قامت: بدن، جسم۔ مَوزُوں: پھبتا ہوا۔ ظِلِّ ظَلیل: گھنا سایہ۔ ذَیلِ جَلیل: بزرگی والے دامن۔ اَعَاظِم مُقَرَّبِین: بڑی ہی قدرو منزلت والے۔ مَامَنِ جہان: دنیا کی پناہ گاہ۔ تَوَسُّل: وسیلہ، سفارش۔

وضاحت اللہ پاک نے اپنے محبوبِ کریم صلی اللہ علیہ وآلہ وسلم کو اپنی صفات کا مظہر بنایا جیسے اس کی ایک صفت "صفتِ تکوین" بھی ہے جس کا آسان مفہوم یہ ہے کہ رب تعالیٰ کا حکم پاتے ہی کسی چیز کا فوراً معرضِ وجود میں آجانا، چنانچہ بحکمِ قرآنی وہ ربِّ کریم صرف کلمۂ کُن (ہوجا) ارشاد فرماتا ہے اور وہ چیز (فیکون) فوراً ہو جاتی ہے، تو وہ ذات جسے رب کریم نے اپنا محبوب بنایا، اُسے اپنی صفتِ تکوین کا مظہرِ اَتم بھی بنایا ہے، یعنی رب کی عطا سے اُس محبوب کی بھی یہ شانیں ہیں کہ جب کبھی جو کچھ ارشاد فرماتے ہیں ویسا ہی ہو جاتا ہے، جیسا کہ مدینہ پاک میں آپ کی دعا سے مسلسل بارش کا برسنا، روک دینے سے اس بارش کا فوراً رُک جانا، درخت کو اشارے سے بلانا، حکم پاتے ہی اس کا چلا آنا، اُحد پہاڑ کو حرکت کرنے سے روکنا اور اس کا رُک جانا، چاند کو اشارہ کرنا تو اس کا دو ٹکڑے ہو جانا، ڈوبے ہوئے سورج کو واپس بلانا وغیرہ۔ اسی طرح اللہ پاک نے اور بہت سے معجزات عطا فرمائے اور اپنی عظیم الشان سلطنت و حکومت کی مکمل نیابت و جانشینی کے سب سے بلند مرتبہ لباس سے محبوب صلی اللہ علیہ وآلہ وسلم کے جسمِ اقدس کو

آراستہ کیا کہ کائنات کے تمام لوگ آپ کی وسیع رحمت کے سائے اور بزرگی والے دامن میں آرام کرتے ہیں۔

خدا کی سلطنت کا دو جہاں میں کون دولہا ہے تم ہی تم ہو تم ہی تم ہو یہاں تم ہو وہاں تم ہو
(سامانِ بخشش، ص157)

بڑی قدر و منزلت والے مقرّب بندے بھی آپ کے وسیلے کے بغیر اللہ پاک کی بارگاہ تک نہیں پہنچ سکتے یہی وجہ ہے کہ حضرت آدم علیہ السلام نے اپنی لغزش کی معافی کیلئے بارگاہ الٰہی میں حضور صلی اللہ علیہ وآلہ وسلم کو وسیلہ بنا کر دعا کی تو وہ قبول ہوئی، اسی طرح حضرت نوح علیہ السلام کو طوفان سے اور حضرت ابراہیم خلیل اللہ علیہ السلام کو نارِ نمرود سے نجات بھی حضور صلی اللہ علیہ وآلہ وسلم کے صدقے ملی اور حضرت اسماعیل ذبیح اللہ علیہ السلام کے بدلے مینڈھا بھی حضور صلی اللہ علیہ وآلہ وسلم ہی کے صدقے میں بھیجا گیا جیسا کہ

شارحِ بخاری حضرت امام احمد بن محمد قسطلانی رَحمۃ اللہ علیہ نے ایک بزرگ کے یہ دو شعر نقل فرمائے ہیں:

بِهٖ قَدْ اَجَابَ اللّٰهُ آدَمَ اِذْ دَعَا وَنُجِّیْ فِیْ بَطْنِ السَّفِیْنَةِ نُوْحٌ
وَمَا ضَرَّتِ النَّارُ الْخَلِیْلَ لِنُوْرِهٖ وَمِنْ اَجْلِهٖ نَالَ الْفِدَاءَ ذَبِیْحٌ

ترجمہ: نبی کریم صلی اللہ علیہ وآلہ وسلم کے وسیلے ہی سے حضرت آدم صَفِیُّ اللہ علیہ السلام نے دعا کی تو اللہ کریم نے قبول فرمائی اور اسی وسیلے سے حضرت سیدنا نوح نَجِیُّ اللہ علیہ السلام نے (سمندری طوفان سے) کشتی میں نجات پائی، نبیِّ کریم صلی اللہ علیہ وآلہ وسلم کے نور ہی کی بدولت حضرت ابراہیم خلیلُ اللہ علیہ السلام کیلئے آگ بے ضرر ثابت ہوئی اور آپ کی ہی خاطر حضرت اسماعیل ذبیحُ اللہ علیہ السلام نے فدیہ پایا۔[1]

[1] شرح زرقانی علی المواہب، 12/ 220

اعلیٰ حضرت امام احمد رضا خان قادری رَحمۃُ اللہ علیہ نے نبی کریم، رؤف رحیم صلی اللہ علیہ وآلہ وسلم کے وسیلے سے دعا مانگنے کے بارے میں جو ارشاد فرمایا اس کا خلاصہ ہے:

حضرت آدم علیہ السلام اور ان کے علاوہ دیگر انبیائے کرام، صالحین، علمائے دینِ متین اور عارفین کا ہمیشہ سے حضورِ اقدس صلی اللہ علیہ وآلہ وسلم کے توسل وشفاعت سے دعائیں کرنا معمول رہا ہے، چاہے حضور کی آمد سے پہلے کا زمانہ ہو یا حضور کا عہدِ مبارک، حضور کے وصال کے بعد عہدِ صحابہ وتابعین سے لے کر آج تک بلکہ تا قیامِ قیامت اور محشر کے دن حتی کہ جنت میں داخلے تک حضور کے وسیلے اور شفاعت پر احادیث وآثار اتنے زیادہ اور اِس قدر مشہور ہیں کہ بیان کرنے کی بھی حاجت نہیں۔[1]

کُنجیاں خزائنِ علم وقدرت، تدبیر وتَصَرُّف کی اس کے ہاتھ میں رکھیں۔ عظمت والوں کو مَہ پارے (اور اُس کو) اوس نے آفتابِ عالَم تاب کیا کہ اس سے اِقتباسِ اَنوار کریں اور اس کے حضور "اَنا" زبان پر نہ لائیں۔ اس کے سَراپردۂ عزت واِجلال کو وہ رِفعت و وُسعت بخشی کہ عرشِ عظیم جیسے ہزاران ہزار اس میں یوں گم ہوجائیں جیسے بَیدائے ناپید اکنار میں ایک شُلنگ ذرّۂ کم مقدار، علم وہ وسیع وغزیر عطا فرمایا کہ علومِ اَوّلین وآخِرین... اس کے بحرِ علوم کی نہریں یا جو شِشِ فُیُوض کے چھینٹے قرار پائے۔ اَزَل سے اَبد تک تمام غیب وشہادت پر اطلاعِ تام حاصل الا ماشاءَ اللہ،

مشکل الفاظ کے معانی کنجیاں: چابیاں۔ خزائن: خزانے۔ تصرف: اختیار۔ مَہ پارے: چاند کے ٹکڑے، خوبصورت۔ عالَم تاب: دنیا کو روشن کرنے والا۔ اِقتباس: لینا۔

[1] فتاویٰ رضویہ، 7/584، ملخصاً

سَرا پردہ: شاہی بارگاہ۔ اِجلال: عظمت۔ بَیداءِ ناپید اکنار: ایسا لمبا چوڑا ریگستان جس کا کنارہ نظر نہ آئے۔ شَلَنگ ذرّہ کم مقدار: اُڑتا ہوا معمولی ذرّہ۔ غزیر: کثیر۔ بحرِ علوم: علم کے سمندر۔ جوشِشِ فُیُوض: فیض کی کثرت، فیضان کی لہریں۔ اَزَل: آغاز۔ اَبد: ہمیشہ۔ اطلاعِ تام: مکمل اطلاع۔

وضاحت اللہ کریم نے علم و قدرت اور زمین و آسمان کے خزانوں کی چابیاں نبی پاک صلی اللہ علیہ وآلہ وسلم کے مبارک ہاتھ میں رکھ دی ہیں۔ اسی طرح حکمت و حکومت کے اختیارات کی چابیاں بھی آپ ہی کو عطا کر دیں۔ جیسا کہ رسولُ اللہ صلی اللہ علیہ وآلہ وسلم نے ارشاد فرمایا: اللہ کی قسم! میں اپنے حوضِ کوثر کو اس وقت بھی دیکھ رہا ہوں اور بے شک مجھے زمین کے خزانوں کی چابیاں دی گئی ہیں۔ [1]

حضورِ اَقدَس صلی اللہ علیہ وآلہ وسلم، اللہ (کریم) کے نائبِ مُطلَق ہیں، تمام جہان، حُضُور صلی اللہ علیہ وآلہ وسلم کے تحتِ تَصَرُّف (یعنی اِختیار میں) کر دِیا گیا۔ [2] آپ صلی اللہ علیہ وآلہ وسلم کا تصرف اور آپ کی قدرت اور سلطنت سلیمان علیہ السلام کی سلطنت اور قدرت سے زیادہ تھی۔ ملک و ملکوت جن اور انسان اور سارے جہان اللہ پاک کے تابع کر دینے سے حضور صلی اللہ علیہ وآلہ وسلم کے تصرف اور قدرت کے احاطے میں تھے (اور ہیں)۔ [3]

کونین بنائے گئے سرکار کی خاطر — کونین کی خاطر تمہیں سرکار بنایا
کُنجی تمہیں دِی اپنے خزانوں کی خدا نے — محبوب کِیا مالک و مُختار بنایا

(ذوقِ نعت، ص47-48)

---

[1] بخاری، 1/452، حدیث:1344
[2] بہارِ شریعت، حصہ 1، 1/79
[3] اشعۃ اللمعات، 1/463

اللہ کریم نے اپنے عزت و عظمت والے بندوں کو چاند کے ٹکڑوں اور روشن تاروں کی مانند کیا جب کہ حضورِ پُر نور صلی اللہ علیہ وآلہ وسلم کو تو ایسا روشن سورج بنایا جو پوری کائنات کو اپنے نور سے منور کر رہا ہے اور اِسی نور سے ہر ایک اَنوار و تجلیات حاصل کر رہا ہے، چنانچہ امام بوصیری رَحمۃ اللہ علیہ فرماتے ہیں:

فَاِنَّهٗ شَمْسُ فَضْلٍ هُمْ كَوَاكِبُهَا　　يُظْهِرْنَ اَنْوَارَهَا لِلنَّاسِ فِی الظُّلَمِ

یعنی اے محبوب صلی اللہ علیہ وآلہ وسلم! آپ عظمت کے سورج ہیں اور سارے پیغمبر آپ کے تارے کہ سب نے آپ ہی سے لے کر اندھیرے میں آپ کا نور لوگوں پر ظاہر کیا۔[1]

حضرت علامہ شمس الدین محمد بن عبد الرحمٰن المعروف ابن الصائغ رَحمۃ اللہ علیہ (وفات:777ھ) فرماتے ہیں: انبیاء و مرسلین علیہم السلام نے مخلوق کے سامنے اپنی نبوت پر دلالت کرنے کیلئے جو بھی معجزہ پیش کیا اس میں نبی کریم صلی اللہ علیہ وآلہ وسلم کا نور شامل تھا۔ آپ کا نور حضرت آدم علیہ السلام سے پہلے تخلیق ہو چکا تھا جو ان کی طرف منتقل ہوا، پھر اصلابِ طاہرہ (یعنی پاک پشتوں) کی طرف یہاں تک کہ ماؤں نے اسے اٹھایا پس وہ نور ان کی طرف منتقل ہوا اور اسی نور سے اللہ پاک نے انبیاء کرام علیہم السّلام کیلئے معجزات کا نظام بنایا۔[2]

کوئی چاہے کتنے ہی بلند و بالا مقام و منصب تک پہنچ جائے مگر آپ صلی اللہ علیہ وآلہ وسلم کی جنابِ عالی میں خود کو کچھ نہ سمجھے اور نہ ہی آپ کے مقابلے میں اپنے فضائل و محاسن بیان کرے کیونکہ اللہ کریم نے اپنے محبوبِ عظیم صلی اللہ علیہ وآلہ وسلم کے عزت و عظمت والے شاہی دربار کو وہ عظمت و بلندی عطا فرمائی ہے کہ عرشِ عظیم جیسے ہزاروں تخت بھی اُس بُلند و بالا وسیع

[1] قصیدۃ البردہ مع شرحہا۔۔۔الخ، ص154

[2] الرقم علی البردہ، ص:37 مخطوط، الباہر فی حکم النبی بالباطن والظاہر، ص32 ملتقطا

وعریض دربارِ شاہی میں یوں گم ہوجائیں گے جیسے وسیع وعریض جنگل بیابان میں ایک معمولی ذرے کی حیثیت ہوتی ہے۔

امامِ اہلِ سنّت، اعلیٰ حضرت فرماتے ہیں:

فرش والے تیری شوکت کا علو کیا جانیں
خسروا عرش پہ اُڑتا ہے پھریرا تیرا

(حدائقِ بخشش، ص16)

عِلمِ مصطفٰی کی شان!

اللہ پاک نے آپ صلی اللہ علیہ وآلہ وسلم کو اِس قدر وسیع عِلم عطا فرمایا ہے کہ آپ کے علم کے سامنے تمام اگلوں پچھلوں کے علوم کی مثال سمندر کے سامنے نہروں یا موجوں سے اُڑنے والے قطروں کی طرح ہے۔

اللہ پاک نے ہمارے پیارے نبی حضرت محمد صلی اللہ علیہ وآلہ وسلم کو روزِ اوّل سے روزِ آخِر تک کا علم عطا فرمایا ہے۔ لوحِ محفوظ میں درج تمام عُلُوم نیز اپنی ذات وصفات کی معرفت سے متعلّق بہت اور بے شُمار عُلوم عطا فرمائے۔ عُلُومِ خمسہ پر مطلع فرمایا جس میں خاص وقتِ قِیامت کا علم بھی شامل ہے۔ ساری مخلوقات کے احوال اور تمام مَاکَانَ (جو ہوچکا) اور مَایَکُوْنُ (جو ہوگا) کا علم عطا فرمایا۔ لیکن اس کے باوجود ہمارے پیارے نبی صلی اللہ علیہ وآلہ وسلم کا علم "عطائی (اللہ کریم کا عطا کیا ہوا)" ہونے کی وجہ سے "حادِث" ہے اور اللہ پاک کا علم "ذاتی وقدیم"۔ سرکارِ مدینہ صلی اللہ علیہ وآلہ وسلم کا علم ہرگز ہرگز اللہ تعالیٰ کے علم کے برابر نہیں۔[1]

یاد رہے! ہمارے پیارے نبیِّ کریم صلی اللہ علیہ وآلہ وسلم کے مبارَک علم میں نزولِ قراٰن

[1] مقالاتِ کاظمی، 2/111 ملخصاً

کے ساتھ ساتھ اضافہ ہوتا رہتا تھا، آخرِ کار قرآنِ پاک کی تکمیل کے ساتھ آپ کا علم بھی مکمل ہو گیا جیسا کہ اعلیٰ حضرت امام احمد رضا خان رَحمۃ اللہ علیہ فرماتے ہیں: فقیر نے قرآنِ عظیم کی آیاتِ قطعیہ سے ثابت کیا کہ قرآنِ عظیم نے 23 برس میں بتدریج نزولِ اِجلال فرما کر اپنے حبیب صلی اللہ علیہ وآلہ وسلم کو جَمِیْعِ مَاکَانَ وَمَایَکُوْن یعنی روزِ اوّل سے روزِ آخر تک کی ہر شَے، ہر بات کا علم عطا فرمایا۔[1]

آپ صلی اللہ علیہ وآلہ وسلم کو کائنات کی ابتداء سے لے کر انتہاء تک کی مکمل آگاہی بھی عطا فرمادی جیسا کہ امیر المومنین حضرت عمر فاروقِ اعظم رضی اللہ عنہ سے روایت ہے کہ حضور پر نور صلی اللہ علیہ وآلہ وسلم ایک مرتبہ ہمارے درمیان کھڑے ہوئے اور ہمیں (مخلوق کی) ابتداءِ پیدائش سے لے کر ہر چیز کی خبر دینا شروع کی، یہاں تک کہ جنتیوں کے جنت میں جانے اور جہنمیوں کے جہنم میں جانے کی خبر تک دے دی۔ جس نے یاد رکھا اس نے یاد رکھا اور جو بھول گیا وہ بھول گیا۔[2]

اعلیٰ حضرت، امامِ اہلسنت رَحمۃ اللہ علیہ فرماتے ہیں: اللہ پاک نے روزِ اَزل سے روزِ آخر تک جو کچھ ہوا اور جو کچھ ہے اور جو کچھ ہونے والا ہے ایک ایک ذرّے کا تفصیلی علم اپنے حبیبِ اَکرم صلی اللہ علیہ وآلہ وسلم کو عطا فرمایا، ہزار تاریکیوں میں جو ذرّہ یا ریت کا دانہ پڑا ہے حضور علیہ السَّلام کو اس کا بھی علم ہے اور فقط علم ہی نہیں بلکہ تمام دُنیا اور جو کچھ اس میں قیامت تک ہونے والا ہے، سب کو ایسا دیکھ رہے ہیں جیسا اپنی اس ہتھیلی کو، آسمانوں اور زمینوں میں کوئی ذرّہ ان کی نگاہ سے مخفی (یعنی چھپا ہوا) نہیں بلکہ یہ جو کچھ ذکر کیا گیا ہے ان کے علم کے سمندروں میں سے ایک چھوٹی سی نہر ہے، اپنی تمام اُمت کو اس سے زیادہ پہچانتے ہیں جیسا آدمی اپنے پاس بیٹھنے والوں کو اور فقط

1 فتاویٰ رضویہ، 29/512

2 بخاری، 2/375، حدیث: 3192

پہچانتے ہی نہیں بلکہ ان کے ایک ایک عمل ایک ایک حرکت کو دیکھ رہے ہیں، دلوں میں جو خیال گزرتا ہے اس سے بھی آگاہ ہیں اور پھر ان کے علم کے وہ تمام سمندر اور تمام مخلوق کے عُلوم مل کر علمِ الٰہی سے وہ نسبت نہیں رکھتے، جو ایک ذرا سے قطرے کو کروڑ سمندروں سے۔[1]

سرِ عرش پر ہے تِری گزر دلِ فرش پر ہے تِری نظر
ملکوت و مُلک میں کوئی شے نہیں وہ جو تجھ پہ عیاں نہیں

(حدائقِ بخشش، ص١٠٩)

بَصر وہ محیط کہ شَش جِہَت اس کے حضور جِہتِ مُقَابِل، دنیا اس کے سامنے اُٹھالی کہ تمام کائنات تا بروزِ قیامت، آنِ واحد میں پیشِ نظر، سمعِ والا کے نزدیک پانچ سو برس کی راہ کی صدا جیسے کان پڑی آواز ہے۔

مشکل الفاظ کے معانی بصر: بینائی۔ محیط: احاطہ کرنے والا۔ شَش جِہَت: چھ اطراف۔ جِہتِ مُقَابِل: رُوبرو۔ آنِ واحد: ایک لمحہ۔ سمعِ والا: مبارک سماعت۔ صدا: آواز۔

وضاحت اللہ پاک نے نبی کریم صلی اللہ علیہ وآلہ وسلم کی نگاہِ مبارک کو ایسی وسعت عطا فرمائی ہے کہ شَش جِہت یعنی مشرق، مغرب، شمال، جنوب، اوپر اور نیچے سب کو اپنی نگاہوں کے سامنے مکمل طور پر ملاحظہ فرمارہے ہیں۔

حضور کی قوتِ بصارت!

آپ صلی اللہ علیہ وآلہ وسلم کی مقدس آنکھوں کا یہ معجزہ ہے کہ آپ بیک وقت آگے پیچھے، دائیں بائیں، اوپر نیچے، دن رات، اندھیرے اجالے میں یکساں دیکھا کرتے تھے۔[2] دنیا آپ کے

[1] فتاویٰ رضویہ، 15/ 74 ملخصاً
[2] شرح زرقانی علی المواہب، 5/ 263

سامنے اُٹھا کر اس طرح پیش کی گئی کہ ساری کائنات پر قیامت کے ظاہر ہونے تک جب نظر فرمانا چاہیں لمحہ بھر میں اُن کی نظروں کے سامنے ہوتی ہے۔ جیسا کہ حضرت ثوبان رَضِی اللّٰہُ عنہ سے روایت ہے، رسولُ اللہ صلی اللہ علیہ وآلہٖ وسلم نے ارشاد فرمایا: بے شک اللہ پاک نے میرے لیے زمین کو سمیٹ دیا تو میں نے اس کے مشرقوں اور مغربوں کو دیکھ لیا۔ [1] دوسری روایت میں حضرت ابنِ عمر رَضِی اللّٰہُ عنہما سے روایت ہے، رسولُ اللہ صلی اللہ علیہ وآلہٖ وسلم نے ارشاد فرمایا: اللہ پاک نے میرے سامنے دنیا پیش فرمادی، یہی وجہ ہے کہ میں دنیا اور اس میں پیش آنے والے قیامت تک کے واقعات کو اپنی اس ہتھیلی کی طرح دیکھ رہا ہوں۔ [2] ایک اور روایت میں ہے، ارشاد فرمایا: کیا تم گمان کرتے ہو کہ میری توجُّہ صرف قبلے کی طرف ہوتی ہے، اللہ کی قسم! مجھ پر نہ تو تمہارے خشوع پوشیدہ ہیں اور نہ تمہارے رکوع، بے شک میں تمہیں اپنی پیٹھ کے پیچھے سے بھی دیکھتا ہوں۔ [3]

حضور کی قوتِ سماعت!

اللہ کریم نے نبی علیہ السلام کو ایسی اعلیٰ قوتِ سماعت عطا فرمائی ہے کہ پانچ سو سال دُور کی آواز بھی آپ کو ایسی معلوم ہوتی جیسے کان میں کہی ہوئی بات ہو جیسا کہ حضرت ابو ذر رَضِی اللّٰہُ عنہ فرماتے ہیں: رسولُ اللہ صلی اللہ علیہ وآلہٖ وسلم نے فرمایا: میں وہ دیکھتا ہوں جو تم نہیں دیکھ سکتے، میں وہ سنتا ہوں جو تم نہیں سن سکتے، آسمان چَرچَراہٹ کرتا ہے اور لازم ہے کہ چَرچَراہٹ کرے، الخ... [4] اور آسمان و زمین کے درمیان کا فاصلہ پانچ سو سال کی مسافت ہے۔ [5]

---

1. مسلم، ص1182، حدیث:7258
2. مجمع الزوائد، 8/510، حدیث:14067
3. بخاری، 1/161، حدیث:418
4. ترمذی، 4/140، حدیث:2319
5. ترمذی، 5/194، حدیث:3309

پانسو ٥٠٠ سال کی راہ ایسی ہے جیسے دو گام
آس ہم کو بھی لگی ہے تِری شنوائی کی

(حدائقِ بخشش، ص154)

آپ کی قوتِ سماعت ایسی ہے کہ آپ قبروں کے عذاب کی آواز بھی سن لیتے ہیں۔[1] آپ نے جنت میں حضرت بلال رضی اللہ عنہ کے قدموں کی آہٹ کو سُن لیا۔[2] آپ نے جنت میں حضرت حارثہ بن نعمان رضی اللہ عنہ کی قراءت کو سنا۔[3] آپ نے ستر (70) سال قبل جہنم میں گرائے جانے والے پتھر کی آواز کو سن لیا۔[4] آپ عرش کے نیچے چاند کے سجدہ کرنے کی آواز کو بھی سن لیا کرتے تھے۔[5]

دور و نزدیک کے سننے والے وہ کان
کانِ لعلِ کرامت پہ لاکھوں سلام

(حدائقِ بخشش، ص300)

اور قدرت کا تو کیا پوچھنا! کہ قدرتِ قدیر علی الاطلاق جَلَّ جَلَالُہٗ کی نمونہ و آئینہ ہے، عالم عُلوِی و سِفلی میں اس کا حکم جاری، فرمانروائی ''کُن'' کو اس کی زبان کی پاسداری۔

مشکل الفاظ کے معانی قدرتِ قدیر علی الاطلاق جَلَّ جَلَالُہٗ: قادرِ مطلق عَزَّوَجَلَّ کی قدرت۔ عالم عُلوِی و سِفلی: زمینی و آسمانی دنیا۔ فرمانروائی: حکومت۔ پاسداری: لحاظ، طرف داری۔

---

1 بخاری، 1/464، حدیث: 1375
2 بخاری، 1/390، حدیث: 1149
3 مسند احمد، 9/280، حدیث: 24135
4 مسلم، ص1167، حدیث: 7167
5 شرح زرقانی علی المواہب، 1/276

وضاحت نبی کریم صلی اللہ علیہ وآلہ وسلم کی قدرت و اختیارات کا تو کیا پوچھنا! آپ کو تو قادرِ مطلق نے اپنی قدرتِ کاملہ کا ایسا نمونہ و آئینہ بنایا ہے کہ زمین و آسمان میں آپ کا حکم جاری، جس کے لیے جو چاہیں حلال فرمائیں، جو چاہیں حرام، اِسی طرح امرِ شاہی "کُنْ" (یعنی آپ کا شاہی حکم کسی چیز کے بارے میں کہنا: ہوجا) میں آپ کی زبانِ اَقدس اور مزاج شریف کو ملحوظِ خاطر رکھا، چنانچہ ارشادِ خداوندی ہے:

وَ یُحِلُّ لَهُمُ الطَّیِّبٰتِ وَ یُحَرِّمُ عَلَیْهِمُ الْخَبٰٓىِٕثَ

ترجمہ: اور ستھری چیزیں ان کے لئے حلال فرمائے گا اور گندی چیزیں اُن پر حرام کرے گا۔ (پ9، الاعراف:157)

اِس سے معلوم ہوا کہ حلال و حرام کرنے کا حضور صلی اللہ علیہ وآلہ وسلم کو رَبِّ کریم کی طرف سے اختیار دیا گیا، آپ صلی اللہ علیہ وآلہ وسلم شارع یعنی صاحبِ شریعت اور مالکِ شریعت ہیں، چنانچہ مُحقِّق عَلَی الاِطلاق حضرت شیخ عبد الحق مُحدِّث دہلوی رحمۃ اللہ علیہ فرماتے ہیں: صحیح اور مُختار مذہب یہی ہے کہ اَحکام حضور صلی اللہ علیہ وآلہ وسلم کے سپُرد ہیں، جس پر جو چاہیں حکم کریں، ایک کام ایک پر حرام کرتے ہیں اور دوسرے پر مُباح (یعنی جائز۔ مزید فرماتے ہیں کہ) حق تعالیٰ نے شریعت مُقرَّر کر کے ساری کی ساری اپنے رسول و محبوب صلی اللہ علیہ وآلہ وسلم کے حوالے کر دی (کہ اس میں جس طرح چاہیں تبدیلی و اضافہ فرمائیں) [1]

اختیاراتِ مصطفٰے کی جھلکیاں!

آیئے! حدیثِ پاک کی روشنی میں اس کی چند مثالیں بھی ملاحظہ کیجیے:

(1) ایک صاحب حضور علیہ السلام کی بارگاہ میں حاضر ہوئے اور اِس شرط پر اِیمان لائے

[1] مدارج النبوۃ، 2/183

کہ میں صرف دو ہی نمازیں پڑھا کروں گا تو حضور علیہ السلام نے ان کی یہ درخواست قبول فرمالی۔[1]

(2) حضرت اُمِّ عطیہ کو ایک بار نوحہ کرنے کی اِجازت عطا فرمائی۔[2]

(3) حضرت علی رضی اللہ عنہ کو خاتونِ جنت فاطمۃ الزہراء رضی اللہ عنہا کی موجودگی میں دوسری عورت سے نکاح کرنے سے روک دیا۔[3]

(4) ایک سال سے کم عُمر کی بکری کی قُربانی جائز نہیں، مگر حضرتِ بُردہ رضی اللہ عنہ کو چھ ماہ کی بکری کی قربانی کی اجازت عطا فرماتے ہوئے اِرشاد فرمایا کہ تمہارے بعد کسی کے لئے ایسا کرنا جائز نہ ہوگا۔[4]

(5) حضرت اَسماء بنتِ عُمَیس رضی اللہ عنہا کیلیے چار ماہ دس دن کی مُدّتِ عدت میں کمی فرما کر انہیں صرف تین دن تک سوگ منانے کا حکم ارشاد فرمایا۔[5]

ان مثالوں سے پتا چلا کہ حضور علیہ السلام کو اللہ رب العزت نے یہ قدرت واختیار دیا ہے کہ جس کے لیے جو چاہیں حلال فرمائیں اور جو چاہیں حرام۔ تفصیل کے لیے اعلیٰ حضرت رَحمۃ اللہ علیہ کی تصنیف "اَلْاَمْنُ وَ الْعُلٰی" کے ضمنی رسالے "مُنیۃُ اللَّبِیب اَن التَّشریعَ بِیَدِ الْحَبِیْب" کا مطالعہ بے حد مفید ثابت ہوگا۔

مردہ کو "قُم" کہیں زندہ اور چاند کو اِشارہ کریں فوراً دوپارہ ہو۔ جو چاہتے ہیں خدا وہی

---

1 مسند احمد، 7/283، حدیث: 20309
2 مسلم، ص363، حدیث: 2165
3 مرقاۃ المفاتیح، 10/514
4 مسلم، ص834، حدیث: 5069
5 سنن کبری للبیہقی، 7/720، حدیث: 15523

چاہتا ہے کہ یہ وہی چاہتے ہیں جو خدا چاہتا ہے۔

مشکل الفاظ کے معانی قُمْ: کھڑا ہو جا۔ دو پارہ: دو ٹکڑے۔

وضاحت نبی کریم صلی اللہ علیہ وآلہ وسلم کی حکومت و سلطنت نہ صرف زندہ لوگوں پر جاری ہے بلکہ آپ کی قدرت واختیار کا عالم یہ ہے کہ اگر مُردوں کو "قُمْ" (کھڑا ہو جا) فرمائیں تو وہ بھی حکم کی تعمیل میں زندہ ہو کر کھڑے ہو جاتے ہیں۔

تم نے تو چلتے پھرتے مُردے جِلا دیے ہیں!

حضرت شیخ عبد الحق مُحدِّث دہلوی رَحمۃ اللہ علیہ فرماتے ہیں: واحیای موتی از آں حضرت صلی اللہ علیہ وآلہ وسلم متعدد واقع شد۔ یعنی نبی پاک صلی اللہ علیہ وآلہ وسلم سے مردوں کو زندہ کرنے کا فعل بے شمار بار واقع ہوا ہے۔[1]

"شفا شریف" میں ہے: ایک شخص نے بارگاہِ رسالت میں اپنی بیٹی کو زندہ کرنے کی درخواست کی اور بتایا کہ وہ فلاں وادی میں ہے تو رسولُ اللہ صلی اللہ علیہ وآلہ وسلم اِس کے ساتھ وادی کی طرف چل دیئے اور اُسے اُس کے نام کے ساتھ آواز دی، اَے فُلانہ! اللہ کے حکم سے مجھے جواب دے، وہ لڑکی اپنی قبر سے باہر نکل کر کہنے لگی: لَبَّیْكَ وَ سَعْدَیْكَ (یَارسولَ اللہ صلی اللہ علیہ وآلہ وسلم! میں آپ کے حضور حاضر ہوں اور اللہ کریم آپ کو خوش حال رکھے) تو رسولُ اللہ صلی اللہ علیہ وآلہ وسلم نے اِرشاد فرمایا: "تیرے ماں باپ اِسلام لے آئے ہیں اگر تُو چاہے تو میں تجھے اُن کے پاس دُنیا میں واپس لوٹا دوں؟" اُس نے کہا: "مجھے اپنے والدین کی ضرورت و حاجت نہیں، میں نے تو اللہ کریم کو اِن دونوں سے بہتر پایا ہے، یعنی وہ ان دونوں سے زیادہ مہربان ہے۔"[2]

---

[1] مدارج النبوہ، 1/112

[2] الشفاء، 1/320

بکری زندہ ہوگئی

حضرت جابر رضی اللہ عنہ نے ایک بکری ذبح کرکے اس کا گوشت پکایا اور روٹیوں کا چورہ کرکے ثرید بنایا اور اُسے لے کر نبیِ کریم صلی اللہ علیہ وآلہ وسلم کی بارگاہ میں حاضر ہوئے۔ نبی پاک صلی اللہ علیہ وآلہ وسلم نے صحابۂ کرام کے ساتھ اسے تناول فرمایا۔ جب کھانے سے فارغ ہوگئے تو آپ صلی اللہ علیہ وآلہ وسلم نے تمام ہڈیوں کو ایک برتن میں جمع فرمایا اور ان ہڈیوں پر اپنا دستِ مبارک رکھ کر کچھ کلمات ارشاد فرمائے تو یہ معجزہ ظاہر ہوا کہ وہ بکری زندہ ہوکر کھڑی ہوگئی اور دم ہلانے لگی پھر آپ صلی اللہ علیہ وآلہ وسلم نے فرمایا کہ اے جابر! اپنی بکری اپنے گھر لے جاؤ۔[1]

اشارے سے چاند چیر دیا

حضور کی حکومت وسلطنت صرف زمین تک ہی محدود نہیں بلکہ چاند وسورج بھی آپ کے تابعِ فرمان ہیں۔ معجزہ "شق القمر" نبی کریم صلی اللہ علیہ وآلہ وسلم کا ایک بے مثال معجزہ ہے جو آیتِ کریمہ اور بہت سی مشہور احادیثِ مبارکہ سے ثابت ہے۔

حضرت شیخ عبد الحق محدث دہلوی رحمۃ اللہ علیہ فرماتے ہیں: حضور سیدِ عالم صلی اللہ علیہ وآلہ وسلم کے لیے چاند کا ٹکڑے ہونا یقیناً واقع ہے جس کو صحابہ وتابعین رضوانُ اللہِ علیہم اجمعین کی کثیر جماعت نے بیان کیا ہے اور پھر ان سے محدثین کے جمِ غفیر نے روایت کیا ہے اور مفسرینِ کرام کا اتفاق ہے کہ آیت کریمہ "اِقْتَرَبَتِ السَّاعَةُ وَانْشَقَّ الْقَمَرُ ۝"[2] میں یہی چاند کا دو ٹکڑے ہونا مراد ہے جو حضور صلی اللہ علیہ وآلہ وسلم کا معجزہ واقع ہوا۔ وہ انشقاق مراد نہیں ہے جو قُربِ قیامت میں واقع ہوگا اور اسی سے متصل دوسری آیتِ کریمہ "وَاِنْ یَّرَوْا اٰیَةً یُّعْرِضُوْا وَیَقُوْلُوْا سِحْرٌ

---

[1] شرح زرقانی علی المواہب، 7/66

[2] ترجمہ: پاس آئی قیامت اور شق ہو گیا چاند۔ (پ27، القمر:1)

مُّسْتَمِرٌّ ۝۲" [1] اسی مضمون کو بتاتی ہے کہ حضور علیہ السلام نے ہی چاند کو دو ٹکڑے کیا ہے۔ [2]

حضرت انس بن مالک رَضِیَ اللہُ عنہ فرماتے ہیں: اہلِ مکہ نے رسولُ اللہ صلی اللہ علیہ وآلہ وسلم سے ایک معجزہ دکھانے کی درخواست کی تو آپ نے چاند ٹکڑے کرکے دکھایا۔ [3]

حضرت عبد اللہ بن مسعود رَضِیَ اللہُ عنہ فرماتے ہیں کہ رسولُ اللہ صلی اللہ علیہ وآلہ وسلم کے زمانہ میں چاند دو ٹکڑے ہو کر پھٹا، ایک ٹکڑا پہاڑ کے اوپر اور دوسرا اس کے نیچے، تب رسولِ اکرم صلی اللہ علیہ وآلہ وسلم نے فرمایا گواہ رہو۔ [4]

جس نے ٹکڑے کیے ہیں قمر کے وہ ہے　　　نُورِ وَحدت کا ٹکڑا ہمارا نبی

(حدائقِ بخشش، ص140)

خُدا چاہتا ہے رضائے محمد

جو ہمارے پیارے آقا، محمدِ مصطفیٰ، احمدِ مجتبیٰ صلی اللہ علیہ وآلہ وسلم چاہتے ہیں اللہ پاک بھی وہی چاہتا ہے، اِس لیے کہ حضور کی چاہت وہی ہوتی ہے جو خدا چاہتا ہے۔ چنانچہ حضرت عائشہ صدیقہ رضی اللہُ عنہا نے حضور علیہ السّلام کی خدمتِ اقدس میں عرض کی: میں دیکھتی ہوں کہ آپ کا ربّ آپ کی چاہت پوری کرنے میں جلدی فرماتا ہے۔ [5] اور حضور علیہ السلام کی چاہت و پسند کا اللہ رَبُّ الْعِزَّت کس قدر خیال رکھتا ہے اِس کے لیے چند ایک آیات ملاحظہ ہوں۔ چنانچہ اِرشادِ خداوندی ہے: فَلَنُوَلِّيَنَّكَ قِبْلَةً تَرْضٰهَا [6] ترجمہ: تو ضرور ہم تمہیں پھیر دیں گے

---

[1] ترجمہ: اور اگر دیکھیں کوئی نشانی تو منہ پھیرتے اور کہتے ہیں یہ تو جادو ہے چلا آتا (پ27، القمر:2)

[2] اشعۃ اللمعات، 4/542

[3] بخاری، 2/511، حدیث:3637

[4] بخاری، 3/339، الحدیث:4864

[5] بخاری، 3/303، حدیث:4788

[6] پ2، البقرۃ:144

اس قبلہ کی طرف جس میں تمہاری خوشی ہے۔ تفسیرِ قرطبی میں اس آیتِ کریمہ ”وَلَسَوْفَ يُعْطِيْكَ رَبُّكَ فَتَرْضٰى ﴿۵﴾[1] ترجمہ: اور بے شک قریب ہے کہ تمہارا رب تمہیں اتنا دے گا کہ تم راضی ہو جاؤ گے۔“ کے نزول پر حضور صلی اللہ علیہ وآلہ وسلم نے فرمایا: اِذًا وَاللّٰهِ لَا اَرْضٰى وَوَاحِدٌ مِّنْ اُمَّتِيْ فِي النَّارِ یعنی اللہ کی قسم ہے کہ میں اُس وقت تک راضی یعنی خوش نہ ہوں گا جب تک میرا ایک اُمتی بھی دوزخ میں رہے۔[2] حدیثِ پاک میں ہے کہ میں اپنی اُمّت کی شفاعت کرتا رہوں گا یہاں تک کہ میرے لیے نِدا کی جائے گی: اے محمد! کیا تم راضی ہو گئے؟ فَاَقُوْلُ: اَيْ رَبِّ قَدْ رَضِيْتُ، میں عرض کروں گا: الٰہی! میں راضی ہو گیا۔[3] سبحانَ اللہ! تمام مخلوق رب کو راضی کرنا چاہتی ہے مگر حضور ربّ کے مطلوب و محبوب ہیں کہ ربّ انہیں راضی فرمانا چاہتا ہے۔

خدا کی رِضا چاہتے ہیں دو عالَم   خُدا چاہتا ہے رِضائے محمد

(حدائقِ بخشش، ص65)

منشورِ خلافتِ مُطلَقہ و تفویضِ تام اس کے نامِ نامی پر پڑھا گیا اور سکہ و خطبہ ان کا مَلاءِ ادنیٰ سے عالَمِ بَالا تک جاری ہوا،

مشکل الفاظ کے معانی مَنشورِ خلافتِ مُطلَقہ: مطلقاً جانشینی کا پروانہ۔ تفویضِ تام: مکمل اختیارات۔ مَلاءِ ادنیٰ: دنیا، انسانوں کا عالَم۔ عالَمِ بَالا: اوپر کی دنیا، فرشتوں کا عالم

وضاحت اللہ کریم نے اپنے حبیبِ کریم صلی اللہ علیہ وآلہ وسلم کو اپنی مکمل خلافت عطا فرمائی اور تمام اختیارات بھی کامل طور پر آپ کے سپرد فرما دیئے۔

---

1. پ30، الضحیٰ:5
2. تفسیر قرطبی، پ30، الضحیٰ، تحت الآیۃ:5، 10/68۔ فتاویٰ رضویہ، 29/572
3. مجمع الزوائد، 10/684، حدیث:18516

ان کی نافذ حکومت پہ لاکھوں سلام

حضرت علامہ ابنِ حجر مکی شافعی رَحمۃ اللہ علیہ فرماتے ہیں: بے شک نبی کریم صلی اللہ علیہ وآلہ وسلم اللہ پاک کے خلیفہ ہیں، اُس نے اپنے کرم کے خزانے اور اپنی نعمتوں کے خوان حضور کے دستِ اقدس اور ان کے ارادہ واختیار میں دے دیئے ہیں کہ جسے چاہیں عطا فرماتے ہیں اور جسے چاہیں روکے رکھتے ہیں۔[1] نبیِ پاک صلی اللہ علیہ وآلہ وسلم خزانۂ رازِ الٰہی اور احکام کو نافذ کرنے والے ہیں، ہر حکم حضور علیہ السلام ہی کے دربار سے نافذ ہوتا ہے اور جسے کوئی نعمت ملتی ہے تو وہ بھی آپ صلی اللہ علیہ وآلہ وسلم کے دربار سے، خبردار رہو! میرے ماں باپ ان پر قربان ہوں جو اس وقت سے بادشاہ اور سردار ہیں جب حضرت آدم علیہ السلام آب و گِل کے اندر ٹھہرے ہوئے تھے، وہ جس بات کا ارادہ فرمائیں اُس کا خلاف نہیں ہوتا، **تمام جہان میں کوئی اُن کے حکم کو پھیرنے والا نہیں۔**[2]

شیخِ محقق، حضرت شیخ عبد الحق مُحدِّثِ دہلوی رَحمۃ اللہ علیہ فرماتے ہیں: حضور علیہ السلام اللہ تعالیٰ کے خلیفۂ مطلق اور نائبِ کل ہیں جو چاہیں کرتے ہیں اور جو چاہیں عطا فرماتے ہیں۔[3] سیّدی اعلیٰ حضرت رَحمۃ اللہ علیہ فرماتے ہیں: حدیثِ پاک میں ہے: جب اللہ پاک نے عرش بنایا اس پر نور کے قلم سے جس کا طول (لمبائی) مشرق سے مغرب تک تھا، لکھا: اللہ کے سوا کوئی سچا معبود نہیں محمد (صلی اللہ علیہ وآلہ وسلم) اللہ کے رسول ہیں، میں اِنہی کے واسطے سے لوں گا اور اِن ہی کے وسیلے سے دوں گا، ان کی اُمت سب امتوں سے افضل ہے اور ان کی اُمت میں سب سے

---

[1] الجوہر المنظم، ص، 42 ملخصًا
[2] مواہب اللدنیۃ، 1 / 28 ملتقطاً
[3] اشعۃ اللمعات، 4 / 335

اَفضل ابو بکر صدیق۔[1] بِحَمْدِ اللهِ تَعَالٰی اس حدیثِ جلیل جامع پر ختم کیجئے کہ اللہ پاک کی بارگاہ کا تمام لینا دِینا، اخذ و عطا سب مُحَمَّدٌ رَّسُوْلُ الله صلی اللہ علیہ وآلہ وسلم کے ہاتھوں، اِن کے وَاسطے اِن کے وَسیلے سے ہے، اِسی کو خلافتِ عظمٰی کہتے ہیں۔ وَلِلّٰهِ الْحَمْدُ حَمْدًا كَثِيْرًا۔[2]

آپ صلی اللہ علیہ وآلہ وسلم کے انہی کمالات و فضائل کی وجہ سے فرش سے عرش تک آپ کی توصیف و ثناء کا خطبہ اور شاہی فرمان پڑھا گیا، آپ کے معجزات عالمِ اعلیٰ اور عالمِ اَسفل میں اس طرح جلوہ فگن ہوئے کہ فرش سے عرش تک آپ کے معجزات کی عظمت کا ڈنکا بج رہا ہے۔ روئے زمین پر جمادات، نباتات، حیوانات کے تمام عالموں میں آپ کے طرح طرح کے معجزات کی ایسی ہمہ گیر حکمرانی و سلطنت کا پرچم لہرایا کہ بڑے بڑے منکروں کو بھی آپ کی صداقت و نبوت کے آگے جھکنا پڑا اور معاندین کے سوا ہر انسان خواہ وہ کسی قوم و مذہب سے تعلق رکھتا ہو اور اپنی اُفتادِ طبع اور مزاجِ عقل کے لحاظ سے کتنی ہی منزلِ بلند پر فائز کیوں نہ ہو مگر آپ کے معجزات کی کثرت اور ان کی نوعیت و عظمت کو دیکھ کر اسے اس بات پر ایمان لانا ہی پڑا کہ بلاشبہ آپ نبیٔ برحق اور خدا کے سچے رسول ہیں۔ خود آپ کی جسمانی و روحانی خداداد طاقتوں پر اگر نظر ڈالی جائے تو پتا چلتا ہے کہ آپ کی حیاتِ مُقدَّسہ کے مختلف دور کے مُحیّرُ العقول کارنامے بجائے خود عظیم سے عظیم تر معجزات ہی معجزات ہیں۔ کبھی عرب کے ناقابلِ تسخیر پہلوانوں سے کشتی لڑ کر ان کو پچھاڑ دینا، کبھی دم زدن میں فرشِ زمین سے سدرۃُ المنتہیٰ پر گزرتے ہوئے عرشِ معلّٰی کی سیر، کبھی انگلیوں کے اشارہ سے چاند کے دو ٹکڑے کر دینا، کبھی ڈوبے ہوئے سورج کو واپس لوٹا دینا، کبھی خندق کی چٹان پر پھاوڑا مار کر روم و فارس کی سلطنتوں میں اپنی امت کو پرچمِ اسلام

---

[1] التدوین فی اخبار قزوین، 3/393۔ کنز العمال، الجزء 11، 6/251، حدیث: 32578

[2] الامن والعلی، ص 101

لہراتا ہوا دکھا دینا، کبھی انگلیوں سے پانی کے چشمے جاری کر دینا، کبھی مٹھی بھر کھجور سے ایک بھوکے لشکر کو اس طرح راشن دینا کہ ہر سپاہی نے شکم سیر ہو کر کھالیا وغیرہ وغیرہ معجزات کا ظاہر کر دینا یقیناً بلاشبہ یہ وہ معجزانہ واقعات ہیں کہ دنیا کا کوئی بھی سلیم العقل انسان ان سے متاثر ہوئے بغیر نہیں رہ سکتا۔ [1]

حضرت آدم علیہ السلام نے اپنے بیٹے حضرت شیث علیہ السلام سے فرمایا کہ جب تم اللہ پاک کا ذکر کرو تو اس کے ساتھ محمد رسولُ اللہ صلی اللہ علیہ وآلہ وسلم کا ذکر بھی کرنا کیونکہ میں جب روح اور مٹی کے درمیان تھا تو اس وقت میں نے عرش کے پایوں پر یہ نام لکھا ہوا دیکھا تھا، پھر جب میں نے آسمانوں کی سیر کی تو وہاں بھی کوئی جگہ اس نام سے خالی نہیں دیکھی اور جب مجھے میرے رب نے جنت میں ٹھہرایا تو وہاں جنت کے محلات اور اس کے کمروں پر نامِ محمد لکھا دیکھا، حوروں کی گردن کے نیچے، جنت کے گھنے درختوں کے پتوں پر، جنتی درخت طوبیٰ اور سدرۃُ المنتہیٰ کے پتوں پر، جنتی پردوں کے کناروں پر اور فرشتوں کی آنکھوں کے درمیان یہ نامِ مبارک لکھا دیکھا تھا۔ لہٰذا تم بھی ان کا ذکر کثرت کے ساتھ کرنا کیونکہ فرشتے ہر وقت ان کا ذکر کرتے رہتے ہیں۔ [2]

عرش تا فرش ہے جس کے زیرِ نگیں　　　اس کی قاہِر ریاست پہ لاکھوں سلام

(حدائقِ بخشش، ص296)

دنیا و دِیں میں جو جسے ملتا ہے ان کی بارگاہِ عرش اِشْتِباہ سے ملتا ہے، وہ بَالَا دَسْت حاکم کہ تمام مَاسِوَی اللہ ان کا محکوم اور ان کے سِوا عَالَم میں کوئی حاکم نہیں سب ان کے

---

1. سیرتِ مصطفیٰ، ص714
2. الخصائص الکبریٰ، 1/17

محتاج اور وہ خدا کے محتاج۔

مشکل الفاظ کے معانی بار گاہِ عرش اِشْتِبَاہ: بلند و بالا عظمت والے دربار۔ بَالَا دَسْت: با اختیار۔ حاکم: بادشاہ۔ مَاسِوَی اللہ: اللہ کے سوا تمام مخلوق۔ محکوم: غلام۔ عَالَم: دنیا۔

وضاحت دین و دنیا میں لوگوں کو جو نعمتیں ملتی ہیں وہ نبیِ کریم صلی اللہ علیہ وآلہ وسلم کی بارگاہِ عالی سے ہی ملتی ہیں، جیسا کہ شارحِ بخاری حضرت امام قسطلانی رحمۃ اللہ علیہ فرماتے ہیں: بے شک رسولُ اللہ صلی اللہ علیہ وآلہ وسلم کو خزانوں کی چابیاں عطا کی گئیں، بعض علماء نے فرمایا: اس سے مراد دنیا کی تمام اَجناس کے خزانوں کی چابیاں ہیں تاکہ آپ ان کو اس کے مطابق عطا کریں جو وہ اپنی ذات کیلئے طلب کریں، تو پس عالَم میں جس کا رزق بھی ظاہر ہوتا ہے تو اللہ کریم نبیٔ پاک صلی اللہ علیہ وآلہ وسلم کے وسیلے ہی سے عطا کرتا ہے۔ لہٰذا جس کو جو ملتا ہے آپ کے ہاتھوں سے ملتا ہے۔[1] حضرت علامہ یوسف بن اسماعیل نبہانی رحمۃ اللہ علیہ نقل فرماتے ہیں: اللہ پاک نے نبی کریم صلی اللہ علیہ وآلہ وسلم کے سبب بندوں پر قسم قسم کی خیرات اور دُنیوی و اُخروی سعادتوں کے دروازے کھولے، ہر قسم کا رزق حضور صلی اللہ علیہ وآلہ وسلم کے ہاتھ مبارک سے تقسیم ہو رہا ہے۔[2]

بٹتی ہے کونین میں نعمت رسولُ اللہ کی

حضرت امام بوصیری رحمۃ اللہ علیہ فرماتے ہیں: كُلُّ فَضْلٍ فِي الْعَالَمِيْنَ فَمِنْ فَضْلِ النَّبِيِّ اِسْتَعَارَهُ الْفُضَلَاءُ یعنی جہاں والوں میں جو خوبی جس کسی میں ہے وہ اس نے نبی صلی اللہ علیہ وآلہ وسلم کے فضل سے مانگ کر لی ہے۔ حضرت علامہ امام ابنِ حجر مکی رحمۃ اللہ علیہ اس کی شرح میں

---

[1] مواہب اللدنیۃ، 2/278

[2] جواہر البحار، 3/69 ملخصاً

فرماتے ہیں: تمام جہان کی امداد کرنے والے نبی پاک صلی اللہ علیہ وآلہ وسلم ہیں کیونکہ آپ ہی بارگاہِ الٰہی کے وارث ہیں، بلاواسطہ اللہ کریم سے حضور ہی مدد لیتے ہیں اور ساری دنیا حضور ہی کے واسطے سے اللہ پاک کی مدد لیتی ہے تو جس کامل کو جو خوبی و کمال ملا وہ حضور کی مدد اور آپ ہی کے دستِ رحمت سے ملا ہے۔[1]

اللہ پاک کی عطا سے آپ صلی اللہ علیہ وآلہ وسلم ہی بااختیار حاکم ہیں اور ساری دنیا ان کی غلام ہے، سب اپنی حاجات و ضروریات کیلئے آپ ہی کے محتاج ہیں، آپ صلی اللہ علیہ وآلہ وسلم کا حکم دینا ایسا ہی ہے جیسا اللہ پاک کا حکم دینا۔

حضرت علامہ شہاب الدین محمد بن عمر خفاجی رَحمۃ اللہ علیہ فرماتے ہیں: نبی کریم صلی اللہ علیہ وآلہ وسلم کے صاحبِ امر و نہی ہونے کے یہ معنی ہیں کہ حضور علیہ السلام حاکم ہیں، آپ کے سوا عالَم میں کوئی حاکم نہیں، نہ وہ کسی کے محکوم، پس جب وہ کسی بات میں فرمادیں: "نہیں" یا "ہاں"، اور وہ کوئی بات نہیں کہتے مگر ٹھیک ٹھیک، اللہ پاک کی رضا کے موافق، تو کسی کو بھی ان کی بات مانے بغیر چارہ نہیں، پس اس وقت جب وہ کوئی فیصلہ فرمادیں تو نہ کوئی ان کے فیصلے کو روک سکتا ہے اور نہ ان کے فیصلے کو رد کر سکتا ہے، اور وہ اپنی بات میں سب سے زیادہ سچے ہیں۔[2]

حضرت امام قاضی عیاض رَحمۃُ اللہِ علیہ "شفا شریف" میں فرماتے ہیں: حضرت سہل رَضی اللہُ عنہ نے فرمایا: جو ہر حال میں نبیِّ کریم صلی اللہ علیہ وآلہ وسلم کو اپنا والی اور اپنے آپ کو حضور کی ملک نہ جانے وہ سنتِ نبی کی حلاوت سے اصلاً خبر دار نہ ہو گا، اس لیے کہ نبی کریم صلی اللہ علیہ وآلہ وسلم نے ارشاد فرمایا: "تم میں سے کوئی (کامل) مومن نہیں ہو سکتا جب تک کہ میں اس کے

[1] المنح المکیۃ فی شرح الھمزیہ، ص322
[2] نسیم الریاض،2/281

نزدیک اس کی جان سے بھی زیادہ محبوب نہ ہو جاؤں۔“ [1]

قرآنِ عظیم ان کی مدح وستائش کا دَفتر۔ نام ان کا ہر جگہ نامِ الٰہی کے برابر،

مشکل الفاظ کے معانی مدح: تعریف۔ ستائش: تعریف کا ہم معنی۔ دَفتر: رجسٹر۔ برابر: ساتھ

وضاحت قرآنِ پاک نبی کریم صلی اللہ علیہ وآلہ وسلم کی مدح وثنا کا رنگا رنگ حسین و جمیل گلدستہ ہے، پورے قرآنِ کریم میں آپ کی نعت وصفات کی آیاتِ بینات اسی طرح جگمگا رہی ہیں جیسے سارا آسمان جھلملاتے ستاروں سے روشن ہے۔ ان میں سے چند آیاتِ مبارکہ ملاحظہ کیجئے:

(1) ہمارے آقا علیہ السلام اللہ کے رسول ہیں: مُحَمَّدٌ رَّسُوْلُ اللّٰهِ ترجمہ: محمد اللہ کے رسول ہیں۔ [2]

(2) ہمارے آقا علیہ السلام کا نام احمد ہے: اِسْمُهٗۤ اَحْمَدُ ترجمہ: اُن کا نام احمد ہے۔ [3]

(3) ہمارے آقا علیہ السلام خاتم النّبیین ہیں: وَلٰكِنْ رَّسُوْلَ اللّٰهِ وَخَاتَمَ النَّبِیّٖنَ ترجمہ: ہاں اللہ کے رسول ہیں اور سب نبیوں میں پچھلے۔ [4]

(4) ہمارے آقا علیہ السلام سراجِ منیر اور داعی ہیں: وَدَاعِیًا اِلَى اللّٰهِ بِاِذْنِهٖ وَسِرَاجًا مُّنِیْرًا ﴿۴۶﴾ ترجمہ: اور اللہ کی طرف اس کے حکم سے بلاتا اور چمکا دینے والا آفتاب۔ [5]

---

[1] الشفا، 2/19۔ فتاویٰ رضویہ، 30/425
[2] پ26، الفتح:29
[3] پ28، الصف:6
[4] پ22، الاحزاب:40
[5] پ22، الاحزاب:46

(5) ہمارے آقا علیہ السلام گواہ ہیں: وَيَكُوْنَ الرَّسُوْلُ عَلَيْكُمْ شَهِيْدًا ترجمہ: اور یہ رسول تمہارے نگہبان و گواہ۔ 1

(6) ہمارے آقا علیہ السلام شاہد یعنی (حاضر وناظر) اور مبشر ونذیر ہیں: يٰۤاَيُّهَا النَّبِيُّ اِنَّاۤ اَرْسَلْنٰكَ شَاهِدًا وَّ مُبَشِّرًا وَّ نَذِيْرًا ﴿۴۵﴾ ترجمہ: اے غیب کی خبریں بتانے والے (نبی) بیشک ہم نے تمہیں بھیجا حاضر ناظر اور خوشخبری دیتا اور ڈر سناتا۔ 2

(7) ہمارے آقا علیہ السلام کی زندگی بہترین نمونہ ہے: لَقَدْ كَانَ لَكُمْ فِيْ رَسُوْلِ اللّٰهِ اُسْوَةٌ حَسَنَةٌ ترجمہ: بے شک تمہیں رسول اللہ کی پیروی بہتر ہے۔ 3

(8) ہمارے آقا علیہ السلام تمام جہانوں کے لیے رحمت ہیں: وَمَاۤ اَرْسَلْنٰكَ اِلَّا رَحْمَةً لِّلْعٰلَمِيْنَ ﴿۱۰۷﴾ ترجمہ: اور ہم نے تمہیں نہ بھیجا مگر رحمت سارے جہان کے لئے۔ 4

ان آیاتِ مبارکہ کے علاوہ بہت سی آیتیں ہیں لیکن یہاں چند ذکر کی گئی ہیں۔ اللہ کریم نے اپنے پیارے حبیب صلی اللہ علیہ وآلہ وسلم کے ذکر کو بلند کرنے کیلئے قرآنِ کریم میں جگہ جگہ اپنے نام کے ساتھ نبی پاک صلی اللہ علیہ وآلہ وسلم کے نام کو بھی ذکر فرمایا ہے اس کی بھی چند مثالیں ملاحظہ کیجئے:

(1) اللہ اور رسول دونوں غنی کرتے ہیں: چنانچہ ربّ ارشاد فرماتا ہے:

وَمَا نَقَمُوْۤا اِلَّاۤ اَنْ اَغْنٰىهُمُ اللّٰهُ وَرَسُوْلُهٗ مِنْ فَضْلِهٖ (پ10، التوبۃ:74)

ترجمہ: اور انھیں کیا برا لگا یہی نہ کہ اللہ و رسول نے انھیں اپنے فضل سے غنی کر دیا۔

---

1 پ2، البقرۃ:143
2 پ22، الاحزاب:45
3 پ21، الاحزاب:21
4 پ17، الانبیآء:107

(2) اللہ اور رسول دونوں دیتے ہیں چنانچہ ارشاد فرمایا:

وَ لَوْ اَنَّهُمْ رَضُوْا مَاۤ اٰتٰىهُمُ اللّٰهُ وَ رَسُوْلُهٗۙ وَ قَالُوْا حَسْبُنَا اللّٰهُ سَیُؤْتِیْنَا اللّٰهُ مِنْ فَضْلِهٖ وَ رَسُوْلُهٗۤ (پ10، التوبۃ:59)

ترجمہ: اور کیا اچھا ہوتا اگر وہ اس پر راضی ہوتے جو اللہ و رسول نے ان کو دیا اور کہتے ہمیں اللہ کافی ہے اب دیتا ہے ہمیں اللہ اپنے فضل سے اور اللہ کا رسول۔

(3) اللہ اور رسول کو راضی کرنا:

وَ اللّٰهُ وَ رَسُوْلُهٗۤ اَحَقُّ اَنْ یُّرْضُوْهُ (پ10، التوبۃ:62)

ترجمہ: اور اللہ و رسول کا حق زائد تھا کہ اسے راضی کرتے۔

(4) اللہ اور رسول دونوں نعمت دیتے ہیں:

وَ اِذْ تَقُوْلُ لِلَّذِیْۤ اَنْعَمَ اللّٰهُ عَلَیْهِ وَ اَنْعَمْتَ عَلَیْهِ (پ22، الاحزاب:37)

ترجمہ: اور اے محبوب یاد کرو جب تم فرماتے تھے اس سے جسے اللہ نے نعمت دی اور تم نے اُسے نعمت دی۔

(5) اللہ اور رسول کا حکم مانو:

وَ مَنْ یُّطِعِ اللّٰهَ وَ رَسُوْلَهٗ (پ4، النساء:13)

ترجمہ: اور جو حکم مانے اللہ اور اللہ کے رسول کا۔

(6) رسول کا حکم ماننا ایسا ہی ہے جیسے اللہ کا حکم ماننا:

مَنْ یُّطِعِ الرَّسُوْلَ فَقَدْ اَطَاعَ اللّٰهَۚ (پ5، النسآء:80)

ترجمہ: جس نے رسول کا حکم مانا بے شک اس نے اللہ کا حکم مانا۔

(7) اللہ اور رسول کا حکم مانو:

اَطِيْعُوا اللّٰهَ وَ الرَّسُوْلَ ۚ (پ3، اٰلِ عمرٰن:32)

ترجمہ: حکم مانو اللہ اور رسول کا۔

(8) اور فرمایا:

يٰۤاَيُّهَا الَّذِيْنَ اٰمَنُوْۤا اَطِيْعُوا اللّٰهَ وَ اَطِيْعُوا الرَّسُوْلَ (پ5، النساء:59)

ترجمہ: اے ایمان والو حکم مانو اللہ کا اور حکم مانو رسول کا۔

(9) اللہ اور رسول کے بلانے پر حاضر ہو جاؤ:

يٰۤاَيُّهَا الَّذِيْنَ اٰمَنُوا اسْتَجِيْبُوْا لِلّٰهِ وَ لِلرَّسُوْلِ اِذَا دَعَاكُمْ لِمَا يُحْيِيْكُمْ ۚ (پ9، الانفال:24)

ترجمہ: اے ایمان والو اللہ و رسول کے بلانے پر حاضر ہو جب رسول تمہیں اس چیز کے لئے بلائیں جو تمہیں زندگی بخشے گی۔

اس کے علاوہ بہت سی آیتیں ہیں لیکن یہاں چند ہی ذکر کی گئی ہیں۔ ذکرِ مصطفیٰ کی رفعت وبلندی پر ایک روایت بھی ملاحظہ فرمائیے:

رسولُ اللہ صلی اللہ علیہ وآلہ وسلم نے فرمایا: جبریل میرے پاس آئے اور عرض کی: میرے اور آپ کے رب نے آپ کے لئے پیغام بھیجا ہے: كَيْفَ رَفَعْتُ ذِكْرَكَ (کیا آپ جانتے ہیں) کہ میں نے آپ کا ذکر کیسے بلند کیا ہے؟ آپ صلی اللہ علیہ وآلہ وسلم نے فرمایا: اَللّٰهُ أَعْلَمُ یعنی اللہ پاک سب سے زیادہ جانتا ہے۔ حضرت جبریل علیہ السلام نے عرض کی: (اللہ پاک فرماتا ہے) اِذَا ذُكِرْتُ ذُكِرْتَ مَعِي یعنی جب میرا ذِکر ہو گا تو میرے ذِکر کے ساتھ تمہارا ذِکر بھی ہو گا۔ [1]

---

[1] الاحسان بترتیب صحیح ابن حبان، 5/162، حدیث:3373

حضرت امام ابو العباس احمد بن محمد بغدادی المعروف اِبنِ عطار رحمۃ اللہ علیہ اس حدیث کا مطلب ان اَلفاظ میں بیان کرتے ہیں: جَعَلْتُ تَمَامَ الْاِیْمَانِ بِذِکْرِكَ مَعِیْ، یعنی میں نے ایمان کا مکمل ہونا اس بات پر مَوقُوف کر دیا ہے کہ میرے ذِکر کے ساتھ تمہارا ذِکر بھی ہو گا۔ آپ رحمۃ اللہ علیہ مزید فرماتے ہیں: جَعَلْتُكَ ذِکْرًا مِنْ ذِکْرِیْ، میں نے آپ کے ذِکر کو اپنا ذِکر ٹھہرا دیا ہے۔ فَمَنْ ذَکَرَكَ ذَکَرَنِیْ، تو جس نے آپ کا ذِکر کیا اس نے میرا ذِکر کیا۔ [1]

حضرت قتادہ رحمۃ اللہ علیہ فرماتے ہیں: اللہ پاک نے آپ کا ذکر دنیا و آخرت میں بلند کیا، ہر خطیب (منبر پر)، ہر کلمہ شہادت پڑھنے والا اور ہر نمازی قعدہ میں اَشْھَدُ اَنْ لَّا اِلٰہَ اِلَّا اللہ کے ساتھ اَشْھَدُ اَنَّ مُحَمَّدًا رَّسُوْلُ اللہ پکارتا ہے۔ [2]

اَذاں کیا جہاں دیکھو ایمان والو پسِ ذِکرِ حق ذِکر ہے مصطفیٰ کا

(ذوقِ نعت، ص56)

بول بالا ہے ترا ذِکر ہے اُونچا تیرا

اعلیٰ حضرت امام احمد رضا خان رَحمۃُ اللہِ علیہ فرماتے ہیں: ارشاد ہوتا ہے اے محبوب ہمارے! ہم نے تمہارے لئے تمہارا ذکر بلند کیا کہ جہاں ہماری یاد ہو گی تمہارا بھی چرچا ہو گا اور ایمان بغیر تمہاری یاد کے ہر گز پورا نہ ہو گا، آسمانوں کے طبقے اور زمینوں کے پردے تمہارے نامِ نامی سے گونجیں گے، موذن اذانوں اور خطیب خطبوں اور ذاکرین اپنی مجالس اور واعظین اپنے مَنبروں پر ہمارے ذکر کے ساتھ تمہاری یاد کریں گے۔ اشجار و اَحجار، آہُو و سوسمار (یعنی ہرن اور گوہ) و دیگر جاندار و اطفالِ شیر خوار و معبودانِ کفار جس طرح ہماری توحید بتائیں گے ویسا ہی بہ زبانِ

---

[1] الشفا، 20/1

[2] دلائل النبوۃ للبیہقی، 63/7

فصیح وبیانِ صحیح تمہارا منشورِ رسالت پڑھ کر سنائیں گے، چار اَکنافِ عالَم میں لَآ اِلٰہَ اِلَّا اللّٰہُ مُحَمَّدٌ رَّسُوْلُ اللّٰہ کا غلغلہ ہو گا، سوائے ازلی بدبختوں کے ہر ذرّہ کلمۂ شہادت پڑھتا ہو گا، مسبحانِ ملاء اعلیٰ کو ادھر اپنی تسبیح و تقدیس میں مصروف کروں گا اُدھر تمہارے محمود، درودِ مسعود کا حکم دوں گا۔ عرش و کرسی، ہفت اوراقِ سِدرہ، قصورِ جناں، جہاں پر اللہ لکھوں گا مُحَمَّدٌ رَّسُوْلُ اللّٰہ بھی تحریر فرماؤں گا، اپنے پیغمبروں اور اولوا العزم رسولوں کو ارشاد کروں گا کہ ہر وقت تمہارا دم بھریں اور تمہاری یاد سے اپنی آنکھوں کو روشنی اور جگر کو ٹھنڈک اور قلب کو تسکین اور بزم کو تزئین دیں۔ جو کتاب نازل کروں گا اس میں تمہاری مدح وستائش اور جمالِ صورت و کمالِ سیرت ایسی تشریح و توضیح سے بیان کروں گا کہ سننے والوں کے دل بے اختیار تمہاری طرف جھک جائیں اور نادیدہ تمہارے عشق کی شمع ان کے کانوں، سینوں میں بھڑک اٹھے گی۔[1]

رفعتِ ذکر ہے تیرا حصّہ دونوں عالَم میں ہے تیرا چرچا
مرغِ فردوس پس از حمدِ خدا تیری ہی مدح و ثنا کرتے ہیں

(حدائقِ بخشش، ص112)

اَعْنِیْ سَیِّدُ الْمُرْسَلِیْن، خَاتَمُ النَّبِیِّیْن، رَحْمَۃٌ لِّلْعٰلَمِیْن، شَفِیْعُ الْمُذْنِبِیْن، اَکْرَمُ الْاَوَّلِیْنَ وَالْاٰخِرِیْن، قَائِدُ الْغُرِّ الْمُحَجَّلِیْن، سِرُّ اللّٰہِ الْمَکْنُوْن، دُرُّ اللّٰہِ الْمَخْزُوْن، سُرُوْرُ الْقَلْبِ الْمَحْزُوْن، عَالِمُ مَاکَانَ وَمَایَکُوْنُ، تَاجُ الْاَتْقِیَا، نَبِیُّ الْاَنْبِیَاءِ، مُحَمَّدٌ رَّسُوْلُ رَبِّ الْعٰلَمِیْن صَلَّی اللّٰہُ تَعَالٰی عَلَیْہِ وَاٰلِہٖ وَصَحْبِہٖ اَجْمَعِیْن وَبَارَکَ وَسَلَّمَ اِلٰی یَوْمِ الدِّیْن۔

مشکل الفاظ کے معانی: سَیِّدُ الْمُرْسَلِیْن: تمام رسولوں کے سردار۔ خَاتَمُ النَّبِیِّیْن: سب سے آخری نبی۔ رَحْمَۃٌ لِّلْعٰلَمِیْن: تمام جہانوں کے لیے رحمت۔ شَفِیْعُ الْمُذْنِبِیْن:

[1] فتاوٰی رضویہ، 30/718-719 بتصرف

گنہگاروں کی شفاعت فرمانے والے۔ اَکْرَمُ الْاَوَّلِیْنَ وَالْآخِرِیْن: اگلے پچھلوں میں معززترین۔ قَائِدُ الْغُرِّ الْمُحَجَّلِیْن: روشن پیشانی والوں کے قائد۔ سِرُّ اللہِ الْمَکْنُوْن: اللہ پاک کے پوشیدہ راز۔ دُرُّ اللہِ الْمَخْزُوْن: اللہ کے خزانے کے قیمتی موتی۔ سُرُوْرُ الْقَلْبِ الْمَحْزُوْن: غمزدہ دلوں کے چین۔ عَالِمُ مَاکَانَ وَمَایَکُوْنُ: ماضی اور مستقبل کے واقعات کے جاننے والے۔ تَاجُ الْاَتْقِیَاء: پرہیز گاروں کے سر تاج۔ نَبِیُّ الْاَنْبِیَاءِ: نبیوں کے نبی۔ مُحَمَّدٌ رَّسُوْلُ رَبِّ الْعٰلَمِیْن: سارے جہانوں کے ربّ کا رسول۔ صَلَّی اللہُ تَعَالٰی عَلَیْہِ وَ اٰلِہٖ وَصَحْبِہٖ اَجْمَعِیْن وَ بَارَکَ وَسَلَّمَ اِلٰی یَوْمِ الدِّیْن: اللہ کریم کا دُرود اور برکتیں اور سلام ہو اُن پر اُن کی آل واصحاب پر قیامت کے دن تک۔

بایں ہمہ خدا کے بندہ و محتاج ہیں، حَاشَ لِلّٰہِ کہ عَیْنِیَّت یا مِثْلِیَّت کا گمان[1] کافر کے سوا مسلمان کو ہو سکے! خزانۂ قدرت میں ممکن کے لیے جو کمالات مُتَصَوَّر تھے سب پائے کہ دوسرے کو ہَم عِنانی (کی مجال نہیں)[2]، مگر دائرۂ عبدیت واِفْتِقار سے قدم نہ بڑھا نہ بڑھ سکے، اَلْعَظَمَۃُ لِلّٰہِ، خدائے تعالیٰ سے ذات وصفات میں مشابہت کیسی۔

مشکل الفاظ کے معانی بَایِں ہَمَہ: ان تمام باتوں کے باوجود۔ حَاشَ لِلّٰہِ: خدا کی پناہ۔ عَیْنِیَّت: اصل ذات۔ مِثْلِیَّت: یکسانیت، کی طرح ہونا۔ مُتَصَوَّر: سوچا ہوا۔ ہَم عِنانی: برابری۔ عبدیت: بندگی۔ اِفْتِقار: محتاجی۔ اَلْعَظَمَۃُ لِلّٰہِ: بڑائی اللہ ہی کیلئے ہے۔ مشابہت: تشبیہ۔

وضاحت نبی کریم صلی اللہ علیہ وآلہ وسلم ان تمام خصوصیات اور اعلیٰ صفات کے باوجود اللہ پاک کے بندے اور تمام معاملات میں اُسی کے محتاج ہیں، ہرگز ہرگز خُدا یا اُس کے جیسے نہیں اور نہ ہو سکتے ہیں اور یہ وَہم و گُمان کافر کے سِوا کسی مسلمان کو نہیں ہو سکتا کہ آپ صلی اللہ علیہ وآلہ

---

[1] اصل ذات یا اس کی طرح ہونے کا گمان۔
[2] اصل نسخہ میں یہاں بریکٹ موجود تھی اس لئے باقی رکھی۔

وسلم کی ذات اللہ پاک کی عین یا اُس کے مثل و مماثل ہے۔ مخلوق ہونے کی حیثیت سے آپ صلی اللہ علیہ وآلہ وسلم کی ذاتِ پاک میں جو کمالات و فضائل پائے جاسکتے تھے اللہ کریم نے وہ تمام بدرجۂ اتم عطا فرمادیئے مگر پھر بھی آپ نہ تو ذاتِ خدا کے مماثل ہوسکتے ہیں اور نہ ہی اس کے مشابہ بلکہ آپ صلی اللہ علیہ وآلہ وسلم اللہ پاک کے خاص بندے اور اسی کے محتاج ہیں۔

بے شک اللہ پاک کی وہ صفات جو صرف اسی کے ساتھ خاص ہیں، جو اُس کے خدا ہونے کو لازم ہیں ان کے علاوہ سب فضائل وکمالات حضور صلی اللہ علیہ وآلہ وسلم کے لئے ثابت ہیں۔ جیسا کہ امام اہلِ سنّت لکھتے ہیں: بے شک سِوا اُلوہیت و مستلزماتِ اُلوہیت کے سب فضائل و کمالات حضور کے لئے ثابت ہیں۔ [1]

حضرت امام شرف الدین بوصیری قصیدہ بُردہ شریف میں فرماتے ہیں:

دَعْ مَاادَّعَتْهُ النَّصَارٰى فِىْ نَبِيِّهِم وَاحْكُمْ بِمَاشِئْتَ مَدْحاً فِيْهِ وَاحْتَكِمِ

یعنی جو کچھ نصارٰی نے اپنے نبی علیہ السلام کے بارے میں کہا تم وہ نہ کہو، اس کے علاوہ ہر مرتبہ ومقام آپ صلی اللہ علیہ وآلہ وسلم کے لئے بیان کرسکتے ہو۔ [2]

نَعماءِ خداوندی کے لائق جو شکر و ثنا ہے اسے پورا پورا نہ بجالا سکے نہ ممکن کہ بجالائیں کہ جو شکر کریں وہ بھی نعمت آخَر، مُوجِبِ شکر دیگر اِلٰی مَالَانِہَایَۃَ لَہٗ، نِعَم و اَفضالِ خداوندی غیر متناہی ہیں، قَالَ اللّٰهُ تَعَالٰى وَلَلْاٰخِرَةُ خَيْرٌ لَّكَ مِنَ الْاُوْلٰى ﴿۴﴾ [3]

مشکل الفاظ کے معانی نَعماءِ خداوندی: اللہ پاک کی نعمتوں۔ آخَر: دوسرا۔ مُوجِبِ: لازم کرنے والا۔ اِلٰی مَالَانِہَایَۃَ لَہٗ: جس کی انتہاء نہ ہو۔ نِعَم: نعمت کی جمع۔ اَفضال: فضل کی

---

[1] فتاوٰی رضویہ، 686/14
[2] قصیدہ بردہ مع عصیدۃ الشھدۃ، ص137
[3] پ30، الضحٰی: 4

جمع۔ غیر متناہی: جو شمار نہ کی جاسکے۔

وضاحت حضورِ اَقدس صلی اللہ علیہ وآلہ وسلم پر ہر آن، ہر گھڑی، ہر لحظہ، ہر لمحہ بارگاہِ الٰہی سے اِنعام واِکرام کی بارشیں ہورہی ہیں اس پر وہ اپنے رب کا جتنا شکر کریں کم ہے بلکہ کماحقُّہ شکر ادا ہو ہی نہیں سکتا کہ جس کسی نعمت کا بھی شکر ادا کریں در حقیقت وہ شکر ادا کرنا بھی آپ علیہ السلام کے حق میں ایک اور نعمت ہوگی، کیوں کہ یہ نعمتِ خداوندی مزید شکر و ثناء کو لازم کرنے والی ہوگی اور اس کی کوئی انتہا ہی نہیں، جب کہ اِس پاک بارگاہ سے آپ صلی اللہ علیہ وآلہ وسلم پر نازل ہونے والی نعمتیں اور عنایتیں اس قدر ہیں کہ جنہیں شمار ہی نہیں کیا جاسکتا اللہ کریم قرآنِ پاک میں ارشاد فرماتا ہے: وَلَلْاٰخِرَةُ خَیْرٌ لَّكَ مِنَ الْاُوْلٰىؕ ﴿۴﴾ ترجمہ: اور بے شک پچھلی تمہارے لیے پہلی سے بہتر ہے۔ مفسرین نے اس آیتِ مبارکہ کے یہ معنی بھی بیان فرمائے ہیں کہ آنے والے اَحوال آپ کے لئے گزشتہ سے بہتر وبرتر ہیں گویا کہ حق تعالیٰ کا وعدہ ہے کہ وہ روز بروز آپ کے درجے بلند کرے گا اور عزت پر عزت اور منصب پر منصب زیادہ فرمائے گا اور ہر آنے والی گھڑی میں آپ کے مَراتب ترقیوں میں رہیں گے۔[1] اس کے بعد والی آیتِ مبارکہ میں بھی حضور صلی اللہ علیہ وآلہ وسلم پر نعمتِ خداوندی کے ظہور کا ذکر ہے چنانچہ ارشاد ہوتا ہے:

وَلَسَوْفَ یُعْطِیْكَ رَبُّكَ فَتَرْضٰىؕ ﴿۵﴾ ترجمہ: اور بے شک قریب ہے کہ تمہارا رب تمہیں اتنا دے گا کہ تم راضی ہو جاؤ گے۔ (پ30، الضحیٰ:5)

اللہ پاک کا اپنے حبیب صلی اللہ علیہ وآلہ وسلم سے یہ وعدۂ کریمہ اُن نعمتوں کو بھی شامل ہے جو آپ صلی اللہ علیہ وآلہ وسلم کو اللہ کریم نے دنیا میں عطا فرمائیں جیسے کمالِ نفس، اوّلین و آخرین کے علوم، ظہورِ اَمر، دین کی سربلندی اور وہ فتوحات جو آپ کے عہد مبارک میں ہوئیں اور جو صحابۂ

---

[1] تفسیر کبیر، الضحی، تحت الآیۃ:4، 11/193۔ تفسیر مدارک، الضحی، تحت الآیۃ:4، 5/587 ماخوذاً

کرام رضی اللہ عنہم کے زمانے میں ہوئیں اور تا قیامت مسلمانوں کو ہوتی رہیں گی، آپ صلی اللہ علیہ وآلہ وسلم کی دعوت کا عام ہونا، اسلام کا مشرق و مغرب میں پھیل جانا، آپ صلی اللہ علیہ وآلہ وسلم کی اُمّت کا تمام امتوں سے بہترین ہونا اور آپ صلی اللہ علیہ وآلہ وسلم کے وہ کمالات جن کا علم اللہ پاک ہی کو ہے، اور یہ وعدۂ آخرت کی عزت و تکریم کو بھی شامل ہے کہ اللہ کریم نے آپ صلی اللہ علیہ وآلہ وسلم کو شفاعتِ عامہ و خاصہ اور مقامِ محمود وغیرہ جلیل نعمتیں عطا فرمائیں۔[1]

مرتبۂ قَابَ قَوْسَیْنِ اَوْ اَدْنٰی[2] کا پایا قسم کھانے کو فرق کا نام رہ گیا۔ دِیدارِ الٰہی بچشمِ سَر دیکھا، کلامِ الٰہی بے وَاسِطہ سُنا (امکانِ وُجوب وقِدم وحُدُوث کی کمانیں مل گئیں)[3] مَحمِلِ لیلیٰ کروروں منزل سے کروروں منزل خِرَدِ خُردَہ میں دَنگ ہے، نیا سماں ہے نیا رنگ ہے قُربْ میں بُعْد، بُعْد میں قُربْ، وَصْل میں ہِجْر، ہِجْر میں وَصْل،

مشکل الفاظ کے معانی بچشمِ سَر: سر کی آنکھ۔ مَحمِل: اونٹ کا ہودہ۔ خِرَدْ: عقل۔ خُردَہ: ذرّہ، ٹکڑا۔ دَنگ: حیران۔ قُربْ: نزدیک۔ بُعْد: دور۔ وَصْل: ملاقات۔ ہِجْر: جدائی۔

وضاحت اللہ پاک نے اپنے پیارے حبیب صلی اللہ علیہ وآلہ وسلم کو بے شمار نعمتوں سے نوازا ہے، انہیں نعمتوں میں سے ایک عظیم نعمت سفرِ معراج بھی ہے جو ایک منفرد معجزہ ہے اس ایک معجزے میں ہی آپ صلی اللہ علیہ وآلہ وسلم کے بہت سے معجزات موجود ہیں۔ معراج کی رات اللہ کریم نے نبی پاک صلی اللہ علیہ وآلہ وسلم کو کثیر انعامات واکرامات سے نوازنے کے بعد اپنے قرب سے سرفراز فرمایا، اس قربت کو سمجھانے کیلئے قرآنِ کریم نے اسے یوں بیان فرمایا ہے کہ فَكَانَ قَابَ قَوْسَیْنِ اَوْ اَدْنٰی ﴿۹﴾ ترجمہ: تو اس جلوے اور اس محبوب میں دو

---

[1] تفسیر روح البیان، الضّحی، تحت الآیۃ:5، 10/455۔ تفسیر خازن، الضّحی، تحت الآیۃ:5، 4/386، ملتقطاً
[2] پ27، النجم:9
[3] اصل نسخہ میں یہاں بریکٹ موجود تھی اس لئے باقی رکھی۔

ہاتھ کا فاصلہ رہا بلکہ اس سے بھی کم۔[1] مرتبہ قَابَ قَوْسَیْنِ اَوْ اَدْنٰی ﴿۹﴾ سے مراد اِنتہائی قُرب بتانا مقصود ہے، اہلِ عرب اِنتہائی نزدیکی بیان کرتے ہیں تو یہی کہا کرتے ہیں کہ وہ دو کمانوں یا دو ہاتھوں تک پہنچ گیا۔ بخاری شریف کے الفاظ ہیں: ”پھر جبریل علیہ السلام مجھے آسمانوں سے بھی اُوپر لے گئے جسے اللہ کے سوا کوئی نہیں جانتا یہاں تک کہ سدرۃُ المنتھٰی آگیا (وَدَنَا الْجَبَّارُ رَبُّ الْعِزَّةِ فَتَدَلّٰى حَتّٰى كَانَ مِنْهُ قَابَ قَوْسَيْنِ اَوْ اَدْنٰى) اور اللہ پاک قریب ہوا پھر اور قریب ہوا یہاں تک کہ آپ اللہ سے دو کمانوں کی مقدار بلکہ اس سے بھی زیادہ قریب ہوئے۔[2]

آپ صلی اللہ علیہ وآلہ وسلم اس رات جو دیدارِ الٰہی سے فیضیاب ہوئے اس بارے میں جمہور علمائے کرام کے اصح اور راجح مذہب کے مطابق دیدارِ الٰہی بحالتِ بیداری سر کی آنکھوں سے ہوا، اس بارے میں حضرت امام ابوزکریا یحییٰ بن شرف نووی شافعی رحمۃُ اللہِ علیہ فرماتے ہیں: اَنَّ الرَّاجِحَ عِنْدَ اَكْثَرِ الْعُلَمَاءِ اَنَّ رَسُوْلَ اللهِ صَلَّى اللهُ عَلَيْهِ وَسَلَّم رَاٰى رَبَّهٗ بِعَيْنَىْ رَاْسِهٖ لَيْلَةَ الْاِسْرَاءِ یعنی اکثر علما کے نزدیک راجح یہی ہے کہ معراج کی رات آپ صلی اللہ علیہ وآلہ وسلم نے اپنے سر کی آنکھوں سے اپنے رب کا دیدار کیا۔[3] حضرت علامہ شہاب الدین محمد بن عمر خفاجی رحمۃُ اللہِ علیہ فرماتے ہیں: اَلْاَصَحُّ الرَّاجِحُ اَنَّهٗ صَلَّى اللهُ تَعَالٰى عَلَيْهِ وَسَلَّمَ رَاٰى رَبَّهٗ بِعَيْنِ رَاْسِهٖ حِيْنَ اَسْرٰى بِهٖ كَمَا ذَهَبَ اِلَيْهِ اَكْثَرُ الصَّحَابَةِ یعنی اصح اور راجح مذہب یہ ہے کہ نبی پاک صلی اللہ علیہ وآلہ وسلم نے شبِ اسرا اپنے رب کو سر کی آنکھوں سے دیکھا جیسا کہ جمہور صحابۂ کرام کا مذہب ہے۔[4]

نبی پاک صلی اللہ علیہ وآلہ وسلم کے عرش پر تشریف لے جانے اور بے حجاب دیدارِ

---

1 پ27، النجم:9

2 بخاری، 4/ 581، حدیث:7517

3 شرح مسلم للنووی الجزء الثالث، 3/ 5

4 نسیم الریاض، 2/ 303

خداوندی سے شرفیاب ہونے سے متعلق تفصیلی معلومات کے لئے فتاویٰ رضویہ جلد30، صفحہ 637 پر رِسالے مُنَبِّہُ الْمُنْیَۃ بِوُصُوْلِ الْحَبِیْبِ اِلَی الْعَرْشِ وَالرُّؤْیَۃ کا مُطالعہ کیجئے۔

نبی پاک صلی اللہ علیہ وآلہ وسلم کو اس قربت اور شرفِ دیدارِ الٰہی کے علاوہ اللہ پاک سے ہم کلام ہونے کی سعادت بھی نصیب ہوئی اور وہ بھی کسی واسطے یا وسیلے سے نہیں بلکہ بلاواسطہ روبرو اللہ کریم سے کلام فرمایا، فتح الباری میں ہے: اِنَّ اللہَ سُبْحَانَہٗ وَتَعَالٰی کَلَّمَ نَبِیَّہٗ مُحَمَّدًا صَلَّی اللہُ عَلَیْہِ وَسَلَّمَ لَیْلَۃَ الْاِسْرَاءِ بِغَیْرِ وَاسِطَۃٍ یعنی بے شک اللہ سُبْحَانَہٗ وَتَعَالٰی نے اپنے نبی حضرت محمد مصطفیٰ صلی اللہ علیہ وآلہ وسلم سے معراج کی رات بغیر کسی واسطے کے کلام فرمایا۔[1]

مختصر یہ کہ شبِ معراج ربِّ کریم کی سرکارِ دوعالَم صلی اللہ علیہ وآلہ وسلم پر جو نوازشیں ہوئیں اس کا کَماحَقُّہٗ اندازہ عام عقلیں تو کُجا، انتہائی زیرک، ذہین وفطین شخص بھی نہیں لگا سکتا، بالآخر انسانی عقل حیران وششدر ہی رہ جاتی ہے کیونکہ اس واقعۂ معراج کی حقیقت کو مکمل طور پر سمجھنے کی اس میں صلاحیت ہی نہیں۔ اعلیٰ حضرت رحمۃُ اللہِ علیہ "قصیدۂ معراجیہ" میں اسی بات کی طرف اشارہ کرتے ہوئے فرماتے ہیں:

خِرَد سے کہدو کہ سر جھکالے گماں سے گزرے گزرنے والے
پڑے ہیں یاں خود جِہَت کو لالے کسے بتائے کدھر گئے تھے
سُراغِ اَین و مَتٰی کہاں تھا نِشانِ کیف و اِلٰی کہاں تھا
نہ کوئی راہی نہ کوئی ساتھی نہ سنگِ منزل نہ مرحلے تھے
اُٹھے جو قصرِ دَنیٰ کے پَردے کوئی خبر دے تو کیا خبر دے
وہاں تو جا ہی نہیں دُوئی کی نہ کہہ کہ وہ بھی نہ تھے ارے تھے

[1] فتح الباری، 8/185، تحت الحدیث: 3888

حِجاب اُٹھنے میں لاکھوں پردے ہر ایک پردے میں لاکھوں جلوے
عجب گھڑی تھی کہ وصل و فُرقت جنم کے بچھڑے گلے ملے تھے

(حدائقِ بخشش، ص235-236)

گوہر شِناوَر دریا مگر صَدَف نے وہ پردہ ڈال رکھا ہے کہ نَم سے آشنا نہیں

مشکل الفاظ کے معانی گوہر: موتی۔ شِناوَر: تیرنے والا۔ صَدَف: سیپ۔ نَم: تری۔ آشنا: جاننے والا۔

وضاحت اللہ پاک نے شبِ معراج اپنے پیارے محبوب صلی اللہُ علیہ وآلہ وسلم پر بے شمار انعامات فرمائے۔

اس عبارت میں یا تو نبی کریم صلی اللہُ علیہ وآلہ وسلم کو گوہر، شانِ اُلُوہِیَّت کو دریا، حُدُوث و اِفْتِقار کو صدف اور حصہ شانِ اُلُوہِیَّت کو قطرہ و نمی سے تشبیہ دی گئی ہے یعنی نبی کریم صلی اللہُ علیہ وآلہ وسلم تمام فضائل و کمالات کے جامع ہونے کے باوجود حُدُوث و اِفْتِقار (یعنی رب کی محتاجی) کے پردے کی وجہ سے شانِ اُلُوہِیَّت کے اَدنیٰ حصّے سے بھی مُتَّصِف نہیں ہوسکتے۔ یا پھر عقل کو گوہر، رازِ الٰہی کو دریا، حُدُودِ عقل کو صَدَف اور رازِ الٰہی کے اَدنیٰ حصے کو قطرہ و نمی سے تشبیہ دی گئی ہے یعنی جس طرح صدف کے خول کی وجہ سے دریا میں تیرنے والے موتی تک نمی نہیں پہنچ پاتی اسی طرح عقل رازِ الٰہی کے دریا میں غوطہ زن ہی کیوں نہ رہے مَحْدُود ہونے کی وجہ سے راز الٰہی کے ادنیٰ حصے سے بھی واقف نہیں ہو پاتی۔

اے جاہل نادان! علم کو علم والے پر چھوڑ اور اس میدانِ دشوار جولان سے سَمَندِ بیان کی عِنان موڑ۔ زبان بند ہے پر اتنا کہتے ہیں کہ خُلق کے آقا ہیں، خالق کے بندے۔ عبادت اِن کی کُفر اور بے اِن کی تعظیم کے حَبْط، اِیمان اون کی محبت و عظمت

کانام اور مسلمان وہ جس کا کام ہے نامِ خدا کے ساتھ ان کے نام پر تمام۔

مشکل الفاظ کے معانی دشوار: مشکل۔ جولان: چکر لگانا۔ سَمَنْد: گھوڑا۔ عِنان: لگام۔ حَبْط: ضائع۔

وضاحت اعلیٰ حضرت، امامِ اہلسنت رحمۃُ اللہِ علیہ نبی پاک صلی اللہُ علیہ وآلہ وسلم کی حقیقتِ ذات اور اس کی رِفعت و بلندی میں کلام کرنے والے کو تنبیہ کرتے ہوئے اِرشاد فرما رہے ہیں کہ اے بے وقوف و نادان آدمی! آپ علیہ السلام کی حقیقتِ ذات اور اِس کی رِفعت و بلندی کا علم، علم و عزت والے ربِّ کریم کے سپرد کر دے کیونکہ آپ علیہ السلام کی ذات کی حقیقت اور اِس کی رفعت و بلندی کا علم ہونا ہمارے بس کی بات ہی نہیں، چنانچہ اِس دُشوار گزار میدان (یعنی آپ علیہ السلام کی حقیقت اور اوصاف کی بلندی) میں کلام کرنے والی تیز رفتار سواری کی لگام موڑ کہ تُو اس کا اہل نہیں۔

اس محبوب ذات صلی اللہُ علیہ وآلہ وسلم کی رِفعتوں، منزلتوں اور قُربتوں کے اِظہار کیلئے جس قدر قصیدے پڑھے جائیں اور آپ صلی اللہُ علیہ وآلہ وسلم کی جو کچھ تعریفیں کی جاسکتی ہیں بیان کرلی جائیں اس کے باوجود بھی ہماری زبانیں گویا کہ بند ہیں۔ ہم کَمَاحَقُّہٗ آپ کی ذاتِ ستودہ صفات کی تعریف بیان کر ہی نہیں سکتے، آپ صلی اللہُ علیہ وآلہ وسلم اللہ پاک کے برگزیدہ بندے اور تمام مخلوق کے آقا و مولیٰ ہیں، ساری مخلوق آپ صلی اللہُ علیہ وآلہ وسلم کی غلام، جن و انس اور فِرشتے سب آپ کا کَلِمہ پڑھتے اور آپ صلی اللہُ علیہ وآلہ وسلم کے ذِکر میں رَطب اللسان ہیں، اللہ کریم کے بعد آپ ہی سب کے مالک و سردار ہیں۔

تیرے تو وَصف "عیبِ تناہی" سے ہیں بَری — حیراں ہوں میرے شاہ میں کیا کیا کہوں تجھے
لیکن رضاؔ نے ختمِ سخن اس پہ کر دیا — خالق کا بندہ خلق کا آقا کہوں تجھے

(حدائقِ بخشش، ص175)

یاد رہے! ان تمام عظمتوں کے باوجود نبی پاک صلی اللہ علیہ وآلہ وسلم کی ذاتِ گرامی ہر گز عبادت کے لائق نہیں مگر یہ بھی حق ہے کہ آپ کی تعظیم و تکریم کے بغیر ساری عبادتیں اور ریاضتیں بے کار، حضورِ اقدس صلی اللہ علیہ وآلہ وسلم کی تعظیم جزءِ ایمان و رُکنِ ایمان ہے اور فعلِ تعظیم بعدِ ایمان ہر فرض سے مُقدَّم، یہاں تک کہ آدمی اگر فرض نماز میں بھی ہو اور حضور علیہ السلام اسے بلائیں اگرچہ وہ اللہ پاک کی عبادت میں مصروف ہے اپنے ربّ کا حکم بجالا رہا ہے لیکن اس کے باوجود حضور علیہ السلام کے بلانے پر تعظیماً فوراً "لَبَّيْك" کہے کہ در حقیقت حضور کا بلانا اور اِس بلانے پر اِس کا "لَبَّيْك" کہنا اللہ پاک ہی کے حکم کی تعمیل کرنا ہے اور اس تعمیل کے سبب اس کی نماز میں خَلَل نہ آئے گا۔ لہٰذا حضور کی تعظیم جن الفاظ اور جس انداز میں کی جاسکتی ہے بالکل کی جائے مگر وہ انداز ہر گز اختیار نہ کیا جائے جس کی وجہ سے شرک یا اس کا شائبہ بھی پیدا ہو جیسے نصاریٰ حضرت عیسیٰ علیہ السلام کے معجزات و کمالات دیکھ کر ان کی تعظیم میں اس قدر بڑھ گئے کہ حضرت عیسیٰ علیہ السلام کو مَعَاذَ اللّٰه خدا کا بیٹا مان کر شرک کے مرتکب ہوئے۔

لہٰذا نبی پاک صلی اللہ علیہ وآلہ وسلم کی محبت میں آپ کی جس قدر تعظیم و تکریم کی جاسکتی ہے کی جائے کہ یہ ایمان کا جزء ہے اور جس کا دل آپ صلی اللہ علیہ وآلہ وسلم کی محبت، اَدب اور تعظیم سے خالی ہے وہ اِیمان سے محروم ہے، یہی قرآن و حدیث کا فیصلہ ہے، چنانچہ ارشادِ خداوندی ہے:

قُلْ اِنْ كَانَ اٰبَآؤُكُمْ وَ اَبْنَآؤُكُمْ
وَ اِخْوَانُكُمْ وَ اَزْوَاجُكُمْ وَ عَشِيْرَتُكُمْ
وَ اَمْوَالُ ِۨاقْتَرَفْتُمُوْهَا وَ تِجَارَةٌ
تَخْشَوْنَ كَسَادَهَا وَ مَسٰكِنُ تَرْضَوْنَهَاۤ
اَحَبَّ اِلَيْكُمْ مِّنَ اللّٰهِ وَ رَسُوْلِهٖ
وَ جِهَادٍ فِيْ سَبِيْلِهٖ فَتَرَبَّصُوْا حَتّٰى

ترجمہ: تم فرماؤ اگر تمہارے باپ اور تمہارے بیٹے اور تمہارے بھائی اور تمہاری عورتیں اور تمہارا کنبہ اور تمہاری کمائی کے مال اور وہ سودا جس کے نقصان کا تمہیں ڈر ہے اور تمہارے پسند کے مکان یہ چیزیں اللہ اور اس کے رسول اور اِس کی راہ میں

يَأْتِيَ اللّٰهُ بِاَمْرِهٖ ؕ وَاللّٰهُ لَا يَهْدِى الْقَوْمَ الْفٰسِقِيْنَ ﴿۲۴﴾ (پ10، التوبۃ:24)

لڑنے سے زیادہ پیاری ہوں تو راستہ دیکھو (انتظار کرو) یہاں تک کہ اللہ اپنا حکم لائے اور اللہ فاسقوں کو راہ نہیں دیتا۔

بخاری شریف کی مشہور حدیثِ مبارکہ میں ہے رسولُ اللہ صلی اللہُ علیہ وآلہ وسلم نے ارشاد فرمایا: لَا يُؤْمِنُ اَحَدُكُمْ حَتّٰى اَكُوْنَ اَحَبَّ اِلَيْهِ مِنْ وَّالِدِهٖ وَوَلَدِهٖ وَالنَّاسِ اَجْمَعِيْنَ کہ کوئی شخص اِس وقت تک مومن نہیں ہو سکتا جب تک کہ میں اُس کے نزدیک اُس کے ماں باپ، بیٹے اور تمام لوگوں سے زیادہ محبوب نہ ہو جاؤں۔[1]

حضرت شیخ عبد الحق مُحدِّثِ دہلوی رحمۃُ اللہِ علیہ اس حدیث کے تحت فرماتے ہیں: مومنِ کامل کے اِیمان کی نشانی یہ ہے کہ مومن کے نزدیک رسولِ خدا صلی اللہُ علیہ وآلہ وسلم تمام چیزوں اور تمام لوگوں سے زیادہ محبوب و معظّم ہوں، اس حدیث میں حضور کے زیادہ محبوب ہونے کا مطلب یہ ہے کہ حقوق کی ادائیگی میں حضور صلی اللہُ علیہ وآلہ وسلم کو اُونچا ماننے اِس طرح کہ حضور صلی اللہُ علیہ وآلہ وسلم کے لائے ہوئے دِین کو تسلیم کرے، حضور صلی اللہُ علیہ وآلہ وسلم کی سنتوں کی پیروی کرے، حضور صلی اللہُ علیہ وآلہ وسلم کی تعظیم و ادب بجالائے اور ہر شخص اور ہر چیز یعنی اپنی ذات، اپنی اولاد، اپنے ماں باپ، اپنے عزیز و اقارب اور اپنے مال و اسباب پر حضور صلی اللہُ علیہ وآلہ وسلم کی رضا و خوشی کو مُقدَّم رکھے، جس کے معنٰی یہ ہیں کہ اپنی ہر پیاری چیز یہاں تک کہ اپنی جان کے چلے جانے پر بھی راضی رہے لیکن حضور کے حق کو دَبتا ہوا گوارا نہ کرے۔[2]

وَالسَّلَامُ عَلٰى خَيْرِ الْاَنَامِ وَالْاٰلِ (وَالْاَصْحَابِ عَلَى الدَّوَامِ)۔

اور سلام ہو مخلوق میں سب سے بہتر ذات پر، اور ان کی آل اور اصحاب پر ہمیشہ ہمیشہ۔

---

1. بخاری، 1/17، حدیث: 15
2. اشعۃ اللمعات، 1/50 ملخصاً

[illegible]

[illegible]

سپاره تييد (٤)

عقیدہ ثالثہ (3) [1]

اُس جنابِ عرش قِباب کے بعد مرتبہ اَور انبیاء و مُرسَلِین کا ہے صلوات اللہ وسلامہ علیہم اجمعین

مشکل الفاظ کے معانی عَرش: عرشِ الٰہی۔ عَرش: بلندی کا استعارہ ہے یعنی رُتبے کی بلندی ظاہِر کرنے کے لئے بھی لفظِ عرش استعمال کرتے ہیں۔ قِبَاب: قُبّہ کی جمع، گنبد۔

وضاحت اللہ پاک کے عِلاوہ جو کچھ ہے اِن میں سب سے اُونچا رُتبہ بلند ترین گنبد والے آقا، مدینے والے مصطفےٰ صلی اللہ علیہ واٰلہٖ وسلم کا ہے۔ قرآنِ مجید میں ہے:

وَمَاۤ اَرْسَلْنٰكَ اِلَّا رَحْمَةً لِّلْعٰلَمِیْنَ ﴿۱۰۷﴾ (پ17، الانبیآ:107)

ترجمہ: اور ہم نے تمہیں نہ بھیجا مگر رحمت سارے جہان کے لیے۔

مخلوق میں سب سے افضل کون؟

مَا سِوَا اللہ (یعنی اللہ کے عِلاوہ جو کچھ ہے اُس) کو عالَم کہتے ہیں، حُضُور صلی اللہ علیہ واٰلہٖ وسلم ان سب کے لئے رَحْمَت، تو لازِم ہے کہ حُضُور صلی اللہ علیہ واٰلہٖ وسلم سب سے افضل ہوں کہ جمیع مَا سِوَا اللہ (یعنی اللہ کے عِلاوہ ہر کوئی) رَحْمَت لینے میں آپ کا نیاز مند ہو۔ حضرت علامہ فضلِ رسول بدایونی رحمۃُ اللہِ علیہ فرماتے ہیں: ہمارے نبی حضرت مُحَمَّد صلی اللہ علیہ واٰلہٖ وسلم تمام جہانوں کے سردار، تمام مخلوقات سے افضل ہیں، یہ عقیدہ رکھنا ہر مسلمان پر واجِب ہے، اس کے خِلاف عقیدہ رکھنے والا گنہگار، بدعتی اور گمراہ ہے۔ اس کے حاشیہ میں امامِ اہلِ سُنّت امام احمد رضا خان رحمۃُ اللہِ علیہ نے فرمایا: بے شک ہمارے نبی صلی اللہ علیہ واٰلہٖ وسلم کا تمام جہانوں سے افضل ہونا

---

[1] تیسرا عقیدہ عزت و مرتبے والی محفل کے سرداروں یعنی انبیاء کرام عَلَیْہِمُ الصَّلٰوۃُ وَالسَّلَام کے بارے میں۔

اِجْماعی قطعی ہے بلکہ قریب تھا کہ یہ عقیدہ ضروریاتِ دین سے ہوتا۔[1]

(اس مسئلہ پر تفصیلی معلومات کے لئے فتاویٰ رضویہ 30/129 امامِ اہلِ سنّت امام احمد رضا خان رحمۃ اللہ علیہ کا رسالہ "تجلی الیقین" کا مطالعہ کیجئے۔) آپ صلی اللہ علیہ واٰلہٖ وسلم کے بعد سب سے اُونچا مقام بقیہ نبیوں اور رسولوں کا ہے صلوات اللہ وسلامہ علیہم اجمعین (ان سب پر اللہ پاک کے دُرُود اور سلام ہوں)۔

کہ باہم اُون میں تفاضُل مگر اُون کا غیر، گو کسی مرتبۂ ولایت تک پہنچے، فرشتہ ہو خواہ آدمی، صحابی ہو خواہ اہلِ بیت، اُن کے درجے تک وُصول محال، جو قُربِ الٰہی اُنہیں حاصل، کوئی اُس تک فائز نہیں اور جیسے یہ خدا کے محبوب، دوسرا ہرگز نہیں۔

مشکل الفاظ کے معانی تَفَاضُل: ایک دوسرے پر فضیلت ہونا۔ گو: اگرچہ۔ کسی: یہاں اس سے مراد ہے کتنے ہی۔ وصول: پہنچنا۔ مُحَال: کسی طرح موجود نہ ہو سکے۔ فائز: پہنچنے والا۔

وضاحت انبیائے کرام علیہمُ السّلام کو آپس میں ایک دوسرے پر فضیلت ہے یعنی ایسا دُرُست ہے کہ ایک نبی علیہ السّلام کسی دوسرے نبی علیہ السّلام سے زِیادہ فضیلت والے ہوں۔ یہ نہیں کہہ سکتے کہ بعض بعض سے ادنیٰ یا کم ہیں، بہر حال جو افضل و اعلیٰ ہیں اِن کی فضیلت بیان کرنے میں کوئی حرج نہیں۔ اللہ پاک کا ارشاد ہے:

تِلْكَ الرُّسُلُ فَضَّلْنَا بَعْضَهُمْ عَلٰى بَعْضٍ ۘ (پ3، البقرۃ:253)

ترجمہ: یہ رسول ہیں کہ ہم نے ان میں ایک کو دوسرے پر افضل کیا۔

وَلَقَدْ فَضَّلْنَا بَعْضَ النَّبِیّٖنَ عَلٰى بَعْضٍ (پ15، بنی اسرآءیل:55)

ترجمہ: اور بے شک ہم نے نبیوں میں ایک کو ایک پر بڑائی دی۔

---

[1] المعتمد علی المعتقد، ص235

یہاں ایک ضابطہ ہمیشہ یاد رکھئے! انبیائے کرام علیہمُ السّلام کا ایک دوسرے سے افضل ہونا ان کے درجات میں ہے، وَصفِ نبوت میں تمام انبیا علیہمُ السّلام برابر ہیں یعنی سب اَصلی نبی ہیں، ان میں کوئی بھی عارِضی، ظِلّی، بروزی وغیرہ نہیں۔ قرآنِ کریم میں ہے:

لَا نُفَرِّقُ بَیْنَ اَحَدٍ مِّنْ رُّسُلِهٖ ۟ قف　ترجمہ: ہم اس کے کسی رسول پر ایمان لانے میں فرق نہیں کرتے۔　(پ3، البقرۃ:285)

جو نبی نہیں، اُس کا کسی نبی علیہِ السّلام کے درجے تک پہنچنا مُحال ہے۔ ولی چاہے کتنا ہی بلند رُتبہ ہو، ہرگز کسی نبی علیہِ السّلام کے برابر نہیں ہو سکتا۔ فرشتے، صحابۂ کرام اور اہلبیتِ اطہار اگرچہ بہت اونچے مقام و مرتبے والے ہیں مگر کسی نبی علیہِ السّلام کے برابر نہیں۔

سُوْرَۃُ الْاَنْعَام میں انبیائے کرام علیہمُ السّلام کا ذِکْر کر کے فرمایا:

وَ كُلًّا فَضَّلْنَا عَلَى الْعٰلَمِیْنَ ﴿۸۶﴾ لا　ترجمہ: اور ہم نے ہر ایک کو اس کے وقت میں سب پر فضیلت دی۔　(پ7، الانعام:86)

معلوم ہوا انبیائے کرام علیہمُ السّلام فرشتوں سے بھی افضل ہیں کہ عالَم میں وہ بھی داخِل اور انبیائے کرام علیہمُ السّلام تمام عالَم سے افضل۔ خیال رہے! تمام انبیا علیہمُ السّلام اپنے اپنے زمانے میں تمام جہان سے افضل تھے۔[1] اور ہمارے پیارے آقا صلی اللہ علیہ واٰلہٖ وسلم ہر زمانے میں افضل ہیں۔

اللہ پاک کا جتنا قُرب انبیائے کرام علیہمُ السّلام کو مِلا، اُس تک کوئی نہیں پہنچ سکتا۔ اللہ پاک کو جتنے انبیائے کرام علیہمُ السّلام محبوب اور پیارے ہیں کوئی اَور ہرگز اِتنا محبوب نہیں۔ اس سب کی ایک دلیل ابھی گزری کہ انبیائے کرام علیہمُ السّلام تمام عالمین سے افضل ہیں، ایک دلیل اعلیٰ

[1] تفسیر روح المعانی، پ7، الانعام، تحت الآیۃ86، جزء8، 7، ص280

حضرت رحمۃُ اللہِ علیہ نے یوں ذِکر فرمائی:

یہ وہ صدر نشینانِ بزمِ عِزّ و جاہ ہیں کہ رَبُّ الْعٰلَمِین تبارَک وَتعالیٰ خود اُن کے مولیٰ و سردار کو حکم فرماتا ہے: "اُولٰٓىٕكَ الَّذِیْنَ هَدَى اللّٰهُ فَبِهُدٰىهُمُ اقْتَدِهْ" [1] یہ وہ ہیں جنہیں خدا نے راہ دکھائی تو تُو اِن کی راہ کی پیروی کر!" اور فرماتا ہے اتَّبِعْ مِلَّةَ اِبْرٰهِیْمَ حَنِیْفًا [2] تو پیروی کر شریعتِ ابراہیم کی جو سب اَدیانِ باطلہ سے کِنارہ کَش ہو کر دینِ حق کی طرف جھک آیا۔

مشکل الفاظ کے معانی صَدُر: امیر، سردار۔ نشینان: نشین کی جمع، بیٹھنے والا، صدر نشین یعنی محفل میں سب سے بلند رُتبہ آدمی۔ بَزم: محفل۔ عِزّ: عزت، بزرگی۔ جاہ: مقام و مرتبہ۔ راہ کی پیروی کرنا: پہلوں کے رستے پر چلنا۔ اَدیان: دِین کی جمع۔ باطلہ: جھوٹے۔ کِنارہ کش ہونا: علیحدہ ہونا، بچنا۔

وضاحت انبیائے کرام علیہمُ السَّلام صدر نشین ہیں یعنی عزت و مرتبے میں اَوروں کے سردار ہیں جو قربِ الٰہی کی منزل پر پہلے پہنچے، اب جو قربِ الٰہی کی یہ منزل چاہے، ان ہی کے راستے پر چلے۔ سرکارِ مدینہ صلی اللہ علیہ واٰلہٖ وسلم جو ان انبیا علیہمُ السَّلام کے بھی سردار ہیں، انہیں حکم ہوتا ہے:

اُولٰٓىٕكَ الَّذِیْنَ هَدَى اللّٰهُ فَبِهُدٰىهُمُ اقْتَدِهْ (پ7، الانعام:90)

ترجمہ: یہ ہیں جن کو اللہ نے ہدایت کی تو تم اُنھیں کی راہ چلو۔

ایک اور مقام پر ارشاد ہوا:

اَنِ اتَّبِعْ مِلَّةَ اِبْرٰهِیْمَ حَنِیْفًا

ترجمہ: کہ دینِ ابراہیم کی پیروی کرو جو ہر

---

[1] پ7، الانعام:90

[2] اس مقام پر بریلی شریف والے نسخے میں "فَاتَّبِعْ" تھا جو کہ کتابت کی غلطی معلوم ہوتی ہے، اس لیے ہم نے یہاں عبارت اور اس کے مفہوم کے اعتبار سے اسے سورۂ نحل کی آیت 123 "اَنِ اتَّبِعْ مِلَّةَ اِبْرٰهِیْمَ حَنِیْفًا" کے مطابق کر دیا۔

باطل سے الگ تھا۔ (پ14، النحل:123)

اِن کی اَدنیٰ توہین مثلِ سَیِّدُ المُرسَلِین صلی اللہ علیہ وسلم کفرِ قطعی

مشکل الفاظ کے معانی اَدنیٰ: معمولی۔ **قطعی:** بالکل یقینی۔

وضاحت اللہ کے آخری نبی صلی اللہ علیہ واٰلہٖ وسلم کی طرح تمام انبیائے کرام علیہمُ السّلام کی تعظیم ضروریاتِ دین سے ہے لہٰذا ان میں سے کسی کی ادنیٰ سی توہین بھی قطعی کفر ہے۔ انبیائے کرام علیہمُ السّلام میں سے کسی نبی علیہ السلام کو جھٹلانا یا کسی کا مرتبہ گھٹانا، کسی کی اِہانت، کسی کی بارگاہ میں ادنیٰ گستاخی ایسے ہی قطعاً کفر ہے جیسی حضور صلی اللہ علیہ واٰلہٖ وسلم کی جنابِ پاک میں گستاخی، جیسا کہ حضرت قاضی عیاض مالکی رحمۃ اللہ علیہ فرماتے ہیں: ”اِس شخص کا حکم جس نے اللہ پاک کے تمام انبیاء اور فرشتوں کو گالی دی یا اِن کی توہین و تذلیل کی یا ان کی لائی ہوئی وحی کو جھٹلایا یا ان کا انکار کیا اور تسلیم نہ کیا تو اُس کا حکم ویسا ہی ہے جیسا کہ ہمارے نبی صلی اللہ علیہ واٰلہٖ وسلم کی توہین و تذلیل کرنے والے کا، اللہ پاک فرماتا ہے:

اِنَّ الَّذِیْنَ یَكْفُرُوْنَ بِاللّٰهِ وَ رُسُلِهٖ وَ یُرِیْدُوْنَ اَنْ یُّفَرِّقُوْا بَیْنَ اللّٰهِ وَ رُسُلِهٖ (پ6، النساء:150)[1]

ترجمہ: وہ جو اللہ اور اس کے رسولوں کو نہیں مانتے اور چاہتے ہیں کہ اللہ سے اِس کے رسولوں کو جُدا کر دیں۔

اِسی آیتِ کریمہ کے تحت امامِ اہلسنّت، حضرت مولانا امام احمد رضا خان رحمۃُ اللہِ علیہ فرماتے ہیں: اس آیۂ کریمہ نے صاف فرمادیا کہ اللہ اور اس کے رسولوں پر ایمان میں جُدائی ڈالنے والا پکّا کافر ہے، اور یہ کہ جو اِن سب کو مانے اور ایک ہی کا مُنکِر ہو وہ اللہ اور سب رَسولوں کا منکِر اور ویسا ہی پکّا کھلا کافر ہے، یہ نہیں کہ جو سب کو مانیں وہ مسلمان اور جو سب سے منکر وہ

[1] الشفاء، 2/302

کافر، اور یہ جو بعض کو مانتے اور بعض کے منکر ہیں کچھ اور ہوں، نہیں نہیں یہ بھی کُل (سب اَنبیاء علیہمُ السّلام) کے منکر کی طرح پورے کافر ہیں بیچ میں کوئی اور راہ نکل ہی نہیں سکتی۔ [1]

حضرت امامِ اعظم ابو حنیفہ رحمۃ اللہ علیہ اور آپ کے اَصحاب سے منقول ہے: مَنْ كَذَّبَ بِاَحَدٍ مِّنَ الْاَنْبِيَاءِ اَوْ تَنَقَّصَ اَحَدًا مِّنْهُمْ اَوْ بَرِئَ مِنْهُمْ فَهُوَ مُرْتَدٌّ یعنی جس نے نبیوں میں سے کسی ایک نبی کو جھٹلایا یا ان میں سے کسی ایک کی شان میں کمی کی یا ان سے برأت کا اِظہار کیا تو وہ مرتد ہے۔ [2]

کافِروں نے انبیائے کرام علیہمُ السّلام کی توہین کی اور مَعَاذَ اللہ مذاق اُڑایا، ان کے متعلق اللہ پاک ارشاد فرماتا ہے:

ذٰلِكَ جَزَآؤُهُمْ جَهَنَّمُ بِمَا كَفَرُوْا وَاتَّخَذُوْۤا اٰيٰتِيْ وَرُسُلِيْ هُزُوًا ﴿۱۰۶﴾

ترجمہ: یہ ان کا بدلہ ہے جہنم اس پر کہ اُنھوں نے کفر کیا اور میری آیتوں اور میرے رسولوں کی ہنسی بنائی۔ (پ16، الکھف:106)

علمائے کرام کا اس بات پر اجماع ہے کہ جو کسی نبی علیہ السّلام کے خلاف ہلاکت یا کسی ناپسندیدہ بات کی بد دعا کرے تو اسے قتل کر دیا جائے۔ [3] فتاویٰ قاضی خان میں ہے: جس نے کسی نبی علیہ السّلام کے ایک بال مبارک کو بھی عیب لگایا، تحقیق اس نے کفر کیا۔ [5]

اور کسی کی نسبت، صدیق ہوں خواہ مرتضیٰ رضی اللہ عنہما اِن کی خادمی و غاشیہ بَرداری سے بڑھا کر دعویٔ ہمسری محض بے دینی، جس نگاہِ اِجلال و توقیر سے انہیں دیکھنا فرض حاشا کہ اس کے سَو حصہ سے ایک حصّہ دوسرے کو دیکھیں، آخر نہ

---

[1] فتاویٰ رضویہ، 14/704

[2] الشفا، 2/303، 302

[3] الشفا، 2/217

[4] فتاویٰ قاضی خان، 4/468

دیکھا کہ صدیق و مرتضیٰ رضی اللہُ تعالیٰ عنہما جس سرکارِ ابد قرار کے غلام ہیں، اُسی کو حکم ہوتا ہے: ان کی راہ پر چل اور اُن کی اِقتدا سے نہ نکل۔

مشکل الفاظ کے معانی نسبت: واسطہ، تعلّق۔ خادِمی: غلامی۔ غاشِیَہ برداری: خدمت گزاری۔ دعویٔ ہَم سَری: برابری کا دعویٰ۔ نِگاہِ اِجلال وتَوْقِیر: عزت و تعظیم کرنے والی نظر۔ حاشا: ہر گز نہیں۔

وضاحت غیر نبی چاہے کتنے ہی بڑے مقام و مرتبے والا ہو حتّٰی کہ حضرت صدیق اکبر رضی اللہُ عنہ ہوں یا حضرت علی المرتضیٰ رضی اللہُ عنہ سب انبیائے کرام علیہمُ السّلام کے خدمت گزار ہیں۔ اِن میں سے کوئی بھی کسی بھی طرح کسی نبی کے درجے کو ہر گز ہر گز نہیں پہنچ سکتا۔ مسلمانوں کا اِجماع ہے کہ کوئی غیر نبی کسی نبی کے برابر نہیں ہو سکتا، جو کسی غیر نبی کو کسی نبی کے ہمسر یا اَفضل جانے وہ بِالْاِجماع کافِر مرتد ہے۔[1]

نبی ولی سے افضل ہوتا ہے

خیال رہے! ولی کو نبی سے افضل جاننا کفر ہے۔ حق یہ ہے کہ ہر نبی تمام اولیا سے ہر جہت سے افضل ہے۔[2] اس کی بہت سی وجوہات ہیں، جن میں سے چند یہ ہیں: ❁ نبی کا معصُوم ہونا ضروری ہے[3] (یعنی ان سے گُناہ ہونا محال ہے) مگر ولی معصوم نہیں۔ ❁ نبی سے نبوت کا زوال جائز نہیں، جو شخص نبی سے نبوت کا زوال ممکن مانے وہ کافر ہے۔[4] مگر ولی سے وِلایت سلب ہو سکتی ہے جیسے بَلْعَم بن باعُوراء بلکہ خود ابلیس کہ بلند رُتبہ ہو کر ذلیل ہوا۔ ❁ نبی پر وحی آتی ہے، ولی

---

1. فتاویٰ رضویہ، 29/ 228
2. المعتمد علی المعتقد، ص237
3. المعتمد علی المعتقد، ص212 مفہوماً
4. المعتمد علی المعتقد، ص212

کے لئے وحیٔ نبوت ثابِت کرنا کفر ہے۔ [1] ۞ ہر نبی ولی ہے مگر ہر ولی نبی نہیں یعنی نبی کو دو فضیلتیں حاصِل ہیں، وِلایَت بھی اور نبوت بھی مگر ولی کو صِرف ایک فضیلت یعنی وِلایَت ملی۔ [2] ۞ نبی تبلیغ پر مامور ہوتا ہے اور ساتھ ہی اسے بہت سے کمالات عطا فرمائے جاتے ہیں جن کا ایک قطرہ بھی ولی کے پاس نہیں۔ [3] ۞ نبی مومِن بھی ہے اور مُؤمَنٌ بِہٖ بھی (یعنی جس پر ایمان لایا جائے) جبکہ ولی صِرف مومِن ہے۔ ۞ وِلایَت کے لئے ایمان شرط ہے اور ایمان نبی کے ذریعے سے ملتا ہے، اللہ پاک فرماتا ہے:

قُلْ اِنْ كُنْتُمْ تُحِبُّوْنَ اللّٰهَ فَاتَّبِعُوْنِیْ یُحْبِبْكُمُ اللّٰهُ (پ3، اٰلِ عمرٰن:31)

ترجمہ: اے محبوب تم فرمادو کہ لوگو اگر تم اللہ کو دوست رکھتے ہو تو میرے فرمانبردار ہو جاؤ اللہ تمہیں دوست رکھے گا۔

نبی کریم صلی اللہ علیہ واٰلہٖ وسلم نے کعب بن اشرف یہودی وغیرہ کو ایمان کی دعوت دی، وہ بولے: ہم تو اللہ کے پیارے ہیں، ہمیں تمہاری کیا ضرورت؟ اس پر یہ آیت نازِل ہوئی۔ [4] معلوم ہوا وُصُول الی اللہ (اللہ تک پہنچنے) کے لئے نبی کی اِتّباع شرط ہے۔

مخلوق میں سب سے زیادہ تعظیم انبیائے کرام علیہمُ السّلام کی ہے۔ انبیائے کرام علیہمُ السّلام کی تعظیم و تکریم سو حصے ہو تو ان کے مقابلے میں ان کے غیر کی تعظیم ایک حصہ بھی نہیں۔

دیکھئے! اللہ کریم نے حضرت ابو بکر صدیق رضی اللہُ عنہ کو جہنّم سے آزادی کا مُژدہ سُنایا اور انہیں بڑا پرہیزگار کہا: وَ سَیُجَنَّبُهَا الْاَتْقَى ﴿۱۷﴾ [5] ترجمہ: اور بہت جلد اس سے دُور رکھا جائے گا جو

---

1. الشفا، 2/285 ماخوذاً
2. شرح عقائد نسفیہ، ص347 ماخوذاً
3. المعتمد علی المعتقد، ص237
4. تفسیر نعیمی، 3/357
5. پ30، اللیل:17

سب سے بڑا پرہیز گار۔ مسلمانوں کے مولیٰ، حضرت علی المرتضیٰ سمیت اہلِ بیت اطہار رضی اللہُ عنہم کے متعلق فرمایا:

اِنَّمَا یُرِیۡدُ اللّٰہُ لِیُذۡہِبَ عَنۡکُمُ الرِّجۡسَ اَہۡلَ الۡبَیۡتِ وَ یُطَہِّرَکُمۡ تَطۡہِیۡرًا ﴿۳۳﴾ (پ22،الاحزاب:33)

ترجمہ: اللہ تو یہی چاہتا ہے اے نبی کے گھر والو کہ تم سے ہر ناپاکی دُور فرمادے اور تمہیں پاک کر کے خوب ستھرا کر دے۔

اور ان بلند رُتبہ ہستیوں کے آقا، سارے نبیوں کے مولیٰ صلی اللہُ علیہ واٰلہٖ وسلم کو حکم ہوتا ہے:

اُولٰٓئِکَ الَّذِیۡنَ ہَدَی اللّٰہُ فَبِہُدٰىہُمُ اقۡتَدِہۡ (پ7،الانعام:90)

ترجمہ: یہ ہیں جن کو اللہ نے ہدایت کی تو تم اُنھیں کی راہ چلو۔

معلوم ہوا اللہ کے آخری نبی صلی اللہُ علیہ واٰلہٖ وسلم کے بعد سب سے زیادہ تعظیم اور سب سے زیادہ فضیلت انبیائے کرام علیہمُ السّلام کی ہے کہ ان کی راہ پر چلنے کا حکم ہوا۔

اِقْتِدا اور اِتّباع میں فرق

خیال رہے! اِقْتِدا کا معنی ہے پیروی اور اِتّباع کا معنی بھی پیروی ہے۔ ان میں فرق یہ ہے کہ اِتّباع اِطاعت والی پیروی کو کہتے ہیں جبکہ اِقْتِدا نمونے پر چلنے کو کہا جاتا ہے۔ ذِکر کی گئی آیت میں حضورِ اقدس صلی اللہُ علیہ واٰلہٖ وسلم کو اِتّباع کا نہیں بلکہ اِقْتِدا کا حکم دیا گیا ہے۔[1] پہلے نبیوں کو حکم ہے: لَتُؤۡمِنُنَّ بِہٖ[2] ترجمہ: توتم ضرور ضرور اس پر ایمان لانا۔

اِتّباع ایمان لانے والا کرتا ہے۔ رسولِ کریم صلی اللہُ علیہ واٰلہٖ وسلم نے فرمایا: اگر آج

---

[1] تفسیر نعیمی، پ7، الانعام، تحت الآیۃ:90، 7 / 553، ملخصًا

[2] پ3، اٰلِ عمرٰن:81

حضرت موسیٰ علیہ السلام بھی موجود ہوتے تو انہیں بھی میری پیروی کے سوا چارہ نہ ہوتا۔[1]

یہ بھی خیال رہے! یہاں حکم اِتّباع کا نہیں بلکہ اِقْتِدا کا ہے: فَبِهُدٰىهُمُ اقْتَدِهْ[2] ترجمہ: تو تم انہیں کی راہ چلو۔

یعنی ان کی ہدایتوں، ان کے اَخْلاق و کمالات کی اِقْتِدا کرو! حضور صلی اللہ علیہ واٰلہٖ وسلم کو نہ تو ان نبیوں کی کِتابوں پر عمل کرنے کا حکم دیا گیا کہ وہ کِتابیں منسوخ کر دی گئیں، نہ ان کے اَحْکام پر عمل کا حکم دیا گیا، وہ اَحْکام اب ہدایت نہ رہے بلکہ ان کے صفات و کمالات کے جامِع ہونے کا حکم دیا، یہ حضور صلی اللہ علیہ واٰلہٖ وسلم کی اعلیٰ درجہ کی نعت ہے۔[3]

---

1. مسند احمد، 22/468، حدیث: 14631
2. پ7، انعام: 90
3. تفسیر نعیمی، پ7، الانعام، تحت الآیۃ: 90، 7/553، ملخصاً

عقیدہ رابعہ (4)

چوتھا عقیدہ سب سے اعلیٰ مقرب ترین فرشتوں کا ہے

عقیدہ رابعہ (4) [1]

اِن کے بعد اَعلیٰ طبقہ ملٰئکہ مُقرّبین کا ہے مِثْل سَاداتِنا و مَوالِینا جبرئیل و میکائیل واسرافیل وعزرائیل وحَمَلَۂ عرشِ جلیل، صَلَوَاتُ اللهِ وَ سَلَامُہٗ عَلَیْهِم اَجْمَعِیْنَ۔

مشکل الفاظ کے معانی اَعلیٰ طبقہ: بلند مرتبہ گروہ۔ ملائکہ: فرشتے۔ مقربین: مقرب ترین۔ مِثْل: جیسے۔ ساداتِنا و موالِینا: ہمارے آقا و سردار۔ حَمَلَۂ عرشِ جلیل: اللہ پاک کا عرش اٹھانے والے فرشتے۔

وضاحت انبیاء و مرسلین علیہمُ السّلام کے بعد سب سے اعلیٰ طبقہ مقرب ترین فرشتوں کا ہے۔ فرشتے نوری مخلوق ہیں۔ نہ کھاتے ہیں نہ ہی پیتے ہیں۔

فرشتے کی تعریف: اِنَّ الْمَلَائِکَۃَ اَجسامٌ لَطِیفَۃٌ نُورانِیۃٌ، قَادِرَۃٌ عَلَی التَّشَکُّلِ بِاَشکالٍ مختلفۃ فی اشکال حسنۃ۔ فرشتے نوری اجسام ہیں اور جس اچھی شکل میں چاہیں اس صورت میں آنے پر قادر ہیں۔[2]

یہ اللہ پاک کے معصوم بندے ہیں، نہ مرد ہیں نہ عورت۔ جو فرشتوں کو مذکر کہے وہ فاسق ہے، جو مؤنث کہے وہ کافر ہے اللہ پاک کے فرمان کی مخالفت کی وجہ سے اور جو مُخَنَّث کہے اولیٰ یہ ہے کہ یہ کفر ہے کہ اس میں زیادہ تنقیص ہے۔[3]

ہر قسم کے چھوٹے بڑے گناہوں سے پاک ہیں۔ اللہ پاک کے حکم کے خلاف کچھ نہیں کرتے، نہ قصداً نہ سہواً نہ خطاً۔ قرآنِ پاک میں ہے:

لَا یَعْصُوْنَ اللّٰهَ مَاۤ اَمَرَهُمْ وَ یَفْعَلُوْنَ ترجمہ: جو اللہ کا حکم نہیں ٹالتے اور جو

---

1 چوتھا عقیدہ سب سے اعلیٰ مقرب ترین فرشتوں کا ہے۔

2 تحفۃ المرید، ص307

3 تحفۃ المرید، ص307

مَا یُؤْمَرُوْنَ ۝ (پ28، التحریم:6)

اُنھیں حکم ہو وہی کرتے ہیں۔

ایک اور جگہ ارشادِ خداوندی ہے:

بَلْ عِبَادٌ مُّكْرَمُوْنَ ۝ لَا یَسْبِقُوْنَهٗ بِالْقَوْلِ وَهُمْ بِاَمْرِهٖ یَعْمَلُوْنَ ۝ (پ17، الانبیآء:26، 27)

ترجمہ: بلکہ بندے ہیں عزت والے، بات میں اُس سے سبقت نہیں کرتے اور وہ اِسی کے حکم پر کاربند ہوتے ہیں۔

فرشتوں میں افضلیت کی ترتیب

حضراتِ انبیاء و مرسلین علیہمُ السّلام کے مقام و مرتبہ کے بعد مخلوقِ خدا میں سب سے اعلیٰ مرتبہ مقرب فرشتوں کا ہے، ان میں سے یہ چار بہت مشہور ہیں: حضرت جبرئیل علیہِ السّلام، حضرت میکائیل علیہِ السّلام، حضرت اسرافیل علیہِ السّلام اور حضرت عزرائیل علیہِ السّلام۔

حضرت عبد الرحمن بن سَابِط رضی اللہُ عنہ کہتے ہیں: دنیا میں چار فرشتے معاملات انجام دیتے ہیں ایک جبرئیل علیہِ السّلام، دوسرے میکائیل علیہِ السّلام، تیسرے مَلَکُ الْمَوت عزرائیل علیہِ السّلام اور چوتھے اسرافیل علیہِ السلام ہیں، جبرئیل علیہِ السّلام وحی لانے، میکائیل علیہِ السّلام بارش برسانے اور لوگوں کو رزق مہیا کرنے، ملک الموت یعنی عزرائیل علیہِ السّلام لوگوں کی روح قبض کرنے، اور اسرافیل علیہِ السّلام ان تک پیغام پہنچانے اور صور پھونکنے پر مامور ہیں۔[1]

حضرت جبرئیل علیہِ السّلام وحی لانے، ہوائیں چلانے اور لشکروں کو فتح و شکست دینے کا کام کرتے ہیں، حضرت میکائیل علیہِ السّلام بارش برسانے اور لوگوں کو رزق مہیا کرنے، حضرت عزرائیل علیہِ السّلام لوگوں کی روح قبض کرنے اور حضرت اسرافیل علیہِ السّلام صور پھونکنے پر

---

[1] شعب الایمان، 1/177، حدیث:158، تفسیر بغوی، پ30، النّٰزعٰت، تحت الآیۃ:5، 4/411 ملخصاً

مامور ہیں۔ ان چار فرشتوں کے بعد اللہ پاک کا عرش اُٹھانے والے فرشتے دوسرے فرشتوں سے زیادہ مقرب ہیں۔

وہ فرشتے جو اللہ پاک کے مقرب ہیں ان کے مقرب ہونے کی ایک وجہ یہ ہے کہ یہ فرشتے انبیائے کرام علیہمُ السّلام کی خدمت میں اللہ پاک کے پیغام لاتے ہیں اور دیگر فرشتوں میں اعلیٰ درجے والے ہیں۔ جیسا کہ قرآن پاک میں ہے:

اَلْحَمْدُ لِلّٰهِ فَاطِرِ السَّمٰوٰتِ وَ الْاَرْضِ جَاعِلِ الْمَلٰٓىٕكَةِ رُسُلًا اُولِیْۤ اَجْنِحَةٍ مَّثْنٰى وَ ثُلٰثَ وَ رُبٰعَ (پ:22، الفاطر:1)

ترجمہ: سب خوبیاں اللہ کو جو آسمانوں اور زمین کا بنانے والا فرشتوں کو رسول کرنے والا جن کے دو دو تین تین چار چار پر ہیں۔

یعنی اللہ پاک فرشتوں کو اپنے انبیائے کرام علیہمُ السّلام کی طرف رسول بنانے والا ہے جن کے دو دو تین تین چار چار پر ہیں۔[1]

اَللّٰهُ یَصْطَفِیْ مِنَ الْمَلٰٓىٕكَةِ رُسُلًا وَّ مِنَ النَّاسِ (پ:17، الحج:75)

ترجمہ: اللہ چن لیتا ہے فرشتوں میں سے رسول اور آدمیوں میں سے۔

اللہ پاک مالک ہے جسے چاہے اپنا رسول بنائے، وہ انسانوں میں سے بھی رسول بناتا ہے اور ملائکہ میں سے بھی جنہیں چاہے۔[2] یعنی اللہ پاک فرشتوں اور انسانوں میں سے جسے چاہتا ہے اسے رسالت کا منصب عطا فرما دیتا ہے۔ فرشتوں میں حضرت جبرئیل، میکائیل، اسرافیل اور عزرائیل علیہمُ السّلام کو رسول بنایا۔[3] ان آیات سے یہ معلوم ہوا کہ فرشتے بھی اللہ پاک کے

---

[1] جلالین، فاطر، تحت الآیۃ: 1، ص364

[2] تفسیر خازن، الحج، تحت الآیۃ: 75، 3/317-318، تفسیر نسفی، الحج، تحت الآیۃ: 75، ص749 ملتقطاً

[3] صراط الجنان، 6/486

رسول ہیں اور رسول دوسروں کی بنسبت اللہ پاک کے زیادہ مقرب ہوتے ہیں۔

اِن کے عُلُوِّ شان وَرِفعتِ مکان کو بھی کوئی ولی نہیں پہنچتا اور ان کی جناب میں گستاخی کا بھی بِعَیۡنِہٖ وہی حکم۔

مشکل الفاظ کے معانی عُلُوِّ شان: بلند شان۔ رِفعتِ مکان: بلند مقام۔ جناب: بارگاہ۔ بِعَیۡنِہٖ: ہوبہو۔

وضاحت اللہ پاک کے مقرب فرشتوں کی شان و شوکت اور قدر و منزلت اتنی بلند ہے کہ کوئی وَلی خواہ کتنا ہی مُقَرَّب و مُعَظَّم ہو وہ ہر گز ہر گز اِن بلند و بالا شان و شوکت والے فرشتوں کو نہیں پہنچ سکتا، کیونکہ مُرسلینِ ملائکہ بالاجماع تمام غیرِ انبیاء سے اَفضل ہیں۔[1] تو اس سے ثابت ہوا کہ مقرب فرشتے اولیاء سے افضل ہیں اور چونکہ اولیاء انسانوں میں سے ہوتے ہیں اور انسان سے خطا واقع ہو جاتی ہے اس لیے معصومین یعنی فرشتوں کو غیرِ معصوم پر فضیلت دی گئی اور مقرب فرشتے اولیائے کرام سے افضل ہوئے۔

اب اگر یہ سوال پیدا ہو کہ انسان اشرفُ المخلوقات ہے کہ اللہ پاک نے ارشاد فرمایا:

وَ لَقَدۡ کَرَّمۡنَا بَنِیۡۤ اٰدَمَ وَ حَمَلۡنٰہُمۡ فِی الۡبَرِّ وَ الۡبَحۡرِ وَ رَزَقۡنٰہُمۡ مِّنَ الطَّیِّبٰتِ وَ فَضَّلۡنٰہُمۡ عَلٰی کَثِیۡرٍ مِّمَّنۡ خَلَقۡنَا تَفۡضِیۡلًا ۟ (پ:15، بنی اسرآءیل:70)	ترجمہ: اور بے شک ہم نے اولادِ آدم کو عزت دی اور ان کو خشکی اور تری میں سوار کیا اور ان کو ستھری چیزیں روزی دیں اور ان کو اپنی بہت مخلوق سے افضل کیا۔

رسلِ ملائکہ اولیاء سے افضل ہیں

اس آیت سے ثابت ہوا کہ انسان دیگر مخلوق سے افضل ہے لیکن اولیاءُ اللہ پر مقرب

---

[1] فتاویٰ رضویہ، 29/629

فرشتوں کو فضیلت دینے کی ایک وجہ یہ بھی ہے کہ مقرب فرشتے اللہ پاک کے رسول ہیں اور رسول تمام انسانوں سے افضل ہوتا ہے اس لیے مقرب فرشتوں کو اولیاء پر فضیلت دی گئی کہ رسول سے بڑھ کر کسی کا درجہ نہیں ہوتا۔ فتاویٰ رضویہ میں ہے: ہمارے رسول ملائکہ (فرشتوں) کے رسولوں سے افضل ہیں اور فرشتوں کے رسول ہمارے اولیاء سے افضل ہیں اور ہمارے اولیاء عوامِ ملائکہ یعنی جو فرشتے رسول نہیں ان سے افضل ہیں۔ فسّاق و فجار (لوگ) ملائکہ سے کسی طرح افضل نہیں ہوسکتے۔[1]

جب یہ معلوم ہوگیا کہ مقرب ترین فرشتے منصبِ رسالت پر فائز ہیں اور ان کا مرتبہ انبیاء و مرسلین جیسا ہی ہے تو ان کی شان میں گستاخی کرنا ایسا ہی ہے جیسے کسی رسول کی گستاخی کرنا کہ جس طرح کسی نبی و رسول کی گستاخی کفر ہے یونہی مقرب فرشتوں کی شان میں گستاخی کرنا کفر ہے۔

حضرت امام ابو شکور محمد بن عبد السعید سالمی حنفی رحمۃ اللہ علیہ فرماتے ہیں: جس نے فرشتے کو گالی دی یا اس سے نفرت کا اظہار کیا تو بے شک وہ کافر ہو جائے گا جیسا کہ انبیاء علیہم السلام کو گالی دینے والا یا ان سے نفرت کا اظہار کرنے والا کافر ہو جاتا ہے اور جس نے انبیاء یا فرشتے کا ذکر حقارت یعنی ذلّت کے ساتھ کیا تو وہ بھی کافر ہو جائے گا۔[2]

فتاویٰ عالمگیری میں ہے: جس نے فرشتوں میں سے کسی ایک فرشتے کو بھی عیب لگایا یا اس کی بُرائی اور مذمت کی تو اس نے کفر کیا۔[3] قرآنِ کریم میں ہے:

مَنْ كَانَ عَدُوًّا لِّلّٰهِ وَ مَلٰٓىِٕكَتِهٖ وَ ترجمہ: جو کوئی دشمن ہو اللہ اور اس کے

---

1. النبراس، ص595، تحفۃ المرید، ص308، فتاوی رضویہ، 29/391 ماخوذاً
2. تمہید ابی شکور السالمی، ص112
3. عالمگیری، 2/266

وَ رُسُلِهٖ وَ جِبْرِیْلَ وَ مِیْكٰىلَ فَاِنَّ اللّٰهَ عَدُوٌّ لِّلْكٰفِرِیْنَ ﴿۹۸﴾

فرشتوں اور اس کے رسولوں اور جبریل اور میکائیل کا تو اللہ دشمن ہے کافروں کا۔

(پ:1،البقرہ:98)

اس سے معلوم ہوا کہ انبیائے کرام علیہمُ السّلام اور فرشتوں سے دشمنی کفر اور غضبِ الٰہی کا سبب ہے اور محبوبانِ حق سے دشمنی اللہ پاک سے دشمنی کرنا ہے۔ حضرتِ جبریل علیہ السلام انبیائے کرام علیہمُ السّلام کے خادم ہیں، ان کا دشمن اللہ پاک کا دشمن ہے اور کسی ایک فرشتے سے عَداوَت و دشمنی سارے فرشتوں سے عَداوَت ہے۔ [1]

جبرئیل علیہ الصلوٰۃ والسلام "مِنْ وَجْہٍ" رسولُ اللہ صلی اللہُ علیہ واٰلہٖ وسلم کے استاذ ہیں۔ قَالَ تَعَالٰی: عَلَّمَهٗ شَدِیْدُ الْقُوٰىۙ ﴿۵﴾ [2] پھر کسی کے شاگرد کیا ہوں گے جسے اِن کا استاذ بنائے، اسے سَرورِ عالَم صلی اللہُ تعالٰی علیہ وسلم کا "اُستاذُ الاستاذ" ٹھہرائیے۔

مشکل الفاظ کے معانی استاذ: استاد۔ مِنْ وَجْہٍ: ایک لحاظ سے۔ اُستاذُ الاستاذ: استاد کا استاد۔

وضاحت مقربین فرشتوں کی شان و عظمت بیان کرنے کے بعد اب اس مقرب فرشتہ کا ذکر کیا جارہا ہے جس کا مقام و مرتبہ فرشتوں میں سے سب سے زیادہ بلند ہے یعنی حضرت جبرئیل علیہ السلام کہ اللہ پاک نے انہیں اپنے پیارے حبیب صلی اللہُ علیہ واٰلہٖ وسلم کا مِن وَجہٍ استاد ہونے کا شرف بخشا، جیسا کہ قرآنِ کریم میں ارشاد ہوا ہے: عَلَّمَهٗ شَدِیْدُ الْقُوٰىۙ ﴿۵﴾ [3] ترجمہ: انھیں سکھایا سخت قوتوں والے طاقتور نے۔ یعنی نبیِ کریم صلی اللہُ علیہ واٰلہٖ وسلم کو سخت قوّتوں

[1] صراط الجنان، 1/ 173
[2] پ27،النجم:5
[3] پ27،النجم:5

والے طاقتور یعنی جبرائیل علیہ السلام نے (قرآن) سکھایا۔

ایک سوال

اب یہاں ایک سوال ہوتا ہے کہ قرآنِ پاک کی وہ آیات جن میں واضح طور پر فرمایا گیا ہے کہ آپ صلی اللہُ علیہ واٰلہٖ وسلم کو اللہ پاک نے سکھایا ہے، جیسا کہ اَلرَّحْمٰنُۙ(۱) عَلَّمَ الْقُرْاٰنَؕ(۲)[1] ترجمہ: رحمٰن نے اپنے محبوب کو قرآن سکھایا۔ جبکہ ایک اور مقام پر ہے:

وَ اِنَّكَ لَتُلَقَّى الْقُرْاٰنَ مِنْ لَّدُنْ حَكِیْمٍ عَلِیْمٍ(۶) ترجمہ: اور بے شک تم قرآن سکھائے جاتے ہو حکمت والے علم والے کی طرف سے۔ (پ:19، النمل:6)

ان آیات اور "عَلَّمَهٗ شَدِیْدُ الْقُوٰىۙ(۵)" میں کیا مناسبت ہے؟

اس کا جواب

اس کا جواب یہ ہے کہ بیشک نبیِ کریم صلی اللہُ علیہ واٰلہٖ وسلم کو اللہ پاک نے علم دیا اور سکھایا ہے مگر بیچ میں حضرت جبریل علیہ السلام کا واسطہ ہے کہ اللہ پاک جو بھی وحی ارشاد فرماتا تو حضرت جبریل علیہ السلام آکر آپ صلی اللہُ علیہ واٰلہٖ وسلم کو اس کی تلقین کرتے، اسی وجہ سے حضرت جبریل علیہ السلام کو نبی پاک صلی اللہُ علیہ واٰلہٖ وسلم کا مِن وَجہٍ استاذ فرمایا، مِنْ كُلِّ الْوُجُوْه یعنی ہر اعتبار سے استاذ نہیں۔ صرف ایک جہت سے استاذ ہیں کہ اللہ پاک اور اس کے پیارے نبی صلی اللہُ علیہ واٰلہٖ وسلم کے درمیان واسطہ بنے۔ مِنْ وَجْهٍ کی قید سے یہ فائدہ ہوا کہ اگر حضرت جبریل علیہ السلام کو مِنْ كُلِّ الْوُجُوْه استاذ مانتے تو یہ اعتراض ہوتا کہ جب حضرت جبریل علیہ السلام نبی پاک صلی اللہُ علیہ واٰلہٖ وسلم کے استاذ ہیں تو پھر حضرت جبریل علیہ السلام کے استاذ کون ہیں؟ مِن

[1] پ27، الرحمٰن:1-2

وَجہِ کی قید سے یہ اعتراض دور ہو گیا کہ اگر کسی کو حضرت جبریل علیہ السلام کا استاد مانتے تو اسے نبیِ کریم صلی اللہُ علیہ واٰلہٖ وسلم کا استاذ الاستاذ ماننا پڑتا، حالانکہ نبیِ کریم صلی اللہُ علیہ واٰلہٖ وسلم کو اللہ پاک نے سکھایا ہے جیسا کہ "اَلرَّحْمٰنُ ﴿۱﴾ عَلَّمَ الْقُرْاٰنَ ﴿۲﴾ [1] ترجمہ: رحمٰن نے اپنے محبوب کو قرآن سکھایا" سے واضح ہے۔ اس لئے حضرت جبریل علیہ السلام کو نبیِ پاک صلی اللہُ علیہ واٰلہٖ وسلم کا مِن وَجہِ ہی استاذ مانا جائے گا۔

یہ وہی ہیں جنہیں حق تبارک و تعالیٰ رسولِ کریم مکینِ اَمین فرماتا ہے: نبی صلی اللہُ علیہ وسلم کے سوا دوسرے کے خادم نہیں۔

مشکل الفاظ کے معانی رسولِ کریم: عزت والے رسول۔ مکین: عزت والا۔ اَمین: امانت دار۔ خادم: خدمت کرنے والا۔

وضاحت حضرت جبریل علیہ السلام کے مقام و مرتبہ کا اندازہ اس سے لگایا جاسکتا ہے کہ اللہ پاک نے انہیں تمام فرشتوں کا سردار بنایا، قرآنِ کریم میں ان کی صفات کچھ یوں بیان ہوئیں:

اِنَّهٗ لَقَوْلُ رَسُوْلٍ كَرِیْمٍ ﴿۱۹﴾ ذِیْ قُوَّةٍ عِنْدَ ذِی الْعَرْشِ مَكِیْنٍ ﴿۲۰﴾ مُّطَاعٍ ثَمَّ اَمِیْنٍ ﴿۲۱﴾ (پ30، التکویر: 19 تا 21)

ترجمہ: بے شک یہ عزت والے رسول کا پڑھنا ہے جو قوت والا ہے، مالکِ عرش کے حضور عزت والا، وہاں اس کا حکم مانا جاتا ہے، امانت دار ہے۔

رسول: حضرت جبریل تمام انبیاء کی طرف اللہ کے رسول ہیں کہ اللہ پاک کے احکامات اور وحی لے کر آتے ہیں۔ جیسا کہ قرآن میں ہے:

---

[1] پ27، الرحمٰن: 1-2

نَزَلَ بِهِ الرُّوۡحُ الۡاَمِیۡنُ ﴿۱۹۳﴾ عَلٰی قَلۡبِكَ لِتَكُوۡنَ مِنَ الۡمُنۡذِرِیۡنَ ﴿۱۹۴﴾

ترجمہ: اُسے روح الامین لے کر اُترا تمہارے دل پر کہ تم ڈر سناؤ۔

(پ:19، الشعرآء:193، 194)

قرآن پاک کو روح الامین یعنی حضرت جبریل علیہ السلام لے کر نازل ہوئے۔ آپ علیہ السلام روح سے پیدا کئے گئے ہیں اس لئے آپ علیہ السلام کو روح کہا گیا اور آپ علیہ السلام کو امین اس لئے کہتے ہیں کہ اللہ پاک نے انبیائے کرام علیہمُ السّلام تک اپنی وحی پہنچانے کی امانت آپ کے سپرد فرمائی ہے۔ [1]

کریم: ان کا کرم یہ ہے کہ وہ افضل چیز (ہدایت و معرفت) عطا کرتے ہیں۔ [2]

ذی قوت: ان کی قوت کا یہ حال ہے کہ حضرت لوط علیہ السلام کی بستیوں کو اپنے پروں پر اٹھایا۔ اللہ پاک کی اطاعت میں خلل نہیں آنے دیتے کہ پلک جھپکنے سے پہلے آسمان سے زمین پر تشریف لے آتے ہیں۔ [3]

مکین: اللہ پاک کے نزدیک بہت معزز و مکرم ہیں [4] کہ اللہ پاک کی بارگاہ میں جو عزت، مقام اور مرتبہ انہیں حاصل ہے وہ کسی اور فرشتے کو نہیں۔

مُطاع: آسمانوں میں ان کی اطاعت کی جاتی ہے یعنی اللہ پاک کے نزدیک فرشتوں میں واجب الاطاعت ہیں اور وہ انہی کے حکم سے آتے جاتے ہیں۔ [5]

امین: اللہ پاک کی وحی اور اس کے پیغام پہنچانے میں امانت دار ہیں اللہ نے انہیں خیانت

---

1 تفسیر خازن، الشعراء، تحت الآیۃ:193، 3/395۔ تفسیر کبیر، الشعراء، تحت الآیۃ:193، 8/530
2 تفسیر کبیر، تکویر، تحت الآیۃ:19، 11/69
3 تفسیر خازن، تکویر، تحت الآیۃ:20، 4/357
4 تفسیر نسفی، تکویر، تحت الآیۃ:20، ص1325
5 تفسیر نسفی، تکویر، تحت الآیۃ:21، ص1325

اور لغزش سے محفوظ رکھا ہے۔[1]

حضرت جبریل علیہ السلام کو یہ شرف بھی ملا کہ اللہ پاک نے انہیں نبیِ پاک صلی اللہُ علیہ واٰلہٖ وسلم کی خدمت و اطاعت کے لیے خاص کیا اور تمام مخلوق میں نبیِ کریم صلی اللہُ علیہ واٰلہٖ وسلم کے علاوہ کوئی ایسی ذات نہیں کہ جس کی حضرت جبریل علیہ السلام نے خدمت اور اطاعت کی ہو۔

اَکابر صحابہ و اَعَاظِم اَولیاء کو اگر ان کی خدمت ملے دوجہاں کی فخر و سعادت جانیں، پھر یہ کس کے خدمت گار یا غَاشِیَہ بَر دَار ہوں گے!

مشکل الفاظ کے معانی اکابر: سب سے بڑے، بزرگ۔ اَعَاظِم: نہایت بڑا، بزرگ ترین۔ دوجہاں: دنیا و آخرت۔ خدمت گار: خدمت کرنے والا۔ غَاشِیَہ بَر دار: مطیع و فرمانبردار، خادم۔

وضاحت حضرت جبریل علیہ السلام کی شان و عظمت اتنی زیادہ ہے کہ معزز صحابۂ کرام اور صاحبِ عظمت اولیاء جو کہ خود بھی برکتوں کے نازل ہونے کا ذریعہ ہیں، انہیں اگر حضرت جبریل علیہ السلام کی خدمت کا موقع ملے تو اِسے اپنے لیے سعادت مندی سمجھیں گے اور دنیا و آخرت کی خوش قسمتی جانیں گے کہ حضرت جبریل علیہ السلام وہ مقدس ذات ہیں جنہیں نبیِ کریم صلی اللہُ علیہ واٰلہٖ وسلم کی خدمت کا شرف ملا۔ جب حضرت جبریل علیہ السّلام کے مقام و مرتبے کا یہ عالَم ہے کہ بڑے بڑے صحابہ و اَولیاء جو خود قابلِ خدمت ہیں یہ بھی حضرت جبریل علیہ السلام کی خدمت کو اپنے لیے سعادت مندی سمجھتے تو اس ہستی یعنی نبیِ کریم صلی اللہُ علیہ واٰلہٖ وسلم کی ذاتِ بابرکت کا کیا عالم ہو گا کہ حضرت جبریل علیہ السلام خود نبیِ کریم صلی اللہُ علیہ واٰلہٖ وسلم کی خدمت و فرمانبرداری کرتے ہیں۔

[1] تفسیر کبیر، تکویر، تحت الآیۃ: 21، 11/70

عقیدۂ خامسہ (5)

پانچواں عقیدہ سرکار صَلَّی اللّٰہ عَلَیْہِ وَاٰلِہٖ وَسَلَّم کے
صحابہ اور بزرگ و برتر اہل بیت کے بارے میں

عقیدۂ خامسہ (5) [1]

ان کے بعد اَصحابِ سیّدُ المرسلین صلی اللہ تعالیٰ علیہ و علیہم اجمعین ہیں اور اِنہیں میں حضرت بتُول، جگر پارۂ رسول، خاتونِ جہاں، بانویِٔ جناں، سیدۃُ النّسا فاطمہ زَہرا اور اس دو جہاں کی آقازادی کے دونوں شاہزادے، عرش کی آنکھ کے دونوں تارے، چرخِ سِیادت کے مہ پارے، باغِ تطہیر کے پیارے پھول، دونوں قرۃُ العینِ رسول، اِمامین کریمین سَعیدَین شَہیدَین تَقِیَّین نَقِیَّین نَیِّرَین طاہِرَین ابو محمد حسن و ابو عبد اللہ حسین، اور تمام مادرانِ اُمت، بانوانِ رسالت عَلَی الْمُصْطَفٰی وَعَلَیْہِمْ کُلِّہِمُ الصَّلٰوۃُ وَالتَّحِیَّۃ میں داخل کہ صحابی ہر وہ مسلمان ہے جو حالتِ اسلام میں اس چہرۂ خدا نُما کی زیارت سے مُشَرَّف ہوا اور اسلام ہی پر دنیا سے گیا، ان کی قدر و منزلت وہی خوب جانتا ہے جو سیّدِ المُرسلین صلی اللہ تعالیٰ علیہ وسلم کی عزت و رِفعت سے آگاہ ہے، آفتابِ نیمروز سے روشن تر کہ محب جب قدرت پاتا ہے اپنے محبوب کو صحبتِ بد سے بچاتا ہے، حق تعالیٰ قادرِ مُطْلَق اور رسولُ اللہ صلی اللہ تعالیٰ علیہ وسلم اس کے محبوب و سیّدُ المَحبُوبِین۔ کیا عقلِ سلیم تجویز کرتی ہے کہ ایسا قدیر ایسے عظیم ذِی وجاہت، جانِ محبوبی، کانِ عزت کے لیے خیارِ خَلق کو جلیس و انیس و یار و مددگار مقرر نہ فرمائے،

مشکل الفاظ کے معانی — **بتُول:** پاکیزہ، پاک دامن، حضرت سیّدہ فاطمہ رضی اللہ عنہا کا

---

[1] پانچواں عقیدہ سرکار صَلَّی اللہُ عَلَیْہِ وَاٰلِہٖ وَسَلَّم کے صحابہ اور بزرگ و برتر اہل بیت کے بارے میں۔

لقب۔ پارہ: ٹکڑا۔ بانوئ جناں: جنتی شہزادی، جنتیوں کی ملکہ۔ زَہرا: کلی۔ چرخ: آسمان۔ سیادت: سرداری۔ مہ پارے: چاند کے ٹکڑے۔ باغِ تطہیر: پاکیزہ گلشن۔ قرۃُ العین: آنکھ کی ٹھنڈک۔ تقیّین: دو پاک دامن۔ نقیین: صاف ستھرا، دو پاک باطن۔ نیرین: نہایت چمکدار، سورج و چاند۔ مادرانِ امت: امت کی مائیں۔ چہرۂ خدا نما: خدا کی پہچان کروانے والا چہرہ۔ آفتابِ نیمروز: دوپہر کا روشن سورج۔ روشن تر: زیادہ روشن۔ محب: محبت کرنے والا۔ صحبتِ بد: بری صحبت۔ تجویز کرنا: تسلیم کرنا۔ عظیم ذِی وجاہت: بلند صاحبِ مرتبہ۔ کانِ عزت: عظمت کا سرچشمہ۔ خیارِ خلق: مخلوق میں بہترین لوگ۔ جلیس: صحبت یافتہ۔ انیس: الفت رکھنے والا۔

صحابہ کرام میں افضلیت کی ترتیب

وضاحت امام اہلسنت رحمۃ اللہ علیہ مقرب فرشتوں اور مرسلین ملائکہ کا مقام و مرتبہ بیان کرنے کے بعد نبی پاک صلی اللہ علیہ واٰلہٖ وسلم کے جانثار صحابۂ کرام علیہمُ الرِضوان کی عزت و عظمت اور بارگاہِ خداوندی میں مقبولیت کو بیان فرمارہے ہیں کہ مقرب فرشتوں کے بعد تمام مخلوق میں سب سے اعلیٰ مرتبہ صحابۂ کرام رضی اللہُ عنہم کا ہے۔ اہلِ سنّت کا اس پر اجماع ہے کہ انبیاء (یعنی اَنبیا و مُرسلینِ اِنس و مَلک) کے بعد تمام عالَم سے افضل حضرتِ ابو بکر صدّیق رضی اللہُ عنہ ہیں، ان کے بعد حضرتِ عمر، ان کے بعد حضرتِ عثمان، ان کے بعد حضرتِ علی، ان کے بعد تمام عَشَرۂ مُبَشَّرہ، ان کے بعد باقی اہلِ بدر، ان کے بعد باقی اہلِ اُحُد، ان کے بعد باقی اہلِ بیعتِ رضوان، پھر تمام صحابہ۔ یہ اِجماع ابو منصور بغدادی رحمۃ اللہ علیہ نے نقل کیا ہے۔[1]

ان صحابۂ کرام رضی اللہُ عنہم میں شہزادیِ رسول، زَہرہ بتول، حضرت بی بی فاطمہ رضی اللہُ

[1] تاریخ الخلفاء، ص34

عنہا بھی ہیں جنہیں بارگاہِ رسالت سے جنتی عورتوں کی سرداری [1] جیسا عظیم اعزاز حاصل ہوا۔

آپ کے دونوں شہزادے حضرتِ امام ابو محمد حسن مجتبیٰ اور حضرت امام ابو عبد اللہ حسین رضی اللہ عنہما بھی صحابۂ کرام میں شامل ہیں جو خاندانِ رسالت کے مہکتے پھول ہیں۔ نبی پاک صلی اللہ علیہ واٰلہٖ وسلم نے ان کے بارے میں فرمایا: هُمَا رَيْحَانَتَايَ مِنَ الدُّنْيَا یعنی یہ دونوں دنیا میں میرے پھول ہیں۔ [2] ان کے علاوہ تمام امہات المومنین بھی صحابۂ کرام میں شامل ہیں یہ وہ خوش نصیب خواتین ہیں جنہیں نبی کریم صلی اللہ علیہ واٰلہٖ وسلم نے شرفِ زوجیت سے نوازا اور قرآنِ کریم نے انہیں مومنوں کی مائیں قرار دیا ہے۔ اللہ پاک نے ان ازواجِ مطہرات کو شریعت کی پاسداری، تقوی وپرہیزگاری اور بے شمار اعلیٰ خوبیوں سے مزین فرما کر ساری عورتوں سے منفرد اور نمایاں مقام عطا فرمایا اور قرآنِ کریم میں ان کی شان بتاتے ہوئے ارشاد فرمایا: يٰنِسَآءَ النَّبِيِّ لَسْتُنَّ كَاَحَدٍ مِّنَ النِّسَآءِ [3] ترجمہ: اے نبی کی بیبیو تم اَور عورتوں کی طرح نہیں ہو۔

صحابی کسے کہتے ہیں؟

حضرت علامہ حافظ ابنِ حجر عسقلانی رحمۃ اللہ علیہ فرماتے ہیں: جن خوش نصیبوں نے ایمان کی حالت میں حضور نبی کریم صلی اللہ علیہ واٰلہٖ وسلم کی صحبت کا شرف پایا اور ایمان ہی پر خاتمہ ہوا، انہیں صحابی کہتے ہیں۔ [4]

صحابۂ کرام رضی اللہ عنہم کی قدر و منزلت وہی شخص جان سکتا ہے جو نبی پاک صلی اللہ علیہ

---

1. بخاری، 2/507، حدیث: 3624
2. بخاری، 2/547، حدیث: 3753
3. پ22، الاحزاب: 32
4. نزھۃ النظر فی توضیح نخبۃ الفکر، ص111

والہٖ وسلم کی عظمت ورفعت سے واقف ہو گا کیونکہ ان کی تعظیم گویا کہ نبی پاک صلی اللہ علیہ والہٖ وسلم ہی کی تعظیم ہے جیسا کہ حضرت امام قاضی عیاض رحمۃ اللہ علیہ فرماتے ہیں: وَمِنْ تَوْقِيْرِهٖ وَبِرِّهٖ صَلَّى اللّٰهُ عَلَيْهِ وَسَلَّمَ تَوْقِيْرُ أَصْحَابِهٖ وَبِرُّهُمْ وَمَعْرِفَةُ حَقِّهِمْ وَالْاِقْتِدَاءُ بِهِمْ وَحُسْنُ الثَّنَاءِ عَلَيْهِمْ وَالْاِسْتِغْفَارُ لَهُمْ یعنی نبی پاک صلی اللہ علیہ والہٖ وسلم کی تعظیم میں سے یہ بھی ہے کہ آپ کے صحابۂ کرام کی تعظیم کرنا، اُن سے اچھا سلوک کرنا، ان کے حق کو پہچاننا، اُن کی پیروی کرنا، ان کی تعریف وتوصیف کرنا اور ان کیلئے مغفرت کی دعا کرنا۔[1]

لہٰذا ہمیں بھی نبی پاک صلی اللہ علیہ والہٖ وسلم کے تمام صحابۂ کرام رضی اللہُ عنہم کی دل سے تعظیم کرنی چاہیے اور کسی ایک صحابی کی بھی شان میں کسی قسم کی کوئی گستاخی ہرگز ہرگز نہیں کرنی چاہیے، اس لئے کہ یہ صحابۂ کرام انبیاء ومرسلین کے بعد انسانوں میں سب سے بہتر ہیں۔ اعلیٰ حضرت رحمۃ اللہ علیہ اسی بات کو ایک مثال کے ذریعے واضح کرتے ہوئے فرماتے ہیں کہ یہ بات روزِ روشن کی طرح ظاہر ہے کہ جب کوئی شخص کسی سے محبت کرتا ہے تو اپنے محبوب کو بری صحبت سے بچاتا ہے، جس کی واضح مثال والدین کی محبت ہے کہ ماں باپ اپنی اولاد کو بری صحبت سے بچانے کیلئے ہر ممکن کوشش کرتے ہیں، حالانکہ یہ تو اللہ کے عاجز بندے ہیں تو جب یہ عاجز ہو کر اپنے بچوں کو صحبتِ بد سے بچانے کیلئے کوشاں رہتے ہیں تو وہ قادر وقدیر جَلَّ جَلَالُہٗ جو ہر ممکن پر قدرت رکھتا ہے، تو کیا وہ اپنے سب سے افضل واعلیٰ رسول صلی اللہ علیہ والہٖ وسلم جن کیلئے اس نے ساری کائنات سجائی، جن کی مدد ونصرت کیلئے جبریلِ امین اور انبیاء ورسول بھیجے، دوسرے نبیوں نے جن کا اُمتی بننے کی خواہش کا اظہار کیا، ایسے رسولِ مقبول صلی اللہ علیہ والہٖ وسلم کو ان کی شایانِ شان صحبت سے محروم رکھتا، ایسا ہرگز ہرگز نہیں، عقلِ سلیم اسے تسلیم ہی نہیں کرتی،

[1] الشفا، ص2/52

بلکہ اللہ کریم نے اپنے حبیب صلی اللہ علیہ واٰلہٖ وسلم کو اپنے ایسے پیارے بندوں کی صحبت سے سرفراز فرمایا، جن کے تقویٰ وپرہیز گاری کی گواہی خود اس پاک ذات کا پیارا کلام پاک دیتا ہے۔ چنانچہ ارشادِ باری ہے: وَ اَلْزَمَهُمْ كَلِمَةَ التَّقْوٰى وَ كَانُوْۤا اَحَقَّ بِهَا وَ اَهْلَهَاؕ [1] ترجمہ: اور پرہیز گاری کا کلمہ ان پر لازم فرمایا اور وہ اس کے زیادہ سزاوار اور اس کے اہل تھے۔

امت کے بہترین افراد

نبی پاک صلی اللہ علیہ واٰلہٖ وسلم نے بھی صحابۂ کرام رضی اللہ عنہم کی تعظیم کا حکم دیتے ہوئے انہیں امت کے بہترین افراد ہونے کی سند عطا فرمائی اور ارشاد فرمایا: اَکْرِمُوْا اَصْحَابِیْ فَاِنَّھُمْ خِیَارُکُمْ یعنی میرے صحابہ کی عزّت کرو کہ وہ تمہارے بہترین لوگ ہیں۔ [2] ایک اور حدیثِ پاک میں ہے: خَیْرُ اُمَّتِی الْقَرْنُ الَّذِیْنَ یَلُوْنِیْ ثُمَّ الَّذِیْنَ یَلُوْنَھُمْ ثُمَّ الَّذِیْنَ یَلُوْنَھُمْ یعنی میری اُمّت میں سب سے بہتر لوگ میرے زمانہ کے ہیں اور پھر وہ لوگ جو ان سے ملے ہوئے ہیں اور پھر ان کے بعد والے لوگ سب سے بہتر ہیں۔ [3]

جو اُن میں سے کسی پر طعن کرتا ہے جنابِ باری تعالیٰ کے کمالِ حکمت و تمامِ قدرت یا رسولُ اللہ صلی اللہ تعالیٰ علیہ وسلم کی غایتِ محبوبیت ونہایتِ منزلت پر حرف رکھتا ہے، اسی لیے سرورِ عالَم صلی اللہ تعالیٰ علیہ وسلم ارشاد فرماتے ہیں: اَللہَ اَللہَ فِیْ اَصْحَابِیْ، لَا تَتَّخِذُوْھُمْ غَرَضًا مِّنْ بَعْدِیْ، فَمَنْ اَحَبَّھُمْ فَبِحُبِّیْ اَحَبَّھُمْ وَمَنْ اَبْغَضَھُمْ فَبِبُغْضِیْ اَبْغَضَھُمْ، وَمَنْ اٰذَاھُمْ فَقَدْ اٰذَانِیْ وَمَنْ اٰذَانِیْ فَقَدْ اٰذَی اللہَ وَمَنْ اٰذَی اللہَ فَیُوْشِكُ اَنْ یَّاْخُذَہٗ "خدا سے ڈرو! خدا سے ڈرو! میرے اصحاب کے حق میں، اُنہیں

---

[1] پ26، الفتح:26

[2] مصنف عبد الرزاق، 10/296، حدیث:20876

[3] بخاری، 2/515، حدیث:3650

نشانہ نہ بنا لینا میرے بعد، جو اُنہیں دوست رکھتا ہے میری محبت سے اُنہیں دوست رکھتا ہے اور جو اُن کا دشمن ہے میری عداوت سے ان کا دشمن ہے، جس نے اُنہیں ایذا دی اُس نے مجھے ایذا دی اور جس نے مجھے ایذا دی اس نے اللہ کو ایذا دی اور جس نے اللہ کو ایذا دی تو قریب ہے کہ اللہ تعالیٰ اس کو گرفتار کرلے۔" رواہ الترمذی وغیرہ۔

مشکل الفاظ کے معانی طعن کرتا: عیب لگاتا۔ غایت: حد سے زیادہ۔ **محبوبیت:** محبوب ہونا۔ **نہایت منزلت:** بلند مرتبہ۔ **حرف رکھنا:** اِلزام لگانا۔

وضاحت یہاں اعلیٰ حضرت رحمۃ اللہ علیہ صحابۂ کرام رضی اللہ عنہ کی برائی کرنے والوں کے بارے میں وعید بیان فرما کر انہیں یہ تنبیہ فرمارہے ہیں کہ جو کوئی ان عظیم المرتبت ہستیوں میں سے کسی پر عیب لگاتا ہے وہ اللہ پاک کی کمالِ حکمت اور تمامِ قدرت پر پیارسولِ کریم صلی اللہ علیہ واٰلہٖ وسلم کی شانِ محبوبیت اور آپ کے بلند وبالا مرتبے پر الزام لگاتا ہے۔

بھلائی سے محرومی کا سبب

جب اللہ پاک اور اس کے پیارے حبیب صلی اللہ علیہ واٰلہٖ وسلم اِن سے راضی ہیں، ان کے تقویٰ اور پرہیزگاری پر قرآن وحدیث شاہد ہیں۔ اِن کے فضائل وکمالات اور دینِ اسلام کے لئے اِن کی دی ہوئی قربانیوں سے کُتب سیر و تاریخ مالا مال ہیں حتی کہ اِن کے جنتی ہونے کی گواہی خود کلامِ الٰہی دے رہا ہے۔ اس کے باوجود اِن کی شان میں گستاخیاں کرنا، اِنہیں بُرا بھلا کہنا، سوائے خیر سے محرومی اور اللہ پاک اور اِس کے پیارے رسول صلی اللہ علیہ واٰلہٖ وسلم کی ناراضی مول لینے کے اور کچھ نہیں۔ جو آدمی کسی ایک بھی صحابی کی برائی کرتا یا کسی پر بہتان تراشی کرتا ہے وہ صرف صحابۂ کرام کو تکلیف نہیں پہنچاتا، بلکہ حقیقت میں وہ اللہ پاک اور اس

کے نبی کریم صلی اللہ علیہ والہٖ وسلم کو بھی اِیذا پہنچاتا ہے جیسا کہ

حضرت عبد اللہ بن مغفل رضی اللہُ عنہ سے روایت ہے، رسولُ اللہ صلی اللہ علیہ والہٖ وسلم نے ارشاد فرمایا: میرے صحابہ کے بارے میں اللہ پاک سے ڈرو، اللہ پاک سے ڈرو۔ میرے بعد انہیں نشانہ نہ بنانا کیونکہ جس نے ان سے محبت کی تو اس نے میری محبت کی وجہ سے ان سے محبت کی اور جس نے ان سے بغض رکھا تو اس نے میرے بغض کی وجہ سے ان سے بغض رکھا اور جس نے انہیں ستایا اس نے مجھے ستایا اور جس نے مجھے ستایا اس نے اللہ پاک کو ایذا دی اور جس نے اللہ پاک کو ایذا دی تو قریب ہے کہ اللہ پاک اس کی پکڑ فرمالے۔ [1]

ان کے علاوہ بھی بہت سی اَحادیث ہیں کہ جن میں صحابۂ کرام سے بغض رکھنے والے اور ان کی شان میں گستاخی کرنے والے کیلئے وعیدیں بیان کی گئی ہیں۔ ہمیں ہر حال میں صحابۂ کرام کا ذکر خیر اور بھلائی کے ساتھ ہی کرنا چاہیے، حضرت علامہ مسعود بن عمر سعد الدین تفتازانی رحمۃ اللہ علیہ فرماتے ہیں: وَيُكَفُّ عَنْ ذِكْرِ الصَّحَابَةِ اِلَّا بِخَيْرٍ لِمَا وَرَدَ مِنَ الْاَحَادِيْثِ الصَّحِيْحَةِ فِي مَنَاقِبِهِم وَوُجُوْبِ الْكَفِّ عَنِ الطَّعْنِ فِيْهِم اور صحابۂ کرام کا ذکر صرف خیر ہی کے ساتھ کیا جائے کیونکہ ان کے فضائل میں احادیثِ صحیحہ وارد ہیں نیز ان پر نکتہ چینی سے رکنا واجب ہے۔ [2]

اب اے خارجیو، ناصبیو! کیا رسولُ اللہ صلی اللہ تعالیٰ علیہ وسلم نے اس ارشادِ عام اور جنابِ باری تعالیٰ نے آیۂ کریمہ: رَضِيَ اللّٰهُ عَنْهُمْ وَرَضُوْا عَنْهُ [3] سے جناب ذوالنُّورَین و حضرت اَسَدُ اللہِ الْغالِب حضرات سِبْطَین کَرِیْمَیْن رضی اللہ تعالیٰ عنہم اجمعین، یا اے شِیْعو! اے رافِضیو! اِن احکام شاملہ سے خدا و رسول نے حضرت

---

[1] ترمذی، 5/463، حدیث: 3888

[2] شرح عقائد نسفیہ، ص 341

[3] ترجمہ: اللہ ان سے راضی اور وہ اس سے راضی (پ30: البینۃ: 8)

صدّیقِ اَعظم وجناب فاروقِ اکبر وحضرت مُجَہِّزُ جیشِ العُسرَۃ وجناب اُمُّ المؤمنین محبوبۂ سیّد العٰلمین عائشہ صدیقہ بنتِ صدیق وحضرات طلحہ وزبیر ومعاویہ وغیرہم رضوانُ اللہ تعالیٰ علیہم اِلیٰ یومِ الدّین کو خارج فرمادیا۔ اور تمہارے کان میں (رسول نے) کہہ دیا کہ ''اَصْحَابِیْ'' سے ہماری مراد اور آیت میں ضمیر ''ھُمْ'' (کے مصداق) ان لوگوں کے سوا ہیں جو تم ان کے اے خوارج! (اور اے رَوافِض) دشمن ہوگئے اور عِیاذًا باللہ لعن وطعن سے یاد کرنے لگے۔ یہ نہ جانا کہ یہ دشمنی درحقیقت رسولُ اللہ صلی اللہ علیہ وسلم سے دشمنی ہے اور ان کی ایذا حق تبارک وتعالیٰ کی ایذا، مگر اے اللہ! تیری برکت والی رحمت اور ہمیشگی والی عنایت اس پاک فرقہ اہلِ سنّت وجماعت پر جس نے تیرے محبوب صلی اللہ تعالیٰ علیہ وسلم کے سب ہم نشینوں اور گلستانِ صحبت کے گُل چِینوں کو نگاہِ تعظیم واِجلال سے دیکھنا اپنا شِعار ودِثار کرلیا اور سب کو چرخِ ہدایت کے ستارے اور فلکِ عزت کے سیّارے جاننا عقیدہ کرلیا کہ ہر ہر فردِ بشر اُن کا سرورِ عُدول واَخیار واَتقیاء واَبرار کا سردار، تابعین سے لے کر تا بقیامت اُمت کا کوئی ولی کیسے ہی پایہ عظیم کو پہنچے، صاحبِ سلسلہ ہو خواہ غیر اِن کا، ہرگز ہرگز ان میں سے ادنیٰ کے رتبہ کو نہیں پہنچتا، اور اُون میں ادنیٰ کوئی نہیں، رسولُ اللہ صلی اللہ علیہ وسلم کے ارشادِ حق صادق کے مطابق اوروں کا کوہِ اُحد برابر سونا ان کے نیم صاع جَو کے ہمسر نہیں۔ جو قُربِ خدا انہیں حاصل دوسرے کو میسر نہیں اور جو درجاتِ عالیہ یہ پائیں گے غیر کو ہاتھ نہ آئیں گے۔ ان سب کو بالاجمال پرلے درجے کا ''بِرّ'' و''تقی'' جانتے ہیں اور تفاصیلِ احوال پر نظر حرام مانتے۔ جو فعل

کسی کا اگر ایسا منقول بھی ہوا جو نظرِ قاصر میں اُون کی شان سے قدرے گرا ہوا ٹھہرے، اسے مَحْمِلِ حَسَن پر اُتارتے ہیں۔ اور اللہ کا سچا قول رَضِیَ اللہُ عَنْہُمْ سُن کر آئینۂ دل میں یک قلم زنگِ تفتیش کو جگہ نہیں دیتے، رسولُ اللہ صلی اللہ تعالیٰ علیہ وسلم حکم فرما چکے: اِذَا ذُکِرَ اَصْحَابِیْ فَاَمْسِکُوْا "جب میرے اصحاب کا ذکر آئے تو باز رہو۔"[1] ناچار اپنے آقا کا فرمانِ عالی شان اور یہ سخت وعیدیں، ہولناک تہدیدیں سُن کر زبان بند کرلی اور دل کو سب کی طرف سے صاف کرلیا۔ جان لیا کہ ان کے رُتبے ہماری عقل سے وَراء ہیں پھر ہم اُن کے معاملات میں کیا دَخل دیں، ان میں جو مشاجرات واقع ہوئے ہم ان کا فیصلہ کرنے والے کون

گدائے خاک نشینی تو حافظا مخروش[2]

رموزِ سلطنت خویش خسرواں دانند

مشکل الفاظ کے معانی ذوالنُّورَین: دو نور والے یعنی حضرت عثمانِ غنی۔ اَسَدُ اللہِ الْغَالِب: اللہ کے غالب آنے والے شیر یعنی حضرت علی المرتضیٰ۔ سِبْطَیْن کَرِیْمَیْن: سخی و فیاض نواسے۔ مُجَہِّزُ جَیْشِ الْعُسْرَت: تنگدست لشکر کو سامانِ ضرورت دینے والے یعنی حضرت عثمان غنی۔ ایذا: تکلیف۔ ہم نشینوں: دوستوں۔ گلستانِ صحبت: صحبتِ (مصطفیٰ) کے باغ۔ گُل چینوں: پھول چننے والوں۔ شِعار: علامت۔ دِثار: رسم۔ چرخِ ہدایت: آسمانِ ہدایت۔ پَرلے درجے: اعلیٰ درجے۔ آئینۂ دل: دل کا صاف ستھرا آئینہ۔ زنگِ تفتیش: چھان بین کا زنگ۔

---

[1] معجم کبیر، 2/96، حدیث: 1427

[2] تُو خاک نشین گدا گر ہے اے حافظ! شور مت کر کہ اپنی سلطنت کے راز بادشاہ خود جانتے ہیں۔

اہلِ سنت کا ہے بیڑا پار

وضاحت یہاں سے اعلیٰ حضرت رحمۃ اللہ علیہ تین طبقات کا ذکر فرمارہے ہیں جن میں سے دو افراط و تفریط کا شکار ہیں اور ایک طبقہ اعتدال پر ہے۔ ان دو میں سے ایک خارجی وناصبی فرقہ ہے۔ جو اپنے سینوں میں حضرت علی المرتضیٰ اور حسنین کریمین رضی اللہُ عنہم سے بغض و کینہ رکھتا ہے۔ دوسرا فرقہ رافضی ہے جو حضرت صدّیق اکبر، حضرت فاروقِ اعظم، حضرت عثمانِ غنی، حضرت عائشہ صدیقہ، حضرت طلحہ و حضرت زبیر، حضرت امیر معاویہ اور دیگر صحابۂ کرام کو نہیں مانتا۔ اعلیٰ حضرت رحمۃ اللہ علیہ نے ان دونوں باطل فرقوں کا یوں رد فرمایا کہ آیتِ مبارکہ رَضِیَ اللہُ عَنۡہُمۡ میں "ھُمۡ" ضمیر اور حدیثِ پاک "اِذَا ذُکِرَ اَصۡحَابِیۡ فَاَمۡسِکُوۡا" میں "اَصۡحَابِیۡ" سے مراد تمام صحابۂ کرام ہیں، لہٰذا خارجی اور رافضی گروہ آیتِ مبارکہ اور حدیثِ پاک کے اِس "عموم" سے کسی صحابی کو خارج نہیں کرسکتے کیونکہ ان میں تمام صحابۂ کرام شامل ہیں۔ یعنی اللہ کریم کی رضا بھی تمام صحابہ کو حاصل ہے اور برائی سے ان کا ذکر کرنے کی ممانعت بھی سارے صحابہ کے بارے میں وارد ہوئی ہے۔ دوسری بات یہ کہ شانِ صحابہ میں گستاخی و بے ادبی کرنے والے در حقیقت نبی کریم صلی اللہ علیہ واٰلہٖ وسلم کے دشمن ہیں اور جو آپ کا دشمن ہے وہ یقیناً دشمنِ خدا ہے لہٰذا یہ دونوں گروہ اللہ پاک اور اُس کے رسول صلی اللہ علیہ واٰلہٖ وسلم کے دشمن ہیں۔ یہ دونوں گمراہ فرقے ہیں جبکہ تیسرا گروہ اہلِ سنت کا ہے جو تمام صحابۂ کرام کے بارے میں یہ اعتقاد رکھتے ہیں:

اہلِ سنت کے عقائد

1. نبی پاک صلی اللہ علیہ واٰلہٖ وسلم کے ہر صحابی عادل اور نیک و پرہیزگار افراد کے سردار ہیں جیسا کہ نبی پاک صلی اللہ علیہ واٰلہٖ وسلم نے ارشاد فرمایا: اَصۡحَابِیۡ کَالنُّجُوۡمِ فَبِاَیِّہِمُ اقۡتَدَیۡتُمۡ

اِهْتَدَيْتُمْ یعنی میرے صحابہ ستاروں کی مانند ہیں، تم اُن میں سے جس کی بھی اقتداء کرو گے فلاح وہدایت پاجاؤ گے۔ [1]

2. تابعین سے لے کر قیامت تک آنے والا بڑے سے بڑا نیک آدمی بھی کسی صحابی کے مرتبے کو نہیں پہنچ سکتا۔ صحابۂ کرام کی فضیلت صرف نبی پاک صلی اللہ علیہ واٰلہٖ وسلم کی صحبت اور وحی کا زمانہ پانے کی وجہ سے تھی، اگر ہم میں سے کوئی 1000 سال عمر پائے اور تمام عمر اللہ پاک کی فرماں برداری کرے اور نافرمانی سے بچے بلکہ اپنے وقت کا سب سے بڑا عابد بن جائے تب بھی اس کی عبادت نبی پاک صلی اللہ علیہ واٰلہٖ وسلم کی صحبت کے ایک لمحے کے برابر بھی نہیں ہوسکتی۔ [2]

3. غیرِ صحابی کا اُحد پہاڑ کے برابر سونا صدقہ کرنا صحابی کے تھوڑے سے جَو صدقے کرنے کے برابر بھی نہیں ہوسکتا جیسا کہ حدیث پاک میں ہے: میرے صحابہ کو برا نہ کہو کیونکہ اگر تم میں سے کوئی اُحد پہاڑ کے برابر سونا خیرات کرے تو ان کے ایک "مُد" تو کیا، آدھے کو بھی نہیں پہنچ سکتا۔ [3]

4. انبیا و مرسلین کے بعد اللہ پاک کے جتنے قریب صحابۂ کرام ہیں، غیر صحابی نہیں، جتنا بلند درجہ صحابۂ کرام کا ہے غیر صحابی کا نہیں۔ حضرت امام قاضی عیاض مالکی رحمۃ اللہ علیہ حدیث پاک نقل فرماتے ہیں کہ حضور نبیِ کریم صلی اللہ علیہ واٰلہٖ وسلم نے ارشاد فرمایا: "اللہ پاک نے میرے صحابہ کو ماسوائے انبیا و مرسلین کے تمام جہانوں پر منتخب فرمایا ہے اور ان میں سے چار کو میرے لیے چن لیا ہے وہ چار ابو بکر، عمر، عثمان، علی ہیں اور ان کو

---

[1] مشکاۃ المصابیح، 2/414، حدیث: 6018، الشفا، 2/53

[2] المفاتیح فی شرح المصابیح، 6/286، تحت الحدیث: 4699

[3] بخاری، 2/522، حدیث: 3673

اللہ پاک نے میرا بہترین ساتھی بنایا اور میرے تمام صحابہ میں خیر ہے۔“ [1]

5. ہر صحابی ”بہت بڑا پرہیز گار“ ہے اور اِن کے آپسی معاملات پر ”کیا“ یا ”کیوں“ کرنے کو حرام جانتے ہیں۔ حافظ امام ذہبی رحمۃ اللہ علیہ فرماتے ہیں: فَسَبِیْلُنَا الْکَفُّ وَالِاسْتِغْفَارُ لِلصَّحَابَةِ، وَلَا نُحِبُّ مَا شَجَرَ بَيْنَهُم، وَنَعُوْذُ بِاللهِ مِنْهُ، وَنَتَوَلّٰى اَمِيْرَ الْمُؤْمِنِيْنَ عَلِيًّا یعنی صحابۂ کرام کے (باہمی اختلافات سے متعلق) ہمارا طریقہ کار یہ ہے کہ اس بارے میں اپنی زبانیں بند رکھیں اور ان حضرات کیلئے دعائے مغفرت کریں۔ کیونکہ ہم ان کے درمیان ہونے والے اختلافات کا ذکر ناپسندیدہ جانتے ہیں اور اس عمل سے اللہ پاک کی پناہ مانگتے ہیں اور ہم امیر المومنین حضرت علی رضی اللہ عنہ سے محبت کرتے ہیں۔ [2]

6. کتابوں میں جو واقعات بظاہر صحابہ کی شان کے خلاف نظر آتے ہوں تو اُن میں بھی اچھا پہلو نکال لیتے ہیں اور شانِ صحابیت کے بارے میں کسی غلط بات کو جگہ نہیں دیتے کیونکہ رسولُ اللہ صلی اللہ علیہ واٰلہٖ وسلم نے صحابہ کے بارے میں غلط بات کرنے سے منع کرتے ہوئے فرمایا: جس نے انہیں برا بھلا کہا اس پر اللہ پاک، فرشتوں اور تمام لوگوں کی لعنت ہو۔ بروزِ قیامت اللہ پاک نہ تو اس کے نفل قبول فرمائے گا اور نہ ہی فرض۔ [3]

اہلِ سنّت اس قدر مضبوط دلائل کی روشنی میں اس فیصلہ کُن نتیجے پر پہنچے ہیں کہ صحابۂ کرام کا مقام و مرتبہ اس قدر بلند ہے کہ ہماری کمزور عقلیں اِن کے درمیان ہونے والے معاملات کی حقیقت تک ہرگز نہیں پہنچ سکتیں اور نہ ہی صحابۂ کرام کے درمیان ہونے والے معاملات کے بارے میں باتیں کرنے کا ہمیں کوئی حق حاصل ہے۔

---

[1] الشفاء، 54/2

[2] سیر اعلام النبلاء، 39/3

[3] المستدرک للحاکم، 833/4، حدیث: 6715 مختصراً

حاشا کہ ایک کی طرف داری میں دوسرے کو بُرا کہنے لگیں یا ان نِزاعوں میں ایک فریق کو دنیا طلب ٹھہرائیں، بلکہ بِالیقین جانتے ہیں کہ وہ سب مَصَالِحِ دِین کے خواستگار تھے جس کے اِجتہاد میں جو بات دینِ الٰہی و شرعِ رسالت پناہی جَلَّ جَلَالُہٗ وَصَلَّی اللہُ تَعَالٰی عَلَیْہِ وَسَلَّمَ کے لیے اصلح و انسب معلوم ہوئی اختیار کی، گو اجتہاد میں خطا ہوئی اور ٹھیک بات ذہن میں نہ آئی لیکن وہ سب حق پر ہیں، اُن کا حال بِعَیْنِہٖ ایسا ہے جیسا فُروعِ مذہب میں ابو حنیفہ و شافعی کے اختلافات، نہ ہرگز ان مُنازعات کے سبب ایک دوسرے کو گمراہ فاسق جاننا، نہ اُون کا دشمن ہو جانا۔ اللہ تعالیٰ فرماتا ہے: اَشِدَّآءُ عَلَی الْكُفَّارِ رُحَمَآءُ بَیْنَهُمْ [1] کافروں پر سخت آپس میں نرم دل ہیں، پھر جو اس کے خلاف اعتقاد کرتا ہے خدا کی بات جھٹلاتا ہے۔

مشکل الفاظ کے معانی طرف داری: حمایت۔ نِزاعوں: صحابۂ کرام کے آپس کے معاملات۔ مَصَالِح: مصلحت کی جمع، بھلائیاں۔ اصلح: زیادہ فائدے والی۔ اَنسب: زیادہ مناسب۔

وضاحت مذہبِ حق اہلسنت کا یہ طریقہ ہے کہ کسی ایک صحابی کی محبت میں دوسرے صحابہ سے بغض و عناد رکھتے ہوئے ان کی شان میں بدزبانی نہیں کرتے اور نہ ہی صحابۂ کرام کے درمیان ہونے والے اختلافات کی وجہ سے ایک گروہِ صحابہ کی حمایت میں دوسرے گروہ کو دنیادار کہتے ہیں بلکہ ہمارا یہ عقیدہ ہے کہ تمام صحابۂ کرام دینِ متین کی بہتری چاہنے والے تھے ہمیں کسی بھی صحابی کو بُرا کہنے کی اجازت نہیں ہے۔ حضرت امام محمد بن حسین آجُری رحمۃ اللہ علیہ فرماتے ہیں: جو شخص نبی کریم صلی اللہ علیہ والہٖ وسلم کے کچھ صحابۂ کرام پر طعن کرے

[1] پ26، الفتح:29

اور کچھ سے محبت کرے، کچھ کی برائی کرے اور کچھ کی تعریف کرے تو ایسا شخص فتنے کا طالب بلکہ خود فتنے میں مبتلا ہے کیونکہ اس کیلئے تمام صحابہ سے محبت کرنا اور ان کیلئے دعائے مغفرت کرنا ضروری تھا۔ اللہ پاک تمام صحابۂ کرام سے راضی ہو اور ان کی محبت سے ہمیں نفع پہنچائے۔[1]

تمام صحابۂ کرام حق پر ہیں

صحابۂ کرام کے درمیان ہونے والے اختلافات کی بنیاد ان کے اجتہاد پر تھی جس نے شریعت کے دلائل کی روشنی میں اپنے اجتہاد سے جو بات دین کے فائدے کیلئے بہتر پائی اسے اختیار فرمایا ان میں سے کوئی بھی دنیاوی فائدے کا طلبگار نہیں تھا، یہ الگ بات ہے کہ ان میں بعض حضرات سے اجتہادی خطا ہو گئی لیکن اس کے باوجود بھی وہ تمام کے تمام حق پر تھے۔

شارحِ بخاری حضرت علامہ بدرالدین عینی رحمۃُ اللہ علیہ فرماتے ہیں: حق بات وہ ہے جس پر اہلسنت قائم ہیں کہ صحابۂ کرام کے درمیان ہونے والے اختلافات کے بارے میں خاموشی اختیار کرنا اور ان کے بارے میں اچھا گمان رکھنا، ان کیلئے تاویل کرنا (اور ان کے بارے میں یہ عقیدہ رکھنا کہ) وہ سب مجتہد اور اپنے معاملات کی تاویل کرنے والے تھے اور (ان معاملات میں) کسی بھی صحابی نے گناہ یا دنیا طلبی کا ارادہ نہیں کیا تھا۔ ان میں بعض سے اجتہادی غلطی واقع ہوئی اور بعض درستی کو پہنچے۔ اللہ پاک نے فروعی معاملات میں اجتہادی خطا کرنے والوں کو معاف فرمادیا جبکہ مصیب کے اجر کو دگنا کر دیا ہے۔[2]

حضرت امام شرفُ الدین نووی شافعی رحمۃ اللہ علیہ فرماتے ہیں: ان معاملات کی بنیاد پر

---

[1] الشریعہ، 5/2490

[2] عمدۃ القاری، 1/316، تحت الحدیث: 31

کوئی بھی صحابی عدالت کی (صفت) سے خارج نہیں ہو گا کیونکہ وہ تمام مجتہد ہیں اور اپنے اجتہاد کی وجہ سے کئی مسائل میں مختلف تھے جیسا کہ ان کے بعد والے مجتہدینِ کرام (احناف و شوافع وغیرہ فقہائے کرام) نے خون اور اس کے علاوہ دیگر مسائل میں اختلاف کیا ہے لیکن اس اختلاف کی وجہ سے کسی کی تنقیص لازم نہیں آتی۔ [1] ان اختلافات کے باوجود صحابۂ کرام نے اپنے مخالف پر گمراہی یا فسق و فجور جیسے عیب نہیں لگائے بلکہ قرآنِ کریم نے ان تمام صحابۂ کرام کی یہ صفت بیان کی ہے کہ کافروں پر سخت ہیں اور آپس میں نرم دل۔

بِالْجُمْلَہ ارشاداتِ خدا و رسول عَزَّمَجْدُہٗ وَصلَّی اللّٰہُ تعالٰی علیہِ وسلَّم سے اتنا یقین کرلیا کہ سب اچھے اور عدل و ثقہ، تقی و نقی، اَبرار ہیں ان تفاصیل پر نظر گمراہ کرنے والی ہے۔ نظیر اس کی عِصمتِ انبیا علیہم الصلاۃ والثناء ہے کہ اہلِ حق شاہراہِ عقیدت پر چل کر مقصود کو پہنچے اور اَربابِ باطل تفصیلوں میں خوض کرکے مَغاکِ بددینی میں جا پڑے۔ کہیں دیکھا وَعَصٰۤى اٰدَمُ رَبَّهٗ فَغَوٰى ﴿۱۲۱﴾ [2] کہیں سنا لِیَغْفِرَ لَكَ اللّٰهُ مَا تَقَدَّمَ مِنْ ذَنْۢبِكَ وَ مَا تَاَخَّرَ [3] کبھی موسیٰ و قبطی کا قصہ یاد آیا کبھی داود و اُوریا کا فسانہ سن پایا، لگے چوں و چرا کرنے اور تسلیم و گردن نِہادوں کے زینہ سے اُترنے، پھر ناراضیٔ خدا و رسول کے سوا اور بھی کچھ پھل پایا؟ اور خُضْتُمْ كَالَّذِیْ خَاضُوْا [4] نے حَقَّتْ كَلِمَةُ الْعَذَابِ [5] کا دن دکھایا، اِلَّاۤ اَنْ یَّشَآءَ رَبِّیْ اِنَّهٗ فَعَّالٌ لِّمَا یُرِیْدُ۔

---

[1] شرح مسلم للنووی:15/149

[2] پ16، طٰہٰ:121

[3] پ26، الفتح:2

[4] پ10، التوبۃ:69

[5] پ24، الزمر:71

اَللّٰھُمَّ الثَّبَاتَ عَلَی الْھُدٰی اِنَّکَ اَنْتَ الْعَلِیُّ الْاَعْلٰی

مشکل الفاظ کے معانی ثقہ: معتبر۔ تقی: پرہیز گار۔ نقی: خوب ستھرے، پاک۔ اَبرار: نیکوکار۔ تفاصیل: تفصیل کی جمع۔ شاہراہ: راہ، رستہ۔ عقیدت: محبت، احترام۔ اَربابِ باطل: ارباب رب کی جمع ہے، مراد جھوٹے لوگ۔ خوض: سوچ، فکر۔ مَغاکِ بد دینی: گمراہی کا گڑھا۔ قبطی: قدیم مصریوں کی عیسائی اولاد، یہاں قومِ فرعون کا آدمی مراد ہے۔ تسلیم و گردن نِہادوں: مطیع اور فرمان برداروں۔

وضاحت ان تمام باتوں کا حاصل یہ ہے کہ اہلسنت وجماعت نے قرآن وحدیث کی روشنی میں یہ عقیدہ اپنا لیا کہ تمام صحابہ اچھے، معتبر، پرہیزگار، پاک، نیکوکار ہیں۔ان کے درمیان ہونے والے معاملات کی تفصیل میں پڑنا گویا کہ گمراہی میں مبتلا ہونے کے مترادف ہے۔ اس کی مثال انبیاءِ کرام عَلَیْهِمُ الصَّلٰوۃُ وَالسَّلَام کے گناہوں سے پاک ہونے کی ہے کہ جس کے بارے میں اہلِ حق یعنی اہلسنت خلوص و محبت کے راستے پر چل کر گستاخی سے بچتے ہوئے اصل مراد کو پہنچے اور گمراہ اور جھوٹے لوگ انبیائے کرام کے بعض معاملات کی تفصیل میں ناحق غور و فکر کر کے گمراہی اور بے دینی میں مبتلا ہوئے۔ جیسے قرآنِ پاک کی آیتِ مبارکہ "وَعَصٰۤى اٰدَمُ رَبَّهٗ فَغَوٰى ﴿۱۲۱﴾ [1] ترجمہ: اور آدم سے اپنے رب کے حکم میں لغزش واقع ہوئی، تو جو مطلب چاہا تھا اس کی راہ نہ پائی۔" کو دلیل بنا کر حضرت آدم علیہ السّلام کے بارے میں اس گستاخی کے مرتکب ہوتے ہیں کہ مَعَاذَ اللہ آپ علیہ السّلام نے اللہ پاک کی حکم عدولی کی ہے۔اسی طرح سورۂ فتح کی آیتِ مبارکہ "لِیَغْفِرَ لَکَ اللّٰهُ مَا تَقَدَّمَ مِنْ ذَنْۢبِكَ وَ مَا تَاَخَّرَ [2] ترجمہ: تاکہ

---

[1] پ16، طہ: 121

[2] پ26، الفتح: 2

اللہ تمہارے سبب سے گناہ بخشے تمہارے اگلوں کے اور تمہارے پچھلوں کے۔ جس میں ذنب یعنی گناہ اور اس کی بخشش کی نسبت کا نبی پاک صلی اللہ علیہ واٰلہٖ وسلم کی طرف ہونے کا گمان ہوتا ہے اس کو دلیل بنا کر نبی کی طرف گناہ کی نسبت کے قائل ہو کر گمراہ ہوئے۔ اسی طرح حضرت موسیٰ علیہ السّلام اور قبطی کے واقعے کو دلیل بنا کر حضرت موسیٰ علیہ السّلام کی طرف جان بوجھ کر قتل جیسے گناہ کی نسبت کر دی حالانکہ آپ نے قتل کے ارادے سے اس قبطی کو تھپڑ نہیں مارا تھا۔ اسی طرح حضرت داؤد علیہ السّلام اور آپ کے امتی اُورِیّا کا قصہ۔ جس کے بارے میں حضرت امام فخر الدین رازی رحمۃ اللہ علیہ فرماتے ہیں: یہ واقعہ سراسر باطل و لغو ہے۔[1]

یاد رکھئے! ایسے لوگ اپنی جہالت اور گمراہی کے سبب اللہ پاک کی ناراضی اور جہنم کی حق داری کا باعث بنتے ہیں۔ اللہ پاک ہمیں ایسوں کی صحبتِ بد سے دور رہنے کی توفیق عطا فرمائے۔ اَللّٰھُمَّ الثَّبَاتَ عَلَی الْھُدٰی اِنَّکَ اَنْتَ الْعَلِیُّ الْاَعْلٰی اے اللہ! ہمیں ہدایت پر ثابت قدم رکھ، بے شک تو ہی بلند و بالا ہے۔

انبیائے کرام معصوم ہیں

یاد رکھئے! حضراتِ انبیائے کرام علیہمُ الصّلوٰۃُ والسّلام کے بارے میں ہمارا یہ عقیدہ ہے کہ سارے انبیاء نبوت سے پہلے اور بعد چھوٹے، بڑے، دانستہ اور نادانستہ ہر گناہ سے معصوم ہیں۔ ان کی طرف کسی گناہ کی نسبت کرنا کفر ہے۔ اعلیٰ حضرت، اِمامِ اَہلسنّت رحمۃ اللہ علیہ نقل فرماتے ہیں: ہمارے علماء رَحِمَہُمُ اللہُ تعالیٰ فرماتے ہیں کہ جو شخص انبیاء علیہمُ الصّلوٰۃُ والسّلام میں سے کسی نبی کے بارے میں غیرِ تلاوت و حدیث میں یہ کہے کہ انہوں نے نافرمانی یا خلاف ورزی کی تو

---

[1] تفسیر کبیر، پ23، تحت الآیۃ:23، 9/380

اس کا یہ کہنا کفر ہے۔ اس (طرح کی باتوں) سے ہم خدا کی پناہ مانگتے ہیں۔ [1]

حضرت امام اعظم ابو حنیفہ رحمۃ اللہ علیہ فرماتے ہیں: تمام انبیائے کرام علیہمُ السّلام کفر، صغیرہ کبیرہ گناہوں اور بُرے کاموں سے معصوم ہوتے ہیں۔ [2]

حضرت علامہ عبد الغنی نابلسی حنفی رحمۃ اللہ علیہ فرماتے ہیں: انبیائے کرام علیہمُ السّلام شرک وکفر اور ہر ایسے کام سے جو مخلوق کیلئے باعثِ نفرت ہو جیسے جھوٹ، خیانت اور جہالت وغیرہ بری صفات سے، نیز ایسے افعال سے جو وجاہت اور مروّت کے خلاف ہیں ان سے قبل نبوت اور بعد نبوت بالاجماع معصوم ہیں اور کبائر سے بھی مطلقاً معصوم ہیں اور حق یہ ہے کہ جان بوجھ کر صغیرہ گناہوں سے بھی قبلِ نبوت اور بعدِ نبوت معصوم ہیں۔ [3]

یاد رہے! اہلسنت کے عقیدے کے مطابق انبیائے کرام علیہمُ السّلام اور فرشتوں کا ہی خاصہ ہے کہ وہ معصوم ہیں جیسا کہ حضرت علامہ فضلِ رسول بدایونی رحمۃ اللہ علیہ لکھتے ہیں: العصمة وهی من خصائص النبوة علی مذهب اهل الحق یعنی اہلِ حق کے مذہب میں معصوم ہونا نبوت کے خصائص میں ہے [4] اور حضرت علامہ علی بن سلطان قاری رحمۃ اللہ علیہ فرماتے ہیں: فرشتے اللہ کریم کے عزت والے بندے ہیں، وہ کسی بات میں اللہ سے سبقت نہیں کرتے اور اس کے حکم پر عمل کرتے ہیں وہ معصوم ہیں اور اللہ پاک کی نافرمانی نہیں کرتے ہیں۔ [5] انبیائے کرام اور فرشتوں کے علاوہ کسی اور کو معصوم ماننا گمراہی ہے جیسا کہ اعلیٰ حضرت رحمۃ اللہ علیہ فرماتے ہیں:

---

1. المدخل، 1/237، فتاویٰ رضویہ، 1/1120
2. منح الروض الازھر، ص98
3. الحدیقة الندیة شرح الطریقة المحمدیة، 1/288
4. المعتمد علی المعتقد، ص212
5. منح الروض الازھر، ص18

اجماعِ اہلسنت ہے کہ بشر میں انبیاء علیہمُ الصّلوٰۃُ والسّلام کے سوا کوئی معصوم نہیں، جو دوسرے کو معصوم مانے اہلسنت سے خارج ہے۔ [1]

البتہ جہاں تک صحابۂ کرام علیہم الرِضوان اور اولیائے عظام کا معاملہ ہے اللہ کریم انہیں اپنے فضل و کرم سے گناہوں سے محفوظ رکھتا ہے لیکن اگر ان سے کوئی گناہ ہو جائے تو یہ شرعاً محال بھی نہیں البتہ وہ اس گناہ پر قائم نہیں رہتے۔ [2]

یاد رکھئے! صحابۂ کرام سے جو اجتہادی خطائیں سرزد ہوئیں انہیں بنیاد بنا کر ان کی شان میں بدزبانی ہرگز ہرگز نہیں کرنی چاہیے۔ کیونکہ ان کے آپسی معاملات میں تاریخی کتابوں میں کئی من گھڑت باتیں بھی مشہور ہیں جیسا کہ علامہ قاضی عیاض مالکی رحمۃ اللہ علیہ اس کی وضاحت کرتے ہوئے فرماتے ہیں: صحابۂ کرام کے خلاف مؤرّخین کی (بے سروپا) خبروں، جاہل راویوں، گمراہ رافضیوں اور اہلِ بدعت کی وہ من گھڑت باتیں جن سے کسی صحابی کی شان میں جرح کی گئی ہو، اُن سے بچنا چاہیے نیز ان کے درمیان جو باہمی اختلافات ہوئے ان کی اچھی تاویل اور ان میں اچھی راہ نکالنی چاہیے کیونکہ یہ لوگ اسی بات کے اہل ہیں، ان میں سے کسی کا تذکرہ برائی سے نہ کیا جائے، نہ انہیں کوئی الزام دیا جائے، بلکہ ان کی نیکیوں، فضائل اور ان کی سیرتِ مبارکہ کے اچھے پہلوؤں کو بیان کیا جائے۔ اس کے علاوہ دیگر باتوں پر خاموشی اختیار کی جائے [3]

---

1. فتاویٰ رضویہ، 14/187
2. بریقۃ محمودیۃ، 1/265 ماخوذاً، رسالہ قشیریہ، ص704 ماخوذاً
3. الشفا، 2/52

عقیدۂ سادسہ (6)

چھٹا عقیدہ دس جنتی صحابہ کے بارے میں ہے
جن میں چاروں خلفائے راشدین بھی شامل ہیں

عقیدۂ سادسہ (6) 1

اب ان سب میں افضل و اعلیٰ و اکمل حضرات عشرۂ مُبشرہ ہیں اور ان میں خلفائے اربعہ رضی اللہ تعالیٰ عنہم اجمعین اور اِن چار اَرکانِ قصرِ ملّت وچار اَنہارِ باغِ شریعت کے خصائص وفضائل کچھ ایسے رنگ پر واقع ہیں کہ ان میں سے جس کسی کی فضیلت پر تنہا نظر کیجئے یہی معلوم ہوتا ہے کہ جو کچھ ہیں یہی ہیں ان سے بڑھ کر کون ہو گا!۔

بہر گلے کہ ازیں چار باغ می نگرم
بہار دامن دل می کشد کہ جا اینجاست 2

علی الخصوص شمعِ شَبِستانِ وِلایت، بہارِ چمنِستانِ معرفت، امام الواصلین، سیّد العارفین، خاتمِ خلافتِ نبوّت، فاتحِ سلاسلِ طریقت، مولی المسلمین، امیر المومنین، اَبو الْاَئِمَّۃِ الطَّاھِرِین طاہر، مُطہِّر، قاسمِ کوثر، اَسَدُ اللّٰہِ الْغَالِب، مُظْھِرُ الْعَجَائِبِ وَالْغَرَائِبِ، مَطْلُوْبُ کُلِّ طَالِبٍ، سیّدنا ومولانا علی ابن ابی طالب کرّم اللہ تَعَالٰی وَجْھَہُ الْکَرِیْم وَحَشَرَنَا فِیْ زُمْرَتِہٖ فِیْ یَوْمٍ عَقِیْم کہ اس جناب گردُوں قِباب کے مناقبِ جلیلہ ومحامدِ جمیلہ جس کثرت وشہرت کے ساتھ ہیں دوسرے کے نہیں۔

مشکل الفاظ کے معانی **عشرۂ مُبشرہ:** جنت کی خوشخبری پانے والے دس صحابۂ کرام۔ **خلفائے اربعہ:** چاروں خلفاء۔ **اَرکانِ قصرِ ملّت:** ملّتِ اسلامیہ کے عالی شان محل کے چار ستونوں۔ **چار اَنہارِ باغِ شریعت:** گلستانِ شریعت کی چار نہریں۔ **شمعِ شَبِستانِ وِلایت:** ولایت کے خلوت خانہ کی شمع۔ **بہارِ چمنِستانِ معرفت:** معرفتِ الٰہی کے باغوں کی بہار۔

1 چھٹا عقیدہ دس جنتی صحابہ کے بارے میں ہے جن میں چاروں خلفائے راشدین بھی شامل ہیں۔
2 ان چار باغوں میں سے جس پھول کو میں دیکھتا ہوں تو بہار میرے دل کے دامن کو کھینچتی ہے کہ اصل جگہ تو یہی ہے۔

امامُ الواصِلین: واصلانِ حق کے امام۔ سیّدُ العارِفین: اہلِ معرفت کے سردار۔ خاتَمِ خلافتِ نبوّت: خلافتِ نبوت کی تکمیل کرنے والے۔ فاتحِ سلاسلِ طریقت: طریقت کے سلسلوں کی ابتداء فرمانے والے۔ مولی المسلمین: مسلمانوں کے مدد گار۔ ابو الاَئِمَّۃِ الطّاھرین: نیک وپرہیز گار اماموں کے باپ۔ طاہر، مُطَہِّر: پاکیزہ اور دوسروں کو پاک کرنے والے۔ قاسمِ کوثر: آبِ کوثر تقسیم کرنے والے۔ اَسَدُ اللّٰہِ الْغَالِب: دشمن پر غالب آنے والے اللہ کے شیر۔ مُظْھِرُ الْعَجَائِبِ وَالْغَرَائِب: انوکھی باتوں کو ظاہر کرنے والے۔ مَطْلُوْبُ کُلِّ طَالِب: ہر طالب کے مقصود۔ گردُوں: آسمان۔ قِباب: قُبّہ کی جمع، گنبد۔

وضاحت اعلیٰ حضرت رحمۃ اللہ علیہ پانچویں عقیدے میں صحابۂ کرام کی عظمت و رفعت بیان کرنے کے بعد اس عقیدے میں بالترتیب ان کی افضلیت کو بیان فرمارہے ہیں۔ آپ رحمۃ اللہ علیہ نے اس عقیدے میں جو کچھ بیان فرمایا چند جملوں میں اس کو خلاصۃً سمجھ لیجئے کہ

1. تمام صحابۂ کرام میں سب سے افضل عشرۂ مبشرہ ہیں۔
2. عشرہ مبشرہ میں سب سے افضل چاروں خلفائے راشدین ہیں۔
3. خلفائے راشدین میں سب سے افضل شیخینِ کریمین "حضرت ابو بکر صدّیق اور حضرت عمر فاروقِ اعظم" ہیں نیز اس بارے میں پیدا ہونے والے چند شبہات کا اِزالہ بھی فرمایا ہے۔

عشرۂ مبشرہ صحابہ کرام

نبی کریم صلی اللہ علیہ واٰلہٖ وسلم کے تمام صحابۂ کرام علیہمُ الرضوان ہی جنتی ہیں۔ اللہ کریم نے ان سب سے بھلائی کا وعدہ فرمایا ہے قرآنِ پاک میں ارشادِ خداوندی ہے: وَكُلًّا وَّعَدَ اللّٰهُ الْحُسْنٰىؕ[1] ترجمہ: اور ان سب سے اللہ جنت کا وعدہ فرماچکا۔ لیکن نبی پاک صلی اللہ علیہ واٰلہٖ وسلم

[1] پ27، الحدید:10

نے دنیا میں ترتیب کے ساتھ بالخصوص نام لے کر دس صحابۂ کرام کو جنّت کی خوشخبری سنائی ہے چنانچہ آپ صلی اللہ علیہ والہٖ وسلم نے ارشاد فرمایا: ابو بکر جنتی ہیں، عمر جنتی ہیں، عثمان جنتی ہیں، علی جنتی ہیں، طلحہ جنتی ہیں، زبیر جنتی ہیں، عبد الرحمن بن عوف جنتی ہیں، سعد بن ابی وقاص جنتی ہیں، سعید بن زید جنتی ہیں، ابو عبیدہ بن الجراح جنتی ہیں۔[1] اِن دس صحابۂ کرام[2] کو "عشرہ مبشرہ" کہا جاتا ہے، ناموں کی یہ ترتیب اِن کے درجات کے اعتبار سے ہے اوراِن میں سے افضل چاروں خلفائے راشدین ہیں۔ ان میں سب سے افضل حضرت ابو بکر صدیق رضی اللہُ عنہ۔[3] چاروں خلفائے راشدین کی خصوصیات اور فضائل کے بارے میں علیحدہ علیحدہ روایات پڑھنے سننے سے ایسا معلوم ہوتا ہے کہ اِن کے برابر کا کون ہو سکتا ہے خصوصاً حضرت علی المرتضیٰ کرم اللہ وجہہ الکریم کے فضائل کی کثرت اور شہرت سب سے زیادہ ہے۔

حضراتِ شیخین، صاحبَین صِہرَین وزیرَین امیرَین و مُشیرَین ضَجیعَین رَفیقَین سیّدنا و مولانا عبد اللہ العتیق ابو بکر صدیق وجناب حق مآب ابو حفص عمر فاروق رضی اللہُ تعالٰی عنہما کی شانِ والا سب کی شانوں سے جدا ہے اور ان پر سب سے زیادہ عنایتِ خدا اور رسولِ خدا جلّ جلالہٗ و صلی اللہ تعالٰی علیہ وسلم ہے، بعد انبیاء و مرسلین و ملائکہ مقربین کے جو مرتبہ ان کا خدا کے نزدیک ہے دوسرے کا نہیں اور رب تبارک و تعالٰی سے جو قرب و نزدیکی اور بارگاہِ عرش اِشتِباہ رسالت میں جو عزت و سربلندی ان کا حصہ ہے اوروں کا نصیبہ نہیں اور منازلِ جنت وزابِ بے مِنّت[4] میں

---

1. ترمذی، 5/416، حدیث:3768
2. ان صحابہ کرام کی سیرتِ مبارکہ پر مشتمل مکتبۃ المدینہ کے کتب ورسائل کا مطالعہ کیجئے۔
3. الغنیۃ لطالبی طریق الحق، 1/157، 158
4. مطبوعہ رسالہ میں "وزاب بے منت" مطبوع ہے اور حاشیہ پر تحریر کہ اصل میں ایسا ہی ہے، فقیر نے اسے "مواہب" لکھا جب کہ "منازل" کا ہم قافیہ ہے "مناہل" یعنی چشمے، اور یہی اَنسَب۔ ۱۲ محمد خلیل

اِنہیں کے درجات سب پر عالی، فضائل و فواضل و حَسَنات وطَیِّبات میں اِنہیں کو تَقَدُّم وپیشی۔

مشکل الفاظ کے معانی شیخین: دو بُزرگ و پیشوا۔ صِہرَین: دو سسرالی رشتہ والے۔ وَزیرَین: دووزیر۔ اَمیرَین: دوسردار۔ مُشیرَین: دومشورہ دینے والے۔ ضَجِیْعَیْن: سرکار علیہ الصّلوٰۃُ والسّلام کے برابر برابر دونوں آرام فرمانے والے۔ رَفیقَین: دوساتھی۔[1] بارگاہِ عرش اِشْتِباہِ رسالت: رسولِ پاک صلی اللہ علیہ واٰلہٖ وسلم کے بلند دربار میں۔ نصیبہ: حصہ۔

شانِ شیخین کریمین

وضاحت حضراتِ شیخین ابو بکر صدیق اور عمر فاروق رضی اللہُ عنہما کا مقام تمام انبیائے کرام کے بعد سب صحابۂ کرام علیہمُ الرضوان سے بلند و بالا ہے۔ امیر المؤمنین حضرت علی المرتضی شیر خدا کَرَّمَ اللہُ وجہہ الکریم ارشاد فرماتے ہیں: نبیِ کریم صلی اللہ علیہ واٰلہٖ وسلم کی وفات سے پہلے ہم جانتے تھے کہ آپ کے بعد ابو بکر صدیق رضی اللہُ عنہ سب سے افضل ہیں اور ابو بکر صدیق رضی اللہُ عنہ کی وفات سے پہلے ہم جانتے تھے کہ آپ کے بعد عمر فاروقِ اعظم رضی اللہُ عنہ سب سے افضل ہیں۔[2] حضرت امام ابوزکریا یحییٰ بن شَرَف نَوَوی رحمۃ اللہ علیہ فرماتے ہیں: وَاتَّفَقَ اَهْلُ السُّنَّةِ عَلَى اَنَّ اَفْضَلَهُمْ اَبُوبَكْرٍ ثُمَّ عُمَرُ یعنی اہلسنت کا اس بات پر اتفاق ہے کہ صحابۂ کرام میں سب سے افضل حضرت صدیقِ اکبر رضی اللہُ عنہ ہیں پھر حضرت فاروقِ اعظم رضی اللہُ عنہ ہیں۔[3]

اللہ کریم اور اس کے رسولِ عظیم صلی اللہ علیہ واٰلہٖ وسلم کی عنایات و انعامات اِن دونوں پر صحابۂ کرام میں سب سے زیادہ ہیں۔ یہ جاننے کیلئے دونوں کے مشترک فضائل پر مشتمل روایات

---

[1] یہ تمام القابات حضرت ابو بکر صدیق اور حضرت عمر فاروقِ اعظم کے ہیں۔
[2] مناقب امیر المومنین عمر بن الخطاب لابن الجوزی، ص174
[3] شرح مسلم للنووی، 15/ 148

میں سے چند ملاحظہ کیجئے:

(1) نبی پاک صلی اللہ علیہ واٰلہٖ وسلم نے ارشاد فرمایا: ہر نبی کے دو دو وزیر ہیں، دو آسمان میں اور دو زمین میں۔ آسمان میں میرے دو وزیر جبرئیل و میکائیل ہیں اور زمین میں میرے دو وزیر ابو بکر و عمر ہیں۔[1]

(2) حضرت عبد اللہ بن مسعود رضی اللہ عنہ سے روایت ہے نبی پاک صلی اللہ علیہ واٰلہٖ وسلم نے ارشاد فرمایا: ابھی تمہارے پاس ایک جنتی شخص آئے گا، تھوڑی دیر بعد حضرت ابو بکر صدیق رضی اللہ عنہ تشریف لے آئے۔ آپ صلی اللہ علیہ واٰلہٖ وسلم نے دوبارہ ارشاد فرمایا: ابھی ایک اور جنتی شخص آئے گا، تو حضرت عمر فاروقِ اعظم رضی اللہ عنہ تشریف لے آئے۔[2]

(3) رسول اللہ صلی اللہ علیہ واٰلہٖ وسلم ایک دن حضرت ابو بکر و حضرت عمر رضی اللہ عنہما کے ساتھ مسجد میں اس طرح آئے کہ ان میں سے ایک آپ کے دائیں جانب اور دوسرے آپ کی بائیں طرف تھے اور سرکار صلی اللہ علیہ واٰلہٖ وسلم نے دونوں کے ہاتھوں کو پکڑ رکھا تھا، آپ صلی اللہ علیہ واٰلہٖ وسلم نے فرمایا: ''ہم قیامت کے دن اسی طرح اٹھائے جائیں گے۔''[3]

اعلیٰ حضرت، امام احمد رضا خان رحمۃ اللہ علیہ فرماتے ہیں: جانا جس نے جانا اور فلاح پائی اگر مانا اور جس نے نہ جانا وہ اب جانے کہ حضرت سید المؤمنین امام المتقین عبد اللہ بن عثمان ابو بکر صدیق اکبر اور جناب امیر المؤمنین امام العادلین ابو حفص عمر بن خطاب فاروق اعظم رضی اللہ تعالیٰ عنہما کا جناب مولی المؤمنین امام الواصلین ابو الحسن علی بن ابی طالب مرتضی اسد اللہ کَرَّمَ اللہُ تعالیٰ وجہہ الکریم بلکہ تمام صحابۂ کرام رِضوانُ اللہِ تعالیٰ علیہم اجمعین سے افضل و بہترین امت ہونا

---

[1] ترمذی، 5/382، حدیث: 3700

[2] ترمذی، 5/388، حدیث: 3714

[3] ترمذی، 5/378، حدیث: 3689

مسئلہ اجماعیہ ہے۔ [1]

ہمارے ائمہ وعلمانے اس میں مستقل تصنیفیں فرما کر سعادتِ کونین وشرافتِ دارَین حاصل کی ورنہ غیر مُتناہی کا شمار کس کا اختیار، وَاللہِ العَظِیم! اگر ہزار دفتر اِن کے شَرحِ فضائل میں لکھے جائیں یکے از ہزار تحریر میں نہ آئیں۔

وَعَلٰی تَفَنُّنِ وَاصِفِیْہِ بِحُسْنِہٖ
یُغْنِی الزَّمَانُ وَ فِیْہِ مَا لَمْ یُوْصَفٖ [2]

مگر کثرتِ فضائل و شہرتِ فواضل چیزے دیگر وافضیلت و کرامت اَمرے آخَر، "فضل" اللہ تعالیٰ کے ہاتھ ہے جسے چاہے عطا فرمائے: قُلْ اِنَّ الْفَضْلَ بِیَدِ اللّٰهِ ۚ یُؤْتِیْهِ مَنْ یَّشَآءُ ؕ [3]

مشکل الفاظ کے معانی سعادتِ کونین: دونوں جہان کی بھلائی۔ شرافتِ دارَین: دنیاوآخرت کی عزت۔ غیر مُتناہی: جس کی کوئی انتہا نہ ہو۔ دفتر: رجسٹر۔ شَرح: تفصیل۔ یکے از ہزار: ہزار میں سے ایک۔ فواضل: فضل کی جمع۔ چیزے دیگر: دوسری چیز ہے۔ اَمرے آخَر: الگ معاملہ ہے۔

وضاحت ہمارے علماو مشائخ کرام نے حضراتِ شیخین ابو بکر صدیق وعمر فاروق رضی اللہ عنہما کے فضائل پر مستقل کتابیں لکھ کر دین ودنیا کی سعادتیں پائیں ورنہ درحقیقت ان کے بے شمار فضائل کو شمار کرنا ہماری قدرت واختیار سے باہر ہے۔ اللہ پاک کی قسم! اگر ان حضرات کے فضائل کی شرح وتفصیل میں کماحقہ ہزارہا کتابیں بھی لکھی جائیں تو ہزار میں سے

---

[1] مطلع القمرین فی ابانۃ سبقۃ العمرین، ص134
[2] اوراس کے حُسن کی تعریف کرنے والوں کی عمدہ بیانی کی بنیاد پر زمانہ غنی ہو گیااور اس میں ایسی خوبیاں ہیں جنہیں بیان نہیں کیا جاسکتا۔
[3] پ3، اٰلِ عمرٰن: 73

ایک حصہ بھی تحریر میں نہ آسکے۔

فضیلت اور افضلیت میں فرق

یاد رہے! حضرت علی المرتضی رضی اللہ عنہ کے فضائل میں کثیر روایات موجود ہیں لیکن روایات کی کثرت وشہرت سے یہ لازم نہیں آتا کہ حضرت علی رضی اللہ عنہ شیخینِ کریمین حضرت ابو بکر صدیق وعمر فاروقِ اعظم سے افضل ہوگئے کیونکہ کسی چیز کی کثرت وشہرت سے اس کا افضل ہونا لازم نہیں آتا کیونکہ فضیلت اور ہے اور افضلیت ایک الگ چیز ہے۔ اسے یوں سمجھ لیجئے کہ اولادِ آدم میں یہ شرف صرف حضرت عثمانِ غنی رضی اللہ عنہ کو حاصل ہے کہ ایک نبی علیہ السلام کی دو شہزادیاں ایک کے بعد دوسری ان کے نکاح میں آئیں یہ حضرت عثمانِ غنی کی فضیلت ہے لیکن اس بِنا پر آپ کو سب سے افضل کہا جائے یہ درست نہیں، لہٰذا فضیلت اور ہے جبکہ افضلیت کچھ اور۔

اس کی کتابِ کریم اور اس کا رسولِ عظیم علیہ وعلیٰ آلہ الصلاۃ والسلام علی الاعلان گواہی دے رہے ہیں کہ حضرت امام حسن رضی اللہ تعالیٰ عنہ اپنے والدِ ماجد مولیٰ علی کَرَّم اللہُ تعالیٰ وجہہ الکریم سے روایت کرتے ہیں کہ وہ فرماتے ہیں: کُنْتُ عِنْدَ النَّبِیِّ صَلَّی اللہُ تَعَالٰی عَلَیْہِ وَسَلَّمَ فَاَقْبَلَ اَبُوْبَکْرٍ وَعُمَرُ فَقَالَ: یَا عَلِیُّ! ھٰذَانِ سَیِّدَا کُھُوْلِ اَھْلِ الْجَنَّۃِ وَ شَبَابِھَا بَعْدَ النَّبِیِّیْنَ وَ الْمُرْسَلِیْنَ" میں خدمتِ اقدس حضور افضل الانبیاء صلی اللہ تعالیٰ علیہ وسلم میں حاضر تھا کہ ابو بکر وعمر سامنے سے آئے حضور نے ارشاد فرمایا کہ علی! یہ دونوں سردار ہیں اہلِ جنت کے سب بوڑھوں اور جوانوں کے، بعد انبیاء و مرسلین کے۔" رواہ الترمذی وابن ماجۃ وعبد اللہ ابن الامام احمد[1]

---

[1] ترمذی، اور ابن ماجہ اور عبد اللہ بن امام احمد نے اس کو روایت کیا۔ (ترمذی، 5/ 376، 375، حدیث: 3684،

حضرت ابو ہریرہ رضی اللہ تعالیٰ عنہ سید المرسلین صلی اللہ علیہ وسلم سے راوی، حضور کا ارشاد ہے: اَبُوْ بَکْرٍ وَعُمَرُ خَیْرُ الْاَوَّلِیْنَ وَ الْاٰخِرِیْنَ وَ خَیْرُ اَھْلِ السَّمٰوٰتِ وَخَیْرُ اَھْلِ الْاَرَضِیْنَ اِلَّا النَّبِیِّیْنَ وَالْمُرْسَلِیْنَ "ابو بکر و عمر بہتر ہیں سب اگلوں پچھلوں کے اور بہتر ہیں سب آسمان والوں سے اور بہتر ہیں سب زمین والوں سے، سوا انبیا و مرسلین علیہم الصّلاۃُ والسّلام کے۔" رواہ الحاکم فی الکنی وابن عدی والخطیب۔ [1]

خود حضرت مولیٰ کرّم اللہ تعالیٰ وجہہ نے بار بار اپنی کرسیٔ مملکت وسَطوتِ خلافت میں افضلیت مُطلقہ شیخین رضی اللہ تعالیٰ عنہما کی تصریح فرمائی اور یہ ارشاد ان سے بتواتُر ثابت ہوا کہ اسّی سے زیادہ صحابہ و تابعین نے اسے روایت کیا [2] اور فی الواقع اس مسئلہ کو جیسا حق مآب مُرتَضوِی نے صاف صاف واشگاف بکرّات و مرّات جلوات و خلوات و مُشاہدِ عامّہ و مَساجدِ جامِعہ میں ارشاد فرمایا دوسروں سے واقع نہیں ہوا۔

امام بخاری رحمۃ اللہ علیہ حضرت محمد بن حنفیہ صاحبزادہ جنابِ امیر رضی اللہُ تعالیٰ عنہما سے راوی: قَالَ: قُلْتُ لِاَبِیْ: اَیُّ النَّاسِ خَیْرٌ بَعْدَ النَّبِیِّ صلی اللہ تعالیٰ علیہ وسلم قَالَ: اَبُوْبَکْرٍ، قَالَ: قُلْتُ: ثُمَّ مَنْ؟ قَالَ: عُمَرُ۔ "یعنی میں نے اپنے والد ماجد امیر المومنین مولیٰ علی کرّم اللہ تعالیٰ وجہہ سے عرض کیا کہ رسولُ اللہ صلی اللہ تعالیٰ علیہ وسلم کے بعد سب آدمیوں سے بہتر کون ہیں؟ ارشاد فرمایا: ابو بکر، میں نے عرض کیا پھر کون؟ فرمایا: عمر۔ [3]

3686، ابن ماجہ، 1/72، حدیث:95، مسند احمد، 1/174، حدیث:602 واللفظ لہ)

[1] حاکم نے اسے کُنی میں روایت کیا اور ابن عدی وخطیب نے۔ (تاریخ بغداد، 2/333، الکامل فی ضعفاء الرجال، 2/442۔ کنز العمال، الجزء:11، 6/256، حدیث:32642)

[2] الصواعق المحرقہ، ص60

[3] بخاری، 2/522، حدیث:3671

ابو عمر بن عبد اللہ حکم بن حجل سے اور دار قطنی [1] اپنی "سنن" میں راوی، جناب امیر کرّم اللہُ تعالیٰ وجہہ ارشاد فرماتے ہیں: لَا اَجِدُ اَحَدًا فَضَّلَنِیْ عَلٰی اَبِیْ بَکْرٍ وَّ عُمَرَ اِلَّا جَلَدْتُّهٗ حَدَّ الْمُفْتَرِیْ۔ "جسے میں پاؤں گا کہ شیخین سے مجھے افضل بتاتا ہے اُوسے مُفتری کی حد ماروں گا کہ اَسّی کوڑے ہیں۔" [2]

ابو القاسم طلحی [3] "کتابُ السُنّۃ" میں جناب علقمہ سے راوی: بَلَغَ عَلِیًّا اَنَّ اَقْوَامًا یُّفَضِّلُوْنَهٗ عَلٰی اَبِیْ بَکْرٍ وَّ عُمَرَ فَصَعِدَ الْمِنْبَرَ فَحَمِدَ اللہَ وَ اَثْنٰی عَلَیْهِ ثُمَّ قَالَ: یَآ اَیُّهَا النَّاسُ! اِنَّهٗ بَلَغَنِیْ اَنَّ اَقْوَامًا یُّفَضِّلُوْنِیْ عَلٰی اَبِیْ بَکْرٍ وَّ عُمَرَ، وَ لَوْ کُنْتُ تَقَدَّمْتُ فِیْهِ لَعَاقَبْتُ فِیْهِ فَمَنْ سَمِعْتُهٗ بَعْدَ هٰذَا الْیَوْمِ یَقُوْلُ هٰذَا فَهُوَ مُفْتَرٍ، عَلَیْهِ حَدُّ الْمُفْتَرِیْ، ثُمَّ قَالَ: اِنَّ خَیْرَ هٰذِهِ الْاُمَّةِ بَعْدَ نَبِیِّنَا صلی اللہ تعالیٰ علیہ وسلم اَبُوْ بَکْرٍ ثُمَّ عُمَرُ ثُمَّ اللہُ اَعْلَمُ بِالْخَیْرِ بَعْدَ، قَالَ: وَ فِی الْمَجْلِسِ الْحَسَنُ بْنُ عَلِیٍّ [4] فَقَالَ: وَاللہِ لَوْ سَمَّی الثَّالِثَ لَسَمّٰی عُثْمٰنَ۔ [5] "یعنی جناب مولی رضی اللہُ تعالیٰ عنہ کو خبر پہنچی کچھ لوگ انھیں حضرات شیخین رضی اللہُ تعالیٰ عنہما پر تفضیل دیتے ہیں، پس منبر پر تشریف لے گئے اور اللہ تعالیٰ کی حمد و ثنا کی، پھر فرمایا: اے لوگو! مجھے خبر پہنچی کہ کچھ لوگ مجھے ابو بکر و عمر

---

1. المؤتلف والمختلف للدار قطنی، 2/807 بتغیرٍ قلیلٍ
2. السنۃ لابن ابی عاصم، ص 281، حدیث: 1254 بتغیرٍ قلیلٍ
3. حضرت امام ابو القاسم طلحی رحمۃ اللہ علیہ کا پورا نام ابو القاسم اسماعیل بن محمد بن فضل بن علی قرشی طلحی تمیمی اصبہانی ہے، قِوَامُ السُّنَّۃ کے نام سے پکارے جاتے ہیں، تفسیر و حدیث و لغت کے امام ہیں، ان کی مشہور کتابیں "کتاب السنۃ" اور "الحجۃ فی بیان المحجۃ" ہے، 459 ہجری میں پیدا ہوئے اور 535 ہجری میں ان کا وصال ہوا۔ (الاعلام، 1/323، ہدیۃ العارفین، 1/211)
4. الحجۃ میں رَضِیَ اللہُ عَنْہُ بھی ہے۔
5. الحجۃ فی بیان المحجۃ، 2/345، رقم: 327

سے افضل بتاتے ہیں اور اگر میں نے پہلے سے سُنا ہوتا تو اُسے میں سزا دیتا یعنی پہلی بار تفہیم پر قناعت فرماتا ہوں، پس اس دن کے بعد جسے ایسا کہتے سنوں گا تو وہ مفتری ہے، اُوس پر مفتری کی حد لازم ہے، پھر فرمایا: بے شک بہترِ اِس اُمَّت کے بعد اِن کے نبی صلی اللہ تعالیٰ علیہ وسلم کے، ابو بکر ہیں، پھر عمر، پھر خدا خوب جانتا ہے بہتر کو اس کے بعد، اور مجلس میں حضرت امام حسن بھی جلوہ فرما تھے انھوں نے ارشاد کیا: "خدا کی قسم! اگر تیسرے کا نام لیتے تو عثمان کا نام لیتے۔" بِالْجُمْلہ احادیثِ مرفوعہ و اقوالِ حضرت مرتضوی واہلِ بیتِ نبوت اس بارے میں لَا تُعَدُّ وَ لَا تُحْصٰی ہیں کہ بعض کی تفصیل فقیر نے اپنے رسالہ "تفضیل[1]" میں کی۔

مشکل الفاظ کے معانی علی الاعلان: کھلم کھلا۔ مَمْلُکَت: بادشاہت۔ سَطْوَت: دبدبہ۔ واشگاف: کسی بات کو کھول کر بیان کرنا۔ کَرَّات و مَرَّات: بار بار۔ جَلوات: سب کے سامنے۔ خَلوات: تنہائی۔

وضاحت اعلیٰ حضرت رحمۃ اللہ علیہ فرماتے ہیں کہ قرآن وحدیث میں تو شیخینِ کریمین کے بکثرت فضائل وارد ہوئے ہیں بلکہ خود مولائے کائنات حضرت علی المرتضی کَرَّمَ اللہُ وجہہ الکریم کے ارشاداتِ متواترہ بھی موجود ہیں کہ آپ نے اپنے دورِ خلافت میں بھی کئی بار افضلیّتِ شیخین (حضرت ابو بکر و عمر رضی اللہُ عنہما کے افضل ہونے) کی صراحت فرمائی ہے۔ چاہے خاص محافل ہوں یا مساجد یا عام لوگوں کی مجالس جس طرح حضرت علی المرتضیٰ رضی اللہُ عنہ نے کثرت و تکرار اور بڑے اہتمام کے ساتھ حضرت ابو بکر صدیق اور حضرت عمر فاروقِ اعظم کی

---

[1] اعلیٰ حضرت رحمۃ اللہ علیہ نے مسئلہ تفضیل شیخین رضی اللہُ عنہما پر نوے جز کے قریب ایک کتاب بنام "مُنتہی التفصیل لمبحث التفضیل"، لکھی پھر "مطلع القمرین فی ابانۃ سبقۃ العمرین" میں اس کی تلخیص کی، غالباً اس ارشادِ گرامی میں اشارہ اسی کی طرف ہے، واللہ تعالیٰ اعلم۔ مفتی محمد خلیل خان برکاتی رحمۃ اللہ علیہ

افضلیت کو بیان فرمایا ہے کسی اور صحابی سے اس طرح کی روایات مروی نہیں ہیں۔

شیرِ خدا کا قولِ فیصل

اعلیٰ حضرت رحمۃ اللہ علیہ فرماتے ہیں: مسئلۂ تفضیل کو سب سے زیادہ بیان کرنے والے اور مخالفین کو سخت سزا کا خوف دلانے والے علی مرتضیٰ اللہ بلند وبالا کے شیر کَرَّمَ اللہُ وجہہ الکریم (ہیں) اس لیے کہ ان کے ایامِ خلافت اور کرسئ زعامت میں ان کا شیخین ابو بکر و عمر کو خود پر اور تمام امت پر فضیلت دینا تواتر سے ثابت ہوا اس کو لوگوں کے کندھوں اور پشتوں پر مارا یعنی اس مسئلہ کو لوگوں کے سامنے اور ان کے پیچھے خوب روشن کیا یہاں تک کہ تیرہ و تار شبہات کی اندھیری کو دور کر دیا۔ دارِ قطنی نے اسی جناب (مولیٰ علی رضی اللہُ عنہ) سے روایت کیا۔ فرمایا میں کسی کو نہ پاؤں گا جو مجھے ابو بکر و عمر پر فضیلت دے مگر یہ کہ میں اس کو مفتری کی حد ماردوں گا۔ اس فن کے سلطان حضرت ابو عبد اللہ ذہبی نے کہا کہ یہ حدیث صحیح ہے۔[1]

مزید فرماتے ہیں: اور سیدنا علی رضی اللہُ عنہ عام مجمعوں میں اور بھری محفلوں میں اور جامع مسجدوں میں اس بات کا اعلان فرماتے تھے اور لوگوں میں صحابہ اور تابعین کرام موجود ہوتے تھے پھر ان میں سے کسی سے یہ منقول نہیں کہ انہوں نے سیدنا علی رضی اللہُ تعالیٰ عنہ کے اس قول کو رد کیا ہو اور بے شک وہ اللہ تعالیٰ سے بہت ڈرنے والے تھے اور اس بات سے دور تھے کہ حق بتانے سے خاموش رہیں یا کسی خطا کو مقرر رکھیں حالانکہ یہ وہ لوگ ہیں جن کا اللہ تبارک و تعالیٰ نے قرآنِ عظیم میں یوں بیان فرمایا: "اور تم بہترین اُمت ہو جو لوگوں کے لیے پیدا کی گئی کہ بھلائی کا حکم دیتے اور بُرائی سے روکتے ہو" اور اس گروہ کے ائمہ کرام ان سے زیادہ متقی اور ہدایت و صواب پر ان سے زیادہ حریص تھے اور علماء کو حق ظاہر کرنے پر اکساتے

---

[1] فتاویٰ رضویہ، 28/ 673، الصواعق المحرقہ، ص60

تھے اگر ان سے خطا ہو اور کجی کو درست کرنے کی ترغیب دیتے تھے اگر وہ منحرف ہوں۔ [1]

اعلیٰ حضرت رحمۃ اللہ علیہ نے متن میں مولائے کائنات حضرت علی المرتضیٰ رضی اللہُ عنہ سے مروی روایات نقل فرمائیں اور ارشاد فرمایا کہ افضلیتِ شیخین کے بارے میں حضرت علی المرتضی رضی اللہُ عنہ اور اہلِ بیت کرام سے مرفوع احادیثِ مبارکہ اور اقوالِ مبارکہ اتنی کثیر تعداد میں مروی ہیں کہ انہیں شمار نہیں کیا جاسکتا۔ ان روایات میں سے بعض کی تفصیل اعلیٰ حضرت نے اپنے رسالے ''تفضیل'' میں فرمائی ہے۔

اب اَہلِ سنّت نے ان اَحادیث و آثار میں جو نگاہِ غور کو کام فرمایا تو تفضیلِ شیخین کی صدہا تصریحیں عَلَی الْاِطلاق پائیں کہیں جِہَت وحَیثیَّت کی قید نہ دیکھی کہ یہ صرف فلاں حیثیت سے افضل ہیں اور دوسری حیثیت سے دوسروں کو اَفضلیت، لہٰذا انھوں نے عقیدہ کرلیا کہ گو فضائلِ خاصہ وخصائصِ فاضلہ حضرت مولیٰ اور ان کے غیر کو بھی ایسے حاصل جو شیخین نے نہ پائے جیسے کہ اس کا عکس بھی صادِق ہے مگر فضل مطلق کلّی جو کثرتِ ثواب و زیادتِ قُربِ ربُّ الارباب سے عبارت ہے وہ اِنہیں کو عطا ہوا، اور اس عقیدہ کا خلاف اوّل تو کسی حدیثِ صحیح میں ہے ہی نہیں اور جو بالفرض کہیں بوئے خلاف پائی بھی تو سمجھ لے کہ یہ ہماری فہم کا قُصُور ہے ورنہ رسول اللہ صلی اللہ تعالیٰ علیہ وسلم اور خود حضرت مولیٰ و اہلِ بیتِ کرام کیوں بلاتقیید اُنہیں افضل و خیرِ امت و سردارِ اوّلین و آخرین بتاتے، کیا آیہ کریمہ ''وَاَنْفُسَنَا وَاَنْفُسَكُمْ'' [2] وحدیث صحیح: مَنْ كُنْتُ مَوْلَاهُ فَعَلِيٌّ مَوْلَاهُ [3] اور خبر شَدِیدُ

---

[1] فتاویٰ رضویہ، 28/674

[2] پ3، اٰلِ عمرٰن: 61

[3] ترمذی، 5/398، حدیث: 3733

الضُّعفِ قَوِیُّ الجَرحِ "لَحمُكَ لَحمِیْ وَ دَمُكَ دَمِیْ"[1] بر تقدیرِ ثبوت و غیر ذٰلک سے اُونہیں آگاہی نہ تھی یا تھی تو وہ مطلب نہ سمجھے، یا سمجھے اور اس میں تفضیلِ شیخین کا خلاف پایا تو کیونکر خلاف سمجھ لیں اور تصریحاتِ بیّنہ قاطعۃ الدلالۃ و غیر مُحتَمَلَۃُ الخِلاف کو پس پشت ڈال دیں۔

اور الحمد للہ رب العٰلمین کہ حق تبارک و تعالیٰ نے فقیر حقیر کو یہ ایسا جوابِ شافی تعلیم فرمایا کہ مُنصِف کے لیے اس میں کفایت اور مُتَعَصِّب کو اس میں غَیْظِ بے غایت۔ یہی محبتِ علی مرتضیٰ ہے اور اس کا بھی یہی مُقتَضٰی ہے کہ محبوب کی اطاعت کیجئے اور اس کے غضب اور اَسّی کوڑوں کے اِستحقاق سے بچئے۔

مشکل الفاظ کے معانی صَدہا تَصرِیحیں: سینکڑوں وضاحتیں۔ عکس: اُلٹ۔ بوئے خلاف: اختلاف کی بھنک۔ فہم: سمجھ۔ بلا تقیید: قید و شرط کے بغیر۔ مُنصِف: انصاف کرنے والا۔ جوابِ شافی: تسلی بخش جواب۔ غیر مُحتَمَلَۃُ الخِلاف: جن میں کسی خلاف کا احتمال نہیں۔ مُتَعَصِّب: تعصب کرنے والا، ہٹ دھرم۔ غَیْظِ بے غایت: بے انتہا غصہ۔ مُقتَضٰی: تقاضا۔ اِستحقاق: حقدار ہونا۔

وضاحت اعلیٰ حضرت رحمۃ اللہ علیہ شیخینِ کریمین رضی اللہ عنہما کی افضیلت پر مولیٰ کائنات حضرت علی رضی اللہ عنہ، آپ کے صاحبزادے اور دیگر اکابرین رضی اللہ عنہم کی روایات ذکر کرنے کے بعد ارشاد فرماتے ہیں کہ جب اہلسنّت کے علمائے کرام نے ان احادیث و آثار میں غور فرمایا تو ابو بکر صدّیق و عمر فاروق رضی اللہ عنہما کے بارے میں موجود واضح روایتوں کو ان کے افضل ہونے کے بارے میں مطلق پایا کہیں بھی اس بات کا ذکر نہیں کہ یہ حضرات افضل

[1] حدیث لحمك لحمی دمك دمی نہایت ضعیف ہے۔ (بریلی شریف کے نسخہ میں یہ عبارت حاشیہ میں ہے۔)

ہونے کے وصف میں فلاں سبب یا فلاں خصوصیت کی وجہ سے دوسروں سے افضل ہیں ورنہ کسی اور جہت وحیثیت سے تو دوسروں کو فضیلت حاصل ہے، اگرچہ یہ بات الگ ہے کہ حضرتِ علی اور دیگر صحابہ کو کسی خاص وصف یا خصوصیت میں فضیلت حاصل ہے جو حضراتِ شیخین نے نہ پائی اور کچھ ایسی بھی خصوصیات ہیں جن میں حضراتِ شیخین کو ایسی فضیلت حاصل ہے جو دوسروں کے حصے میں نہیں آئیں۔ لہٰذا انہوں نے یہ عقیدہ کرلیا کہ کسی جہت وحیثیت کا لحاظ کیے بغیر مطلقاً فضیلت حضرات شیخین کو حاصل ہے جو کسی اور کو عطا نہیں ہوئی۔ پہلی بات تو یہ ہے کہ اہلسنت کا یہ عقیدہ کسی صحیح حدیث کے مخالف ہے ہی نہیں اور اگر بالفرض کسی جگہ اس کے خلاف کچھ نظر آئے تو سمجھ لیجئے کہ یہ ہماری عقل کا قصور ہے ورنہ نبی کریم صلی اللہ علیہ واٰلہ وسلم اور خود مولیٰ علی کَرَّمَ اللہُ وجہہ الکریم جہت وحیثیت کی قید لگائے بغیر شیخینِ کریمین رضی اللہُ عنہما کو جو سب سے افضل اور امت میں بہترین اور اگلوں اور پچھلوں کے سردار بتاتے ہیں کیا ان کو آیتِ مباہلہ [1]

فَقُلْ تَعَالَوْا نَدْعُ اَبْنَآءَنَا وَ اَبْنَآءَكُمْ وَ نِسَآءَنَا وَ نِسَآءَكُمْ وَ اَنْفُسَنَا وَ اَنْفُسَكُمْ ۫ ثُمَّ نَبْتَهِلْ فَنَجْعَلْ لَّعْنَتَ اللّٰهِ عَلَى الْكٰذِبِيْنَ ﴿۶۱﴾	ترجمہ: تو ان سے فرما دو آؤ ہم تم بلائیں اپنے بیٹے اور تمہارے بیٹے اور اپنی عورتیں اور تمہاری عورتیں اور اپنی جانیں اور تمہاری جانیں پھر مباہلہ کریں تو جھوٹوں پر اللہ کی لعنت ڈالیں۔
(پ3، اٰلِ عمرٰن: 61)	

[1] نجرانی عیسائیوں کے ساتھ مُباہلہ کے وقت نبی پاک صلی اللہ علیہ واٰلہ وسلم نے حضرت امام حسین کو گود میں اٹھا رکھا تھا جبکہ حضرت امام حسن کا ہاتھ پکڑا ہوا تھا اور حضرت فاطمہ، حضرت علیُّ المرتضیٰ رضی اللہُ عنہم پیچھے پیچھے چل رہے تھے۔ (تفسیر خازن، پ3، اٰل عمران، تحت الآیۃ: 61، 1/258)

اور حدیثِ صحیح: مَن كُنتُ مَولَاهُ فَعَلِيٌّ مَولَاهُ یعنی ”جس کا میں مولا ہوں اس کے علی (رضی اللہ عنہ) بھی مولا ہیں“[1] اور بہت ضعیف و مجروح روایت: (لَحمُكَ لَحمِي وَدَمُكَ دَمِي)[2] کہ اس روایت کو اگر ثابت مان بھی لیا جائے اور دیگر احادیث کیا مولیٰ علی رضی اللہ عنہ کے پیشِ نظر نہ تھیں، یا پیشِ نظر تو تھیں لیکن انہیں اس کا مطلب معلوم نہ تھا، یا مطلب تو معلوم تھا لیکن ان روایات میں شیخین کی فضیلت کا عکس پایا اور خاموش رہے اور زبان پر اسے نہ آنے دیا والعیاذ باللہ۔ یاد رکھئے! اس طرح کی یہ باتیں ان پیکرانِ صدق وصفا کی شان میں نہ صرف گستاخی کہلائے گی بلکہ ان صحابۂ کرام علیہم الرِضوانُ پر بلاوجہ، خواہ مخواہ یہ مردود عیب والزام لگانا ہے کہ ان کے دل میں جو رَاز تھے انہوں نے وہ کسی کے خوف سے چھپائے رکھے، کسی پر ظاہر نہ ہونے دیئے۔ تو جب حضرت علی اور اہلِ بیت کرام اور دیگر صحابہ کرام رضی اللہ عنہم اجمعین نے فضیلتِ علی والی احادیث پر مطلع ہونے کے باوجود شیخین کی فضیلتِ مطلقہ سے انکار نہ کیا تو ہم کون ہوتے ہیں جو ان روایات کو معارض سمجھتے ہوئے اس سے اختلاف کریں اور افضلیتِ شیخین میں وارد ایسی واضح صراحتوں اور قطعی دلائل جن میں کسی اختلاف کا احتمال تک نہیں انہیں کس طرح پیٹھ پیچھے ڈال سکتے ہیں۔ ان الزامی دلائل کو بیان کرنے کے بعد اعلیٰ حضرت رحمۃ اللہ علیہ فرماتے ہیں کہ سب خوبیاں تمام عالم کو پیدا فرمانے والے رب کیلئے ہیں کہ اس نے مجھے مطمئن کرنے والا یہ جواب بتایا کہ جو انصاف پسند کیلئے کافی ووافی اور تعصب رکھنے والے کیلئے اس میں بے انتہا گھٹن ہے۔ مولی علی کَرَّمَ اللہُ وجہہ الکریم سے محبت کا تقاضا بھی یہی ہے کہ ان کی پیروی کرتے ہوئے شیخینِ کریمین رضی اللہ عنہما کیلئے افضلیتِ مطلقہ کا عقیدہ رکھیں اور

---

[1] ترمذی، 5/ 398، حدیث: 3733

[2] کنز العمال، الجزء: 11، 6/ 279، حدیث: 32933 بتغیرٍ

حضرت علی المرتضیٰ کَرَّمَ اللہُ وجہہ الکریم کے فرمان کا مفہوم کہ جو مجھے شیخین سے افضل بتائے میں اسے جھوٹ باندھنے والے کی سزا دوں گا یعنی ایسے شخص کو اسّی کوڑے ماروں گا۔ لٰہذا محبتِ علی کا تقاضا یہی ہے کہ ان کی اطاعت میں شیخین کی افضلیت کو تسلیم کیجئے اور اسّی کوڑوں کے مستحق بننے سے محفوظ رہیے۔

اور جب ثابت ہو گیا کہ قربِ الٰہی میں شیخین رضی اللہُ تعالیٰ عنہما کو مزیت و تفوّق ہے تو ولایت بھی اُنھیں کی اعلیٰ ہوئی مگر ایک درجہ قُربِ الٰہی جَلَّ جَلَالُہٗ وَ رَزَقَنَا اللہُ کا۔ پر ظاہر کہ سیر اِلَی اللہ میں تو سب اَولیاء برابر ہوتے ہیں اور وہاں "لَا نُفَرِّقُ بَیۡنَ اَحَدٍ مِّنۡ رُّسُلِہٖ" کی طرح "لَا نُفَرِّقُ بَیۡنَ اَحَدٍ مِّنۡ اَوۡلِیَائِہٖ" کہا جاتا ہے، جب ماسوائے الٰہی آنکھوں سے گر گیا اور مرتبۂ فنا تک پہنچ کر آگے قدم بڑھا تو وہ سیر فی اللہ ہے اس کے لیے انتہا نہیں اور یہیں تفاوتِ قُرب جلوہ گر ہوتا ہے، جس کی سیر فی اللہ زائد وہی خدا سے زیادہ نزدیک، پھر بعضے بڑھتے چلے جاتے ہیں۔ اور بعض کو دعوتِ خلق کے لیے منزلِ ناسوتی عطا فرماتے ہیں ان سے طریقہ خِرقہ و بیعت کا رواج پاتا ہے اور سلسلۂ طریقت جنبش میں آتا ہے یہ معنی اسے مُستَلزِم نہیں کہ ان کی سَیرِ فی اللہ اگلوں سے بڑھ جائے۔ ہاں یہ ایک فضلِ جداگانہ ہے کہ انھیں ملا اور دوسروں کو عطا نہ ہوا، تو یہ کیا؟ اس کے سوا صدہا خصائص حضرتِ مولیٰ کو ایسے ملے کہ شیخین کو نہ ملے، مگر قرب و رفعتِ درجات میں اُنھیں کو اَفزونی رہی ورنہ کیا وجہ ہے کہ ارشاداتِ مذکورہ میں اُنہیں ان سے افضل و بہتر کہا جاتا ہے اور ان کی افضلیت کا بتاکیدِ اَکید انکار کیا جاتا ہے حالانکہ ادنیٰ ولی اعلیٰ ولی سے افضل نہیں ہو سکتا ہے۔ آخر دیکھئے حضرتِ امیر کے خلفائے کرام میں حضرت سِبطِ اصغر و جناب خَواجَہ

حسن بصری کو تنزُّلِ ناسوتی ملا اور حضرت سِبْطِ اکبر سے کوئی سلسلہ جاری نہ ہوا حالانکہ قربِ ولایتِ امام مجتبیٰ ولایت و قربِ خواجہ سے بالیقین اَتم و اعلیٰ اور ظاہرِ احادیث سے سِبْطِ اصغر شہزادۂ گلگوں قبا پر بھی ان کا فضل ثابت رضی اللہ تعالیٰ عنہم اجمعین۔

مشکل الفاظ کے معانی مزیت: برتری و فضیلت۔ تفوّق: فوقیت۔ تفاوت: فرق۔ سیر اِلَی اللّٰہ: یہ صوفیاء کی اصطلاح ہے اس سے مراد اللہ کریم کے اسماء و صفات کے ظِلال یعنی پرتو سے اسماء و صفات کی طرف سیر کرنا یعنی جستجو کرکے قربِ الٰہی تلاش کرنا ہے۔ سَیرُ فِی اللّٰہ: "سیر اِلَی اللہ" کے بعد کا مقام "سیر فی اللہ" ہے، جسے "بقا" سے بھی تعبیر کیا جاتا ہے یعنی پچھلے درجہ میں کامیابی حاصل کرنے کے بعد اللہ تعالیٰ کی ذات و صفات، تنزیہات و تقدیسات میں سیر کرنا۔ تَنزُّلِ ناسوتی: مخلوق کی راہنمائی کے لیے توجہ فرمانے اور سلسلۂ بیعت و ارادت کو جاری رکھنے کا منصب ملا۔ ناسوت: دنیا، عالم۔ صدہا خصائص: سینکڑوں خصوصیات۔ اَفزُونی: زیادتی۔ بتاکیدِ اَکِید: بڑی شدت کے ساتھ۔ سِبْطِ اصغر: چھوٹے نواسے امام حسین۔ سِبْط اکبر: بڑے نواسے امام حسن۔ شہزادۂ گلگوں قبا: سرخ جوڑے والے، مراد حضرت امام حسین۔

وضاحت اعلیٰ حضرت رحمۃ اللہ علیہ فرماتے ہیں: جس طرح قربِ خداوندی میں حضراتِ شیخین کو فوقیت حاصل ہے اسی طرح ولایتِ شیخین بھی تمام کی ولایت سے اعلیٰ ہے۔ "سیر الی اللہ" میں تو سب ولی برابر ہیں ان کے مراتب میں کوئی فرق نہیں، لیکن جب غیر خدا سے ہر طرح کی امید منقطع کرکے خالقِ کائنات سے لو لگالی تو اب "سیر فی اللہ" شروع ہوگئی اس مقام پر پہنچ کر مراتب کا فرق شروع ہوتا ہے جس کی "سیر فی اللہ" جتنی زیادہ ہوگی اتنا ہی وہ اپنے رب سے زیادہ نزدیک ہوگا "سیر الی اللہ" کی تو انتہا ہے لیکن اس کی کوئی انتہا نہیں، بعض تو

اس میں آگے بڑھتے جاتے ہیں اور بعض اولیاء کو لوگوں کو ہدایت و رہنمائی کیلئے اللہ پاک عالَمِ خلق عطا فرماتا ہے جس میں وہ حضرات اصلاحِ امت کے عظیم جذبہ کے پیشِ نظر خالق کے ساتھ ساتھ مخلوق کی طرف بھی متوجہ رہتے ہیں اور انہی حضرات سے خلافت و بیعت (یعنی پیری مریدی) کا سلسلہ بھی جاری رہتا ہے، مگر اس سے یہ لازم نہیں آتا کہ ان کی "سیر فی اللہ" اپنے سے پہلوں سے بڑھ گئی، ہاں! یہ ان کی ایک الگ فضیلت ہے جو دوسروں کو نہ ملی تو ان کی (یعنی حضرت علی المرتضی کَرَّمَ اللہُ وجہہ الکریم کی) اس فضیلت کی ہی کیا تخصیص مولیٰ علی رضی اللہُ عنہ کے ایسے بہت سے خصائص ہیں جو آپ کو عطا ہوئے حضرات شیخین کو بھی نہ ملے مگر پھر بھی قربِ خداوندی کی زیادتی و اضافے اور درجات کی بلندی میں ابو بکر و عمر رضی اللہُ عنہما ہی کو پیش قدمی رہی (یعنی آگے رہے) ورنہ پچھلی باتوں میں ابو بکر و عمر رضی اللہُ عنہما کو حضرت علی المرتضیٰ رضی اللہُ عنہ پر کیوں فضیلت دی جاتی اور حضرت علی کَرَّمَ اللہُ وجہہ الکریم کی ان پر فضیلت کا اتنی شدید تاکید سے کیوں انکار کیا! حالانکہ نچلے طبقے کا ولی اونچے طبقے کے ولی سے افضل نہیں ہو سکتا تو معلوم ہوا کہ مرتبۂ ولایت میں بھی حضرات شیخین کو فضیلتِ مطلقہ حاصل ہے ورنہ مولیٰ علی رضی اللہُ عنہ کے خلفاء میں امام حسین و خواجہ حسن بصری رضی اللہُ عنہما کو عالمِ خلق کا مرتبہ عطا ہوا اور آپ سے سلسلۂ ولایت بھی جاری ہوا جبکہ امام حسن رضی اللہُ عنہ سے کوئی سلسلۂ طریقت جاری نہیں ہوا حالانکہ واضح احادیث میں امام حسن رضی اللہ عنہ کی ولایت و قربِ خداوندی شہیدِ کربلا حضرت امام حسین و خواجہ حسن بصری رضی اللہُ عنہما کی ولایت و قربِ خداوندی سے افضل ہے۔

عقیدۂ سابعہ (7)

ساتواں عقیدہ صحابۂ کرام علیہم الرضوان کے اختلافات کے بارے میں

عقیدۂ سابعہ (7) [1]

حضرتِ مرتضوی رضی اللہُ عنہ سے جنہوں نے مشاجرات و منازعات کیے، ہم اہلسنّت اُون میں حق جانب جنابِ مولیٰ علی اور ان سب کو بَرسرِ غَلَط وخطا

مشکل الفاظ کے معانی مشاجرات: اختلافات۔ منازعات: رنجشیں۔

وضاحت امیر المومنین حضرت علی المرتضیٰ شیر خدا رضی اللہُ عنہ سے 36 ہجری میں ہونے والی جنگِ جمل میں شامل حضرت زبیر، حضرت طلحہ وام المؤمنین حضرت عائشہ صدیقہ اور دیگر صحابۂ کرام رِضوانُ اللہِ علیہم اجمعین اور 37 ہجری میں جنگ صفین میں حضرت امیر معاویہ رضی اللہُ عنہ اور ان کے ہمراہ صحابۂ کرام علیہمُ الرضوان میں جو اختلافات ہوئے ان میں اہلسنت کے عقیدے کے مطابق حضرت علی المرتضیٰ رضی اللہُ عنہ ہی حق پر تھے اوران کے مقابل آنے والے صحابۂ کرام خطا پر تھے مگر ان کی یہ خطا اجتہادی تھی جس کے بارے میں بزرگانِ دین نے اپنی کتابوں میں صراحت فرمائی ہے، چنانچہ

حضرت شیخ ابوالحسن اشعری رحمۃ اللہ علیہ فرماتے ہیں: حضرت علی المرتضیٰ، حضرت زبیر وطلحہ اور حضرت عائشہ رضی اللہُ عنہم کے مابین ہونے والے اختلافی معاملات تاویل اور اجتہاد کی وجہ سے تھے۔ اس وقت حضرت علی رضی اللہُ عنہ خلیفہ تھے اور یہ تمام صحابۂ کرام علیہمُ الرضوان مجتہد تھے۔ نبی پاک صلی اللہ علیہ واٰلہٖ وسلم نے ان سب کو جنت اور شہادت کی بشارت دی ہے جو اس بات کی دلیل ہے کہ وہ سب اپنے اجتہاد میں حق پر تھے۔ اسی طرح حضرت علی المرتضی اور امیر معاویہ رضی اللہُ عنہما کے مابین جو اختلافات ہوئے، وہ بھی اجتہادی تھے۔ [2]

---

[1] ......ساتواں عقیدہ صحابۂ کرام علیہمُ الرضوان کے اختلافات کے بارے میں۔

[2] ......الابانۃ عن اصول الدیانۃ، ص:73

مجتہد کو غلطی پر بھی ثواب

شارحِ مسلم، حضرت علامہ ابوزکریا یحییٰ بن شرف نووی شافعی رحمۃ اللہ علیہ فرماتے ہیں: صحابۂ کرام کے بارے میں اچھا گمان رکھنا، ان کے درمیان ہونے والے اختلافات سے زبان کو روکنا اور اِن کے مابین ہونے والی جنگوں کی تاویل کرنا "مذہب اہل سنّت" ہے کیونکہ یہ حضرات مجتہد تھے، گناہ اور محض دنیا اِن کا مقصد نہ تھا نیز خود کو حق اور مخالف کو باغی سمجھنے اور امرِ الٰہی کی جانب رجوع کروانے کی وجہ سے اِن پر جنگ کرنا لازم ہو چکا تھا ان میں سے کچھ تو واقعی حق پر تھے اور کچھ خطا پر، یہ معاملہ اجتہادی تھا اور مجتہد کی غلطی پر کوئی گناہ نہیں ہوتا۔ بہر حال ان جنگوں میں حضرت علی المرتضٰی ہی حق پر تھے یہی "مذہب اہل سنّت" ہے۔[1]

اور حضرت اَسَدُ اللّٰہِی کو بدرجہا ان سے اکمل و اعلیٰ جانتے ہیں مگر بایں ہمہ بلحاظِ احادیثِ مذکورہ[2] زبانِ طعن و تشنیع ان دوسروں کے حق میں نہیں کھولتے اور اُنہیں ان کے[3] "مراتب پر جو اُن کے لیے شرع میں ثابت ہوئے رکھتے ہیں، کسی کو کسی پر اپنی ہوائے نفس سے فضیلت نہیں دیتے اور ان کے مشاجرات میں دَخَل اندازی کو حرام جانتے ہیں اور ان کے اختلافات کو ابو حنیفہ و شافعی جیسا اختلاف سمجھتے ہیں،"

مشکل الفاظ کے معانی — اَسَدُ اللّٰہِی: اللہ کے شیر یعنی حضرتِ علی۔ بایں ہمہ: ان تمام باتوں کے باوجود۔ طعن و تشنیع: لعنت و ملامت۔ شرع: شریعت۔ ہوائے نفس: نفسانی

---

[1] ......شرح مسلم للنووی، کتاب الفتن واشراط الساعۃ، 11/18

[2] ......اس تمام کے باوجود احادیثِ مبارکہ کا اعتبار کرتے ہوئے۔

[3] ......نوٹ: بریلی شریف سے شائع ہونے والے رسالہ میں ہے "یہاں اصل میں بہت بیاض ہے درمیان میں کچھ ناتمام سطریں ہیں مناسبتِ مقام سے جو کچھ فہم قاصر میں آیا بنادیا ۱۲۔" (تاج الشریعہ) ہم نے ان تمام مقامات کی نشاندہی کر دی ہے۔ علمیہ

خواہشات۔ مشاجرات: اختلافات۔ دَخْل اندازی: مداخلت۔

وضاحت حضرت علی المرتضیٰ رضی اللہ عنہ کا مقام و مرتبہ اگرچہ ان سے اختلاف رکھنے والے صحابۂ کرام سے افضل ہے مگر اس کا ہرگز یہ مطلب نہیں کہ ان کے مقابل آنے والے صحابۂ کرام کی شان میں نازیبا کلمات نکال کر گستاخی کی جائے کیونکہ کثیر احادیثِ مبارکہ میں اس کی ممانعت آئی ہے۔ شریعتِ مطہرہ میں ان کے جو فضائل و مراتب بیان ہوئے ہیں انہیں تسلیم کرتے ہوئے ہمیشہ ان کا ذکرِ خیر ہی کرنا چاہیے اور محض خواہشِ نفس کی بنا پر کسی ایک صحابی کی محبت کی وجہ سے انہیں دوسرے صحابہ پر فضیلت نہیں دینی چاہئے۔

حضرت علامہ شیخ محمد بن محمد بابِرتی رحمۃ اللہ علیہ فرماتے ہیں کہ ہم صحابۂ کرام کی محبت میں حد سے تجاوز نہیں کرتے کیونکہ کسی چیز میں تجاوز کرنا اس کے علاوہ کے بارے میں بغض وفساد کو جنم دیتا ہے۔ اب رافضیوں کو ہی دیکھ لو کہ وہ حضرت علی رضی اللہ عنہ کی محبت میں حد سے بڑھنے کی وجہ سے شیخین کریمین اور عثمانِ غنی رضی اللہ عنہم سے بغض رکھتے اور حضرت علی رضی اللہ عنہ کے بارے میں مَعَاذَ اللہ نبوت اور الوہیت جیسا عقیدہ کرتے ہیں۔ نبی پاک صلی اللہ علیہ واٰلہٖ وسلم نے حضرت علی رضی اللہ عنہ سے فرمایا تھا کہ تمہاری وجہ سے دو طرح کے لوگ ہلاک ہوں گے، ایک بغض رکھنے والے اور دوسرے محبت میں حد سے بڑھنے والے۔ حضرت امام بابِرتی رحمۃ اللہ علیہ فرماتے ہیں: جیسا رسولُ اللہ صلی اللہ علیہ واٰلہٖ وسلم نے فرمایا تھا ویسا ہی ہوا کہ خارجی حضرت علی رضی اللہ عنہ سے بغض رکھنے کی وجہ سے ہلاک ہوئے جس طرح رافضی ان کی محبت میں حد سے بڑھنے کی وجہ سے ہلاک ہوئے۔[1]

صحابہ کی برائی سخت حرام ہے

یاد رہے صحابۂ کرام کے درمیان ہونے والے اختلافات کو بنیاد بنا کر کسی صحابی کو برا بھلا

---

[1] ......شرح عقیدۃ طحاویہ، ص127

کہنا حرام ہے۔ حضرت امام نووی رحمۃ اللہ علیہ فرماتے ہیں: جان لو کہ بے شک صحابۂ کرام کی برائی کرنا سخت حرام کاموں میں سے ہے چاہے وہ صحابی مشاجرات میں شامل ہوئے یا نہ ہوئے۔[1] بلکہ ہمیں چاہیے کہ جب بھی نبی پاک صلی اللہ علیہ واٰلہٖ وسلم کے کسی صحابی کا ذکر کریں تو ہمیشہ خیر و بھلائی کے ساتھ کریں۔ حضرت عوام بن حوشب رحمۃ اللہ علیہ فرماتے ہیں: تم اصحابِ محمد کی خوبیاں ہی بیان کیا کرو کہ اس کی برکت سے دلوں میں اتفاق قائم رہے گا اور ان صحابہ کے برے تذکرے نہ کرو کہ اس کے ذریعے لوگوں کو ان صحابۂ کرام کے خلاف بھڑکانے کا سبب بنو گے۔[2]

صحابۂ کرام کے درمیان ہونے والے یہ اختلافات مَعَاذَ اللہ بغض و عناد کی بنا پر ہرگز نہیں ہوئے تھے بلکہ اجتہاد کرتے وقت ان سے غلطی ہوئی جس کی وجہ سے یہ معاملات ہوئے اور مجتہد ہونے کی حیثیت سے حدیثِ پاک کے مطابق ان کیلئے بھی ثواب کی بشارت ہے ان کا یہ اختلاف احناف اور شوافع کے فروعی اختلافات کی طرح ہے کہ وہ بغض و عناد کی بنا پر اختلاف نہیں کرتے بلکہ دلائل کی روشنی میں اجتہاد کرتے ہیں اور ایک دوسرے کو گمراہ یا فاسق بھی نہیں کہتے۔

”تو ہم اہلسنّت کے نزدیک ان میں سے کسی ادنیٰ صحابی پر طعن جائز نہیں چہ جائیکہ اُمُّ المومنین صدیقہ رضی اللہُ تعالیٰ عنہا کی جنابِ رفیع میں طعن کریں، حاشا! یہ اللہ و رسول کی جناب میں گستاخی ہے“، اللہ تعالیٰ ان کی تَطْہِیر وبَرِیَّت میں ”آیات نازل فرمائے اور اُن پر تہمت دھرنے والوں کو وعیدیں عذابِ الیم کی سنائے۔ حضور صلی اللہ علیہ واٰلہٖ وسلم انھیں اپنی سب ازواجِ مطہرہ میں زیادہ چاہیں، جہاں منہ رکھ کر

---

[1] ......شرح مسلم للنووی، جز:16، 8/93

[2] ......السنۃ لابی بکر خلال، 3/513، رقم:829

عائشہ صدیقہ پانی پئیں حضور اُسی جگہ اپنا لبِ اقدس رکھ کر وہیں سے پانی پئیں،[1] یوں تو حضور صلی اللہ علیہ وسلم کی سب ازواج دنیا و آخرت میں حضور ہی کی بیبیاں ہیں مگر عائشہ سے محبت کا یہ عالَم کہ ان کے حق میں اِرشاد ہوا کہ "یہ حضور کی بی بی ہیں دنیا و آخرت میں۔[2]

حضرت خیر النساء یعنی فاطمہ زہرا رضی اللہ تعالٰی عنہا کو حکم ہوا ہے فاطمہ! تو مجھ سے محبت رکھتی ہے تو عائشہ سے بھی محبت رکھ کہ میں اسے چاہتا ہوں۔"[3] سوال ہوا: سب آدمیوں میں حضور کو محبوب کون ہیں؟ جواب عطا ہوا: "عائشہ۔"[4]

مشکل الفاظ کے معانی چہ جائیکہ: پھر کیونکر۔ جنابِ رفیع: بلند بارگاہ۔ حاشا: خدا کی پناہ۔ تَطْہِیر و بَرِیَّت: پاکی و بے قصور ہونا۔ تہمت دھرنے: الزام لگانے۔ الیم: دردناک۔ لبِ اقدس: مبارک ہونٹ

وضاحت اَلحمدُ لِلّٰہ اہلسنت کا یہ وتیرہ ہے کہ کسی صحابی کی شان میں بھی اپنی زبان سے نازیبا کلمات نہیں نکالتے تو پھر اُمُّ المومنین، محبوبۂ محبوبِ ربُ العلمین حضرت سیدہ عائشہ صدیقہ طیبہ طاہرہ رضی اللہ عنہا جیسی بلند مرتبہ ہستی کی شان میں کس طرح کوئی غلط بات کہہ سکتے ہیں کیونکہ آپ رضی اللہ عنہا کی گستاخی درحقیقت اللہ کریم اور اس کے رسولِ عظیم صلی اللہ علیہ والہٖ وسلم کی گستاخی قرار پائے گی۔ اللہ پاک نے آپ رضی اللہ عنہا کے حق میں قرآن پاک کی 18 آیاتِ مبارکہ نازل فرمائیں جو آپ کی پاکیزگی اور پاکدامنی پر واضح دلائل کی حیثیت رکھتی

---

1 ...... مسلم، ص138، حدیث:692

2 ...... ترمذی، 5/470، حدیث:3906

3 ...... انور ٹڈ کا مازمیں عبارت مفتی خلیل خان برکاتی رحمۃ اللہ علیہ کی ہے۔

4 ...... ترمذی، 5/471، حدیث:3911

ہیں۔ اگر پھر بھی کوئی بدبخت آپ کی عفت وعزت کے بارے میں زبان درازی کرے تو اس کا ٹھکانا جہنم ہے کیونکہ علمائے کرام نے ایسے شخص کو کافر قرار دیا ہے۔ اعلیٰ حضرت امام احمد رضا خان رحمۃ اللہ علیہ فرماتے ہیں: اُمُّ المومنین صدیقہ کا قذف (یعنی ان پر تہمت لگانا) کفرِ خالص ہے۔[1] لہٰذا ہمیں حضرت سیدہ، طیبہ، طاہرہ، عفیفہ، بی بی عائشہ صدیقہ رضی اللہ عنہا اور دیگر ازواجِ مطہرات کے بارے میں اپنی زبان سے کوئی غلط بات نہیں نکالنی چاہیے۔ یاد رکھئے! حضرت عائشہ صدیقہ طیبہ طاہرہ رضی اللہ عنہا حضور کی سب سے چہیتی اور محبوب زوجہ ہیں اس بارے میں اعلیٰ حضرت نے جو تین احادیثِ مبارکہ ذکر فرمائیں ان کے علاوہ بھی کئی احادیثِ مبارکہ کتبِ احادیث میں موجود ہیں جیسے نبی کریم صلی اللہ علیہ واٰلہٖ وسلم نے اپنی لختِ جگر، نورِ نظر حضرت سیدہ فاطمۃ الزہراء رضی اللہ عنہا سے ارشاد فرمایا: ربِ کعبہ کی قسم! تمہارے والد کو عائشہ بہت زیادہ محبوب ہیں۔[2] اسی طرح ایک اور حدیثِ پاک میں ہے کہ عورتوں پر عائشہ کی فضیلت ایسے ہی ہے جیسے ثرید کی تمام کھانوں پر۔[3]

اور زبیر و طلحہ ان سے بھی افضل کہ عشرہ مبشرہ سے ہیں، وہ رسولُ اللہ صلی اللہ تعالیٰ علیہ واٰلہٖ وسلم کے پھُپھی زاد بھائی اور حَواری اور یہ رسولُ اللہ صلی اللہ علیہ وسلم کے چہرۂ انور کے سِپَر وقتِ جاں نثاری،

مشکل الفاظ کے معانی حَواری: معاون ومددگار۔ چہرۂ انور: نورانی چہرہ۔ سِپَر: ڈھال۔ وقتِ جاں نثاری: جان قربان کرنے کے وقت۔

---

1 ...... فتاویٰ رضویہ، 14/245

2 ...... ابوداؤد، 4/359، حدیث:4898

3 ...... بخاری، 2/551، حدیث:3770

شانِ حضرت طلحہ وزبیر رضی اللہ عنہما

وضاحت حضرت زبیر و طلحہ رضی اللہ عنہما کا مقام و مرتبہ حضرت عائشہ رضی اللہ عنہا سے بھی بڑھ کر ہے کہ یہ دونوں حضرات عشرہ مبشرہ یعنی ان دس صحابہ میں سے ہیں جنہیں نبی پاک صلی اللہ علیہ واٰلہٖ وسلم نے دنیا میں ہی جنتی ہونے کی خوشخبری سنائی ہے۔ نبی کریم صلی اللہ علیہ واٰلہٖ وسلم نے آٹھ صحابۂ کرام کے ساتھ ساتھ ان دو صحابہ کے نام لے کر ارشاد فرمایا: وطلحة في الجنة والزبير في الجنة یعنی طلحہ جنتی ہیں اور زبیر جنتی ہیں۔[1] حضرت زبیر بن عَوّام رضی اللہ عنہ رسول اللہ صلی اللہ علیہ واٰلہٖ وسلم کی پھوپھی حضرت صفیہ رضی اللہ عنہا کے فرزند ہیں۔ آپ رضی اللہ عنہ کو نبی پاک صلی اللہ علیہ واٰلہٖ وسلم نے "حواری" کا خطاب عطا فرمایا۔[2] اور حضرت طلحہ بن عبید اللہ رضی اللہ عنہ نے اسلام کی سربلندی کیلئے شجاعت و بہادری کے جوہر دکھائے اور اپنی جان کی پروا کئے بغیر نبیِّ کریم صلی اللہ علیہ واٰلہٖ وسلم کی حِفاظت کی خاطر کفار سے مقابلہ کیا۔ آپ کی ہمت و شجاعت کا ذکر کرتے ہوئے امیر المومنین حضرت ابو بکر صدیق رضی اللہ عنہ فرماتے ہیں: غزوۂ اُحد میں جب ہم حضرت طلحہ رضی اللہ عنہ کی طرف مُتوجِّہ ہوئے تو ہم نے دیکھا کہ نبی پاک صلی اللہ علیہ واٰلہٖ وسلم کی حفاظت کرتے ہوئے ان کے جسم پر ستّر سے زیادہ چھوٹے بڑے زخم ہیں اور ان کی انگلیاں بھی کٹ چکی ہیں۔[3] آپ کی شجاعت و بہادری دیکھ کر نبیِّ کریم صلی اللہ علیہ واٰلہٖ وسلم نے اِرشاد فرمایا: طلحہ کیلئے (جنّت) واجب ہوگئی۔[4] اس دوران جب کبھی آپ صلی اللہ علیہ واٰلہٖ وسلم دشمنوں کی فوج کو دیکھنے کیلئے گردن اٹھاتے تو حضرت طلحہ رضی اللہ عنہ عرض کرتے:

---

[1] ترمذی، 5/416، حدیث:3768

[2] بخاری، 2/539، حدیث:3719

[3] معرفة الصحابة لابی نعیم، 1/112، حدیث:369

[4] ترمذی، 5/412، حدیث:3759

یارسولَ اللہ! میرے ماں باپ آپ پر قربان! آپ گردن نہ اٹھائیں، کہیں دشمنوں کا کوئی تیر آپ کو نہ لگ جائے۔ یارسولَ اللہ! آپ میری پیٹھ کے پیچھے ہی رہیں میرا سینہ آپ کے لئے ڈھال بنا ہوا ہے۔ [1]

رہے امیر معاویہ رضی اللہُ تعالٰی عنہ ان کا درجہ ان سب کے بعد ہے اور حضرتِ مولٰی کے مقامِ رَفیع و شانِ مَنیع تک تو ان سے وہ دور دراز منزلیں ہیں جن میں ہزاراں ہزار رَہوارِ برقِ کردار صبار فتار تھک رہیں اور قطع نہ کرسکیں، مگر فضلِ صحبت۔ ہم تو بحمدِ اللہ! سرکارِ اَہلِ بیت کے غلامانِ خانہ زاد ہیں ہمیں معاویہ سے کیا رشتہ کہ خدانخواستہ ان کی حمایتِ بے جا کریں مگر ہاں اپنی سرکار کی طرفداری اور ان کا الزامِ بدگویان سے بَری رکھنا منظور ہے کہ ہمارے شہزادۂ اکبر حضرت سِبطِ مجتبٰی رضی اللہُ تعالٰی عنہ نے حسبِ بشارت اپنے جدِّ امجد سید المرسلین صلی اللہ تعالٰی علیہ وسلم کے بعد اختتامِ مدّت عین مَعرِکۂ جنگ میں ہتھیار رکھ دیے اور مُلک امیر معاویہ کو سپرد کردیا۔

مشکل الفاظ کے معانی حضرتِ مولٰی: حضرت علی۔ مقامِ رَفیع: بلند و بالا مرتبہ۔ شانِ مَنیع: بلند و بالا منزلت۔ رَہوار: تیز چلنے والا گھوڑا۔ بَرق کردار: بجلی کی چمک کی طرح تیز۔ صبار فتار: ہوا جیسی رفتار والا۔ غلامانِ خانہ زاد: گھر کے غلام۔ الزامِ بدگویان: جھوٹے بہتانوں۔ بَری رکھنا: آزاد رکھنا۔ حضرت سِبطِ مجتبٰی: حضرت امام حسن۔ جدِّ امجد: نانا جان۔ اختتامِ مدّت: مدتِ خلافت کا ختم ہونا۔ مَعرِکۂ جنگ: میدانِ جنگ۔

وضاحت حضرت امیر معاویہ رضی اللہُ عنہ کا مقام و مرتبہ خلفائے راشدین، اہل

[1] بخاری، 3/38، حدیث: 4064

بیتِ اطہار اور عشرۂ مبشرہ کے بھی بعد ہے، چونکہ تمام صحابہ درجۂ صحابیت میں برابر ہیں مگر ان میں بعض کو بعض پر فضیلت حاصل ہے اسی وجہ سے امیر المومنین حضرت علی المرتضیٰ رضی اللہُ عنہ کا جو مقام ہے اس تک حضرت امیر معاویہ رضی اللہُ عنہ کی رسائی نہیں ہے، مگر صحابیٔ رسول ہونے کی حیثیت سے حضرت امیر معاویہ رضی اللہُ عنہ کی عزت و عظمت ضرور مسلّم ہے۔ یہی وجہ ہے کہ ان پر اعتراضات کرنا یا الزامات لگانا اور ان کی شان میں کسی بھی طرح کی توہین و گستاخی کرنا کسی کیلئے ہرگز ہرگز جائز نہیں بلکہ ان کا ذکر ہمیشہ خیر کے ساتھ کرنا لازم و ضروری ہے۔ جیسا کہ علامہ ابن جوزی رحمۃُ اللہِ علیہ فرماتے ہیں: ایک مسلمان حضرت امیر معاویہ رضی اللہُ عنہ کے بارے میں صرف اچھی بات ہی کرتا ہے، وہ صحابہ کرام کے باہمی اختلافات میں دخل اندازی نہیں کرتا بلکہ سب کے لیے رحمت کی دعا کرتا ہے۔[1]

حضرت امام حسن نے خلافت کیوں چھوڑی؟

یاد رہے! حضرت امام حسن رضی اللہُ عنہ نے کسی کے رعب و دبدبے کی وجہ سے خلافت نہیں چھوڑی بلکہ آپ اپنی رضا سے امتِ مسلمہ کے خون کی حفاظت و اہمیت کی بنا پر خلافت سے دستبردار ہوئے، جیسا کہ حضرتِ جُبَیرْ بن نُفَیرْ رحمۃ اللہ علیہ فرماتے ہیں کہ میں نے حضرتِ امام حسن رضی اللہُ عنہ سے عرض کی: لوگ کہتے ہیں کہ آپ خلافت کے خواہش مند ہیں؟ فرمایا: بلاشبہ عرب کے تمام قبائل میری دسترس میں تھے میں جس سے جنگ کرتا وہ بھی کرتے اور جس سے صلح کرتا وہ بھی کرتے لیکن میں نے رضائے الٰہی پانے اور امتِ محمدیہ کے خون کی حفاظت کی خاطر خلافت چھوڑ دی۔[2]

دوسری وجہ یہ بھی ہوسکتی ہے کہ نبی پاک صلی اللہ علیہ واٰلہٖ وسلم کی پیش گوئی درست

---

1 ......المنتظم فی تاریخ الملوک والامم، 15/281

2 ......مستدرک، 4/162، حدیث: 4848

ہو جائے کہ آپ صلی اللہ علیہ والہٖ وسلم نے ارشاد فرمایا: خلافت تیس سال تک ہے پھر سلطنت ہو جائے گی۔ [1] خلافتِ راشدہ کی مدت کو بیان کرتے ہوئے حضرت علامہ علی قاری رحمۃ اللہ علیہ فرماتے ہیں: حضرت صدیقِ اکبر کی خلافت دو سال تین ماہ ہے، حضرت فاروقِ اعظم رضی اللہ عنہ کی خلافت دس سال چھ ماہ رہی، حضرت عثمان غنی رضی اللہ عنہ کی خلافت بارہ سال اور مولائے کائنات حضرت علی المرتضیٰ رضی اللہ عنہ کی خلافت چار سال نو ماہ اور حضرت امام حسن مجتبیٰ رضی اللہ عنہ کی خلافت چھ ماہ ہے۔ [2] تو یوں حضرت امام حسن رضی اللہ عنہ کے خلافت چھوڑنے سے نبی پاک صلی اللہ علیہ والہٖ وسلم کے ارشاد کی تصدیق بھی ہو گئی۔

اگر امیر معاویہ رضی اللہ عنہ اَلْعِیَاذُ بِاللّٰہ کافر یا فاسق فاجر یا ظالم جائر تھے تو الزام تو حضرت امام حسن پر آتا ہے کہ انھوں نے کاروبارِ مسلمین و انتظامِ شَرع و دِین باختیارِ خود ایسے شخص کو تفویض کر دیا اور خیر خواہیٔ اسلام کو مَعَاذَ اللّٰہ کام نہ فرمایا۔

اگر مدتِ خلافت ختم ہو چکی تھی اور آپ بادشاہت منظور نہیں فرماتے تو صحابہ حجاز میں کوئی اور قابلیتِ نظم و نسق دین نہ رکھتا تھا جو اِنھیں کو اختیار کیا حَاشَالِلّٰہ! بلکہ یہ بات خود رسولُ اللہ صلی اللہ تعالی علیہ وسلم تک پہنچتی ہے کہ حضور نے اپنی پیشن گوئی میں ان کے اس فعل کو پسند فرمایا اور ان کی سِیادت کا نتیجہ ٹھہرایا کَمَا فِیْ "صَحِیْحِ الْبُخَارِی"۔

مشکل الفاظ کے معانی اَلْعِیَاذُ بِاللّٰہ: اللہ کی پناہ۔ جائر: ظالم۔ انتظامِ شَرع و دِین: دین اور شریعت کا انتظام۔ تفویض کرنا: دے دینا۔ خیر خواہیٔ اسلام: اسلام کی بہتری چاہنا۔ قابلیتِ نظم و نسق دین: دین کے انتظامات کو سنبھالنے کی صلاحیت۔ حَاشَالِلّٰہ: اللہ کی پناہ۔

---

1 ......ترمذی، 4/97، حدیث: 2233

2 ......خازن، النور، تحت الآیۃ: 55، 3/361

پیشن گوئی: آئندہ واقعے کی خبر۔ **سِیادت:** سرداری۔

وضاحت اعلیٰ حضرت کی اس عبارت سے یہ اعتراض بھی دور ہو گیا کہ حضرت امیر معاویہ معاذ اللہ ظالم وجابر تھے اور امامت کے حقدار نہیں تھے۔ اس لیے کہ اگر امیر معاویہ معاذ اللہ فاسق وفاجر یا ظالم وجابر ہونے کی وجہ سے خلافت کی اہلیت نہیں رکھتے تھے تو اس کا الزام تو خود نواسۂ رسول، حضرت امام حسن مجتبیٰ رضی اللہ عنہ پر آتا ہے کہ انہوں نے خلافت ایک ایسے آدمی کے سپرد کر دی جو اس کا اہل ہی نہیں تھا۔ اس طرح تو معاذ اللہ آپ دین کے نظام کو تباہ وبرباد کرنے پر راضی تھے جبھی خلافت سے دستبردار ہوئے۔ دوسرا الزام یہ بھی ماننا پڑے گا کہ اگر نبی پاک صلی اللہ علیہ واٰلہٖ وسلم کے فرمان کے مطابق خلافت کی تیس سالہ مدت ختم ہو گئی تھی اور آپ بادشاہت کرنے پر راضی نہیں تھے تو اس دور میں حضرت امیر معاویہ رضی اللہ عنہ کے علاوہ صاحبِ صلاحیت اور نظامِ حکومت چلانے کی قابلیت رکھنے والے دیگر صحابۂ کرام بھی تو موجود تھے آپ نے اُن میں سے کسی قابل صحابی کو یہ عہدہ سپرد کیوں نہیں فرمایا اور حضرت امیر معاویہ رضی اللہ عنہ کا ہی انتخاب کیوں فرمایا؟ بلکہ اسی پر بس نہیں اس طرح تو نبی پاک صلی اللہ علیہ واٰلہٖ وسلم کی حدیث پاک کو جھٹلانے جیسی گستاخی کا ارتکاب بھی لازم آئے گا کہ آپ صلی اللہ علیہ واٰلہٖ وسلم نے ارشاد فرمایا: میرا یہ بیٹا سیّد (سردار) ہے، اللہ پاک اس کی بدولت مسلمانوں کی دو بڑی جماعتوں میں صلح فرمائے گا۔[1] حالانکہ اس حدیثِ پاک سے تو بات واضح ہوتی ہے کہ حضرت امام حسن رضی اللہ عنہ کا یہ فعل نبی پاک صلی اللہ علیہ واٰلہٖ وسلم کی غیبی خبر اور آپ کی پسند پر دلالت کرتا ہے۔

اعلیٰ حضرت، امامِ اہلسنت رحمۃ اللہ علیہ اس بارے میں فرماتے ہیں: اس سے صلح وبندشِ جنگ مقصود تھی اور یہ صلح وتفویضِ خلافت اللہ ورسول کی پسند سے ہوئی۔ امیر معاویہ رضی اللہ

[1]...... بخاری، 2/214، حدیث: 2704

عنہ اگر خلافت کے اہل نہ ہوتے تو امام مجتبیٰ ہرگز انہیں تفویض نہ فرماتے نہ اللہ ورسول اسے جائز رکھتے واللہ تعالیٰ اعلم[1]

حضرت علامہ علی قاری رحمۃ اللہ علیہ فرماتے ہیں: بے شک اکابر سے مجھ تک یہ بات پہنچی ہے کہ جب حضرت امام حسن مجتبیٰ رضی اللہ عنہ نے فتنہ فساد کو ختم کرنے کے خیال سے خلافت چھوڑ دی تو اللہ پاک نے اس کے بدلے آپ کو اور آپ کی اولاد کو قطبیتِ کبریٰ کا منصب عطا فرمایا۔ پہلے قطبِ اکبر خود حضرت امام حسن رضی اللہ عنہ ہیں اور درمیان میں غوثِ اعظم حضرت شیخ عبد القادر جیلانی رحمۃ اللہ علیہ ہوئے اور آخر میں حضرت امام مہدی منصبِ قطبیت پر فائز ہوں گے۔[2] یہی بات امامِ اہلِ سنّت، امام احمد رضا خان رحمۃ اللہ علیہ نے بھی ذکر فرمائی ہے۔[3]

---

1 ...... فتاویٰ رضویہ، 29/337 ملتقطاً

2 ...... نزہۃ الخاطر الفاتر فی ترجمہ سیدی الشریف عبد القادر، ص19

3 ...... فتاویٰ رضویہ، 28/392

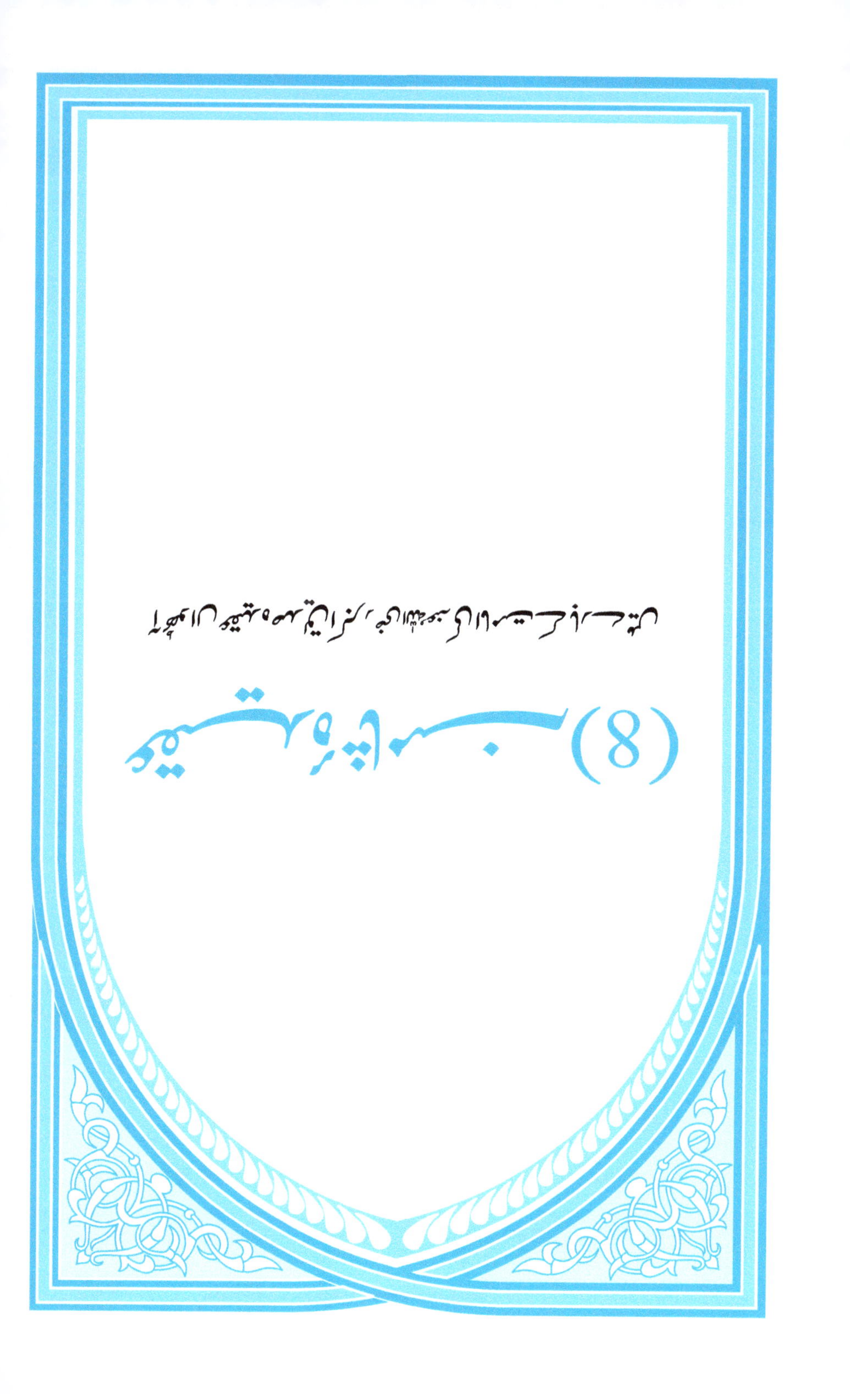

(8)

عقیدۂ ثامنہ (8) [1]

رسولُ اللّٰہ صلی اللّٰہ علیہ وسلم کے بعد امامتِ صدیق بِالْقَطْعِ وَالتَّحْقِیْق حَقَّہ راشدہ ہے، نہ غاصبہ جائِرہ

مشکل الفاظ کے معانی بِالْقَطْعِ وَالتَّحْقِیْق: قطعی اور یقینی۔ حَقَّہ راشدہ: سچائی اور رہنمائی۔ غاصبہ جائِرہ: زبردستی ظلم سے حاصل کی گئی۔

وضاحت نبیِ کریم صلی اللّٰہ علیہ واٰلہٖ وسلم کے وصالِ ظاہری کے بعد سب سے پہلے امام اور خلیفۂ اول حضرت عبد اللّٰہ بن ابو قُحافہ ابو بکر صدیق رضی اللّٰہ عنہ ہیں۔ آپ کی خلافت قرآن واحادیث اور اقوالِ صحابہ جیسے قطعی یقینی واضح دلائل سے ثابت ہے۔ آپ مسندِ خلافت پر معاذ اللّٰہ اپنے زورِ بازو یا ظلم وزبردستی سے فائز نہیں ہوئے بلکہ آپ نے صحابۂ کرام کے اتفاقِ رائے سے خلافت کا منصب سنبھالا اور حسن وخوبی سے تکمیل تک پہنچایا۔

رحمت ورَافت و حُسنِ سِیادت ولحاظِ مَصلَحَت وحمایتِ ملّت وپناہِ اُمت سے مُزَیَّن اور عدل وداد، صِدق وسَدَاد ورُشد وارشاد وقطعِ فساد و قمعِ اہلِ اِرتداد سے مُحَلّٰی۔

مشکل الفاظ کے معانی رَافت: شفقت۔ حُسنِ سِیادت: بہتر حکومت وامامت۔ لحاظِ مَصلَحَت: تمام تر مصلحتوں کی رعایت۔ حمایتِ ملّت: شریعت کی حمایت۔ مُزَیَّن: سجی ہوئی۔ عدل و داد: انصاف ومساوات۔ صِدق و سَدَاد: سچائی ودرستی۔ رُشد: ہدایت۔ اِرشاد: رہنمائی۔ قطعِ فساد: فتنے کے خاتمے۔ قمعِ اہلِ اِرتداد: مرتدوں کو جڑ سے ختم کرنا۔ مُحَلّٰی: آراستہ، سجی ہوئی۔

وضاحت بلکہ آپ رضی اللّٰہ عنہ نے خلافت کے معاملات کو بہت اچھے انداز میں

---

[1] ...... آٹھواں عقیدہ صدیق اکبر رضی اللّٰہ عنہ کی امامت کے بارے میں۔

سر انجام دیا، رعایا پر شفقت و مہربانی فرمائی، اسلام کی سربلندی کیلئے تمام تر مصلحتوں کو ملحوظ رکھا۔ آپ کی خلافت اور نظامِ حکومت شریعت کے عین مطابق اور عدل و انصاف، صداقت و ہدایت پر مشتمل تھی۔ آپ رضی اللہ عنہ کے دورِ خلافت میں زکوٰۃ کی فرضیت کا انکار جیسے کئی فتنوں نے سر اٹھایا لیکن آپ نے اپنی قائدانہ صلاحیت، مومنانہ فراست اور بہترین نظام سلطنت کے ذریعے ان فتنوں کو ختم فرمایا۔

اوّل تو تلویحات و تصریحات سیّدُ الکائنات علیہ و علی اٰلہٖ افضل الصلوات و التحیات اس بارے میں بکثرت وارد،

مشکل الفاظ کے معانی اوّل: پہلی (دلیل)۔ **تلویحات و تصریحات:** واضح اور صریح۔ **وارد:** موجود۔

خلافت صدیق اکبر پر دلائل!

وضاحت حضرت صدیق اکبر رضی اللہ عنہ کی خلافت کے ثبوت کیلئے پہلی دلیل تو یہ ہے کہ اس بارے میں نبی کریم صلی اللہ علیہ واٰلہٖ وسلم کے بے شمار فرامین موجود ہیں جو خلافتِ صدیقی پر واضح اور روشن دلائل کی حیثیت رکھتے ہیں۔ ان میں سے دو یہ ہیں: اُمّ المومنین حضرت عائشہ صدیقہ رضی اللہ عنہا سے روایت ہے کہ نبی پاک صلی اللہ علیہ واٰلہٖ وسلم نے مرضِ وفات میں مجھے ارشاد فرمایا: ”ابو بکر اور ان کے بیٹے کو بلالاؤ تاکہ میں انہیں لکھ دوں، مجھے خوف ہے کہ کوئی تمنا کرنے والا اپنی خواہش کا اظہار کرتے ہوئے یہ نہ کہہ دے کہ میں زیادہ حقدار ہوں کیونکہ اللہ پاک اور مسلمان ابو بکر کے سوا کسی سے راضی نہ ہوں گے۔“ [1]

حضرت ابو سعید خدری رضی اللہ عنہ سے روایت ہے کہ رسولُ اللہ صلی اللہ علیہ واٰلہٖ وسلم نے

[1] ...... مسلم، ص999، حدیث: 6181

ارشاد فرمایا: ”مسجد میں ابو بکر صدیق کے دروازے کے علاوہ سارے دروازے بند کر دو۔“ [1]

علماء کرام فرماتے ہیں کہ یہ حدیثِ مبارکہ آپ کی خلافت کی طرف اشارہ کرتی ہے کہ آپ رضی اللہ عنہ اس دروازے سے تشریف لاکر مسلمانوں کو نماز پڑھایا کریں گے۔ [2]

دوسری خلافت اس جناب تقویٰ مآب کی باجماعِ صحابہ واقع ہوئی، اور باطل پر اجماعِ اُمّت خصوصاً اصحابِ حضرتِ رِسالت علیہ و علیہم الصلاۃ والتحیۃ ممکن نہیں۔

مشکل الفاظ کے معانی تقویٰ مآب: پرہیز گار یعنی صدیق اکبر۔ باطل: جھوٹ۔ اجماع: اتفاقِ رائے، کسی کام پر اتفاق کر لینا۔

وضاحت حضرت صدیق اکبر رضی اللہ عنہ کی خلافت پر دوسری دلیل یہ ہے کہ آپ کو خلیفۂ اول تسلیم کرنے کیلئے تمام کے تمام صحابۂ کرام علیہمُ الرضوان خوشی خوشی متفق ہوگئے تھے جیسا کہ حضرت عبد اللہ بن مسعود رضی اللہ عنہ فرماتے ہیں: مسلمان جسے بہتر سمجھیں وہ اللہ کے نزدیک بہتر اور جسے مسلمان برا سمجھیں وہ اللہ کے نزدیک برا ہے۔ تمام صحابۂ کرام نے حضرت ابو بکر صدّیق رضی اللہ عنہ کو خلیفہ بنانے کا مشورہ دیا۔ [3] بلکہ مولائے کائنات، حضرت علی المرتضیٰ شیرِ خدا کَرَّمَ اللہُ وجہہ الکریم خود ارشاد فرماتے ہیں: ”غور سے سن لو! ہم نے حضرت ابو بکر صدّیق رضی اللہ عنہ کو ہی خلافت کا اہل سمجھا ہے۔“ [4] لہٰذا اجماعِ صحابہ سے یہ بات ثابت ہوئی کہ خلافتِ صدیق اکبر حق ہے کیونکہ سارے صحابہ کسی جھوٹی بات پر متفق نہیں ہو سکتے

---

1 ...... بخاری، 1/177، حدیث: 466

2 ...... تاریخ الخلفاء، ص46۔ (اس مسئلے پر مزید تفصیلی معلومات کیلئے مکتبۃ المدینہ کی کتاب ”فیضانِ صدیق اکبر“ باب خلافتِ صدیق اکبر کا مطالعہ بے حد مفید ثابت ہوگا۔)

3 ...... مستدرک، 4/28، حدیث: 4522

4 ...... مستدرک، 4/27، حدیث: 4519

کیونکہ نبی پاک صلی اللہ علیہ واٰلہٖ وسلم نے ارشاد فرمایا: میری امت گمراہی پر جمع نہ ہوگی، جب تم اختلاف دیکھو تو سب سے بڑی جماعت کو لازم پکڑلو۔ [1]

اور مان لیا جائے تو غصب و ظلم پر اتفاق سے عِیَاذًا بِاللہ سب فُسّاق ہوئے،

مشکل الفاظ کے معانی **غصب**: ناجائز قبضہ کرنا۔ **ظلم**: ناانصافی۔ **فساق**: گناہ گار۔

وضاحت صحابۂ کرام کا کسی جھوٹی بات پر متفق ہونا اگرچہ ممکن نہیں لیکن اگر بفرضِ محال یہ بات تسلیم کرلی جائے کہ سارے صحابۂ کرام نے خلافتِ صدّیقِ اکبر جیسی جھوٹی بات پر اتفاق کرلیا تھا تو اس طرح مَعَاذَ اللہ سارے صحابۂ کرام کا فاسق ہونا لازم آئے گا حالانکہ سارے صحابہ عادل ہیں (ان میں سے) کوئی (بھی) فاسق نہیں یعنی گناہ پر قائم کوئی نہ رہا۔ [2]

اللہ پاک نے تو قرآنِ کریم میں کئی مقامات پر ان کے حُسنِ عمل، حُسنِ اَخلاق اور حُسنِ ایمان کی تعریف فرما کر ان کی عظمت و رفعت کو اجاگر فرمایا اور انہیں دنیا میں ہی بخشش و مغفرت اور آخرت کی ابدی نعمتوں کی خوشخبری سنائی ہے۔ ان کی ایمانی صداقت کے بارے میں ارشاد فرمایا:

اُولٰٓىِٕكَ هُمُ الْمُؤْمِنُوْنَ حَقًّاؕ لَهُمْ دَرَجٰتٌ عِنْدَ رَبِّهِمْ وَ مَغْفِرَةٌ وَّ رِزْقٌ كَرِیْمٌۚ (۴) (پ9، انفال:4)	ترجمہ: یہی سچّے مسلمان ہیں ان کے لئے درجے ہیں ان کے رب کے پاس اور بخشش ہے اور عزت کی روزی۔

انہیں اپنے منتخب بندوں میں شمار کیا، ان پر سلامتی نازل فرمائی اور ارشاد فرمایا:

قُلِ الْحَمْدُ لِلّٰهِ وَ سَلٰمٌ عَلٰى عِبَادِهِ الَّذِیْنَ اصْطَفٰىؕ (پ19، النمل:59)	ترجمہ: تم کہو سب خوبیاں اللہ کو اور سلام اس کے چُنے ہوئے بندوں پر۔

---

[1] ......ابنِ ماجہ، 4/327، حدیث:3950

[2] ......مراٰۃ المناجیح، 2/261

جب قرآنِ مبین ان صحابۂ کرام کے ایمان کی سچائی کی گواہی دے اور اللہ کے پسندیدہ بندوں میں شمار ہونے کی خبر دے تو ان عظیم ہستیوں کے بارے میں یہ کیسے مُتَصَوَّر ہو سکتا ہے کہ وہ کسی جھوٹی بات پر متفق ہو کر کسی کی حق تلفی کریں گے۔

اور یہی لوگ حاملانِ قرآنِ مبین و راویانِ دینِ متین ہیں، جو انھیں فاسق بتائے اپنے لیے نبی صلی اللہ تعالٰی علیہ وسلم تک دوسرا سلسلہ پیدا کرے یا ایمان سے ہاتھ دھو بیٹھے،

مشکل الفاظ کے معانی حاملانِ قرآنِ مبین: روشن قرآن کو اٹھانے والے۔ راویانِ دینِ متین: مضبوط مستحکم دین بیان کرنے والے۔

قرآن و حدیث پہنچانے والے

وضاحت ان حضرات صحابۂ کرام کا کسی جھوٹی بات پر متفق ہونا اس وجہ سے بھی قابلِ تسلیم نہیں کہ نبی پاک صلی اللہ علیہ واٰلہٖ وسلم کے بعد انہی حضرات نے دینِ اسلام اور قرآنِ کریم کی تعلیمات کو لوگوں میں عام فرمایا ہے ان کی اس صفت کو قرآنِ پاک نے یوں بیان فرمایا ہے: ثُمَّ اَوْرَثْنَا الْكِتٰبَ الَّذِیْنَ اصْطَفَیْنَا مِنْ عِبَادِنَا ۚ [1] ترجمہ: پھر ہم نے کتاب کا وارث کیا اپنے چُنے ہوئے بندوں کو۔

حضرت علامہ ابوزُرعہ رازی رضی اللہُ عنہ فرماتے ہیں: جب تم کسی شخص کو دیکھو کہ وہ رسول کریم صلی اللہ علیہ واٰلہٖ وسلم کے اصحاب میں سے کسی کی تنقیص کرتا ہے ان میں نقص نکالتا ہے تو جان لو کہ وہ زِندیق اور بے دین ہے۔ اس لیے کہ قرآن اور حضور صلی اللہ علیہ واٰلہٖ وسلم کا ہر فرمان ہمیں صحابہ ہی کے واسطے سے ملا ہے تو ان کی ذات میں بُرائی ثابت کرنا اور انہیں غلط ٹھہرانا قرآن و حدیث کو باطل قرار دینا ہے۔ [2]

---

1 ...... پ22، فاطر:32

2 ...... تاریخ مدینۃ دمشق، 38/32 ملخصاً

اسی طرح کئی احادیثِ مبارکہ میں نبی کریم، رؤف رّحیم صلی اللہ علیہ والہٖ وسلم نے ان کی رفعت و عظمت بیان فرما کر ان کی تعظیم و توقیر کا حکم دیا اور ان کی پیروی کا حکم ارشاد فرمایا ہے اس بارے میں چند احادیث طیبہ ملاحظہ کیجئے: اَکْرِمُوا اَصْحَابِی فَاِنَّهُمْ خِيَارُكُمْ [1] یعنی میرے صحابہ (رِضوانُ اللہِ علیہم اجمعین) کی عزّت کرو کہ وہ تمہارے نیک ترین لوگ ہیں۔ مزید ارشادِ نبوی ہے کہ خَيْرُ اُمَّتِي الْقَرْنُ الَّذِينَ يَلُونِي [2] یعنی میری اُمّت میں سب سے بہتر میرے زمانہ والے ہیں (یعنی صحابۂ کرام علیہمُ الرضوان)

اس قدر اعلیٰ خصوصیات و فضائل کے جامع صحابۂ کرام کو اگر کوئی اب بھی فاسق و گنہگار کہے یا ان کی شان میں بے ادبی و گستاخی کرے تو ایسا شخص بحکم احادیث لعنت کا مستحق قرار پائے گا جیسا کہ حدیثِ پاک میں ہے: فَمَنْ سَبَّهُمْ فَعَلَيْهِ لَعْنَةُ اللهِ وَالْمَلَائِكَةِ وَالنَّاسِ اَجْمَعِيْنَ یعنی جو انہیں برا کہے اس پر اللہ کی، فِرشتوں اور تمام لوگوں کی لَعنت ہے، لَا يَقْبَلُ اللهُ مِنْهُ يَوْمَ الْقِيَامَةِ صَرْفًا وَّلَا عَدْلًا اور اللہ پاک روزِ قیامت ایسے شخص کا نہ کوئی فَرض قَبول فرمائے گا نہ نفل۔ [3]

لٰہذا ان دلائل کی روشنی میں صحابۂ کرام کی فضیلت و عظمت، عدالت و ثقاہت کے ذریعے یہ بات بھی واضح طور پر ثابت ہوتی ہے کہ حضرت صدّیقِ اکبر رضی اللہ عنہ کی خلافت پر صحابۂ کرام کی اتنی بڑی جماعت کا متفق ہونا کوئی محال بات نہیں ہے۔

اسی طرح ان کے بعد خلافتِ فاروق، پھر امامتِ ذِی النُّورَین، پھر جلوہ فرمائی ابو الحسنین رضی اللہُ تعالیٰ عنہم اجمعین۔

مشکل الفاظ کے معانی ذی النورین: دو نور والے یعنی حضرت عثمانِ غنی رضی اللہُ عنہ۔

1 ...... مصنف عبد الرزاق، 10/296، حدیث: 20876- مشكاة المصابيح، 2/413، حدیث: 6012
2 ...... مسلم، ص 1053، حدیث: 6469 مختصراً
3 ...... معجم کبیر، 17/140، حدیث: 349 مختصراً

ابوالحسنین: یعنی حضرت علی رضی اللہ عنہ۔

خلافت کی ترتیب

وضاحت حضرت صدیق اکبر رضی اللہ عنہ کی خلافت کے بعد بالترتیب فاروق اعظم حضرت عمر بن خطاب رضی اللہ عنہ ہیں ان کے بعد ذوالنورین حضرت عثمان بن عفان رضی اللہ عنہ مقرر ہوئے اور ان کے بعد ابوالحسنین حضرت مولائے کائنات شیر خدا علی المرتضیٰ رضی اللہ عنہ منصبِ خلافت پر فائز ہوئے۔ حضرت امام محمد بن حسین بغوی رحمۃ اللہ علیہ اسی ترتیب کو بیان کرتے ہوئے فرماتے ہیں: حضرت ابو بکر صدیق، عمر فاروق، عثمان غنی، علی شیر خدا رضی اللہ عنہم انبیاء و مرسلین کے بعد تمام لوگوں میں سب سے افضل ہیں اور پھر ان چاروں میں افضلیت کی ترتیب خلافت کی ترتیب کی طرح ہے کہ حضرت ابو بکر صدیق رضی اللہ عنہ پہلے خلیفہ ہیں لہٰذا وہ سب سے افضل ان کے بعد حضرت عمر فاروق، ان کے بعد حضرت عثمان غنی، ان کے بعد حضرت علی شیر خدا رضی اللہ عنہم افضل ہیں۔ [1]

---

[1] ......شرح السنۃ للبغوی، 1/ 182

عقیدۂ تاسعہ (9)

نواں عقیدہ دین کی ضروری چیزوں کے بارے میں

عقیدۂ تاسعہ (9) [1]

نصوصِ قرآنیہ واحادیثِ مشہورہ متواترہ واجماعِ امتِ مرحومہ مبارکہ سے جو کچھ دربارہ اُلوہیت ورِسالت وَمَاكَانَ وَمَايَكُوْنُ ثابت سب حق ہے اور ہم سب پر ایمان لائے۔

مشکل الفاظ کے معانی نصوصِ قرآنیہ: قرآنی آیات۔ احادیثِ مشہورہ: وہ حدیث جس کے راوی ہر طبقہ میں دو سے زائد مگر تواتر کی تعداد سے کم ہوں۔ متواتِرہ: وہ حدیث ہے جس کے راوی ہر زمانے میں اس قدر کثیر لوگ ہوں کہ ان کا جھوٹ پر متفق ہو جانا عادتاً محال ہو۔ دربارہ اُلوہیت: اللہ کریم کی ذات وصفات کے بارے میں۔ وَمَاكَانَ وَمَايَكُوْنُ: جو کچھ ہو چکا اور جو کچھ ہو گا۔

وضاحت قرآنِ کریم، احادیثِ مبارکہ اور اجماعِ امتِ مسلمہ جو کہ شریعتِ مطہرہ کے بنیادی اصول ہیں ان سے جو احکامات ثابت ہوتے ہیں ان پر عمل لازم وضروری ہے کیونکہ ان میں سے ہر ایک قطعی اور یقینی طور پر مستقل شرعی دلیل کی حیثیت رکھتا ہے۔ ان شرعی دلیلوں سے اللہ کریم کی ذات وصفات کے بارے جو عقائد ثابت ہیں سب پر ہمیں ایمان لانا ضروری ہے مثلاً اللہ ایک ہے کوئی اس کا شریک نہیں نہ ذات میں نہ صِفات میں نہ افعال میں نہ احکام میں نہ اسماء (ناموں) میں۔[2] کوئی اس کا ہمسر نہیں ہے بلکہ وہی ساری کائنات کو چلانے کیلئے اکیلا ہی قادر ہے کوئی اس کا مددگار نہیں اور وہی حقیقی معبود ہے اس کے علاوہ کوئی عبادت کے لائق نہیں ہے۔ قرآن پاک کی بہت سی آیات مبارکہ میں اس کا ثبوت موجود ہے بطورِ دلیل ان میں سے تین آیات ملاحظہ کیجئے:

---

[1] نواں عقیدہ دین کی ضروری چیزوں کے بارے میں۔

[2] بہارِ شریعت، 1/2

ذٰلِكُمُ اللّٰهُ رَبُّكُمْ ۚ لَاۤ اِلٰهَ اِلَّا هُوَ ۚ خَالِقُ كُلِّ شَیْءٍ فَاعْبُدُوْهُ ۚ وَهُوَ عَلٰى كُلِّ شَیْءٍ وَّكِیْلٌ ﴿۱۰۲﴾ (پ7،الانعام:102)

ترجمہ: یہ ہے اللہ تمہارا رب اس کے سوا کسی کی بندگی نہیں ہر چیز کا بنانے والا تو اسے پوجو اور وہ ہر چیز پر نگہبان ہے۔

وَلَا یُشْرِكُ فِیْ حُكْمِهٖۤ اَحَدًا ﴿۲۶﴾ (پ15،الکھف:26)

ترجمہ: اور وہ اپنے حکم میں کسی کو شریک نہیں کرتا۔

وَلَمْ یَكُنْ لَّهٗ شَرِیْكٌ فِی الْمُلْكِ (پ15،بنی آسرآءیل:111)

ترجمہ: اور بادشاہی میں کوئی اس کا شریک نہیں۔

ان شرعی دلائل کی روشنی میں جس طرح اللہ پاک کی ذات وصفات پر ایمان لانا ضروری ہے اسی طرح نبوت ورسالت سے متعلق عقائد پر ایمان لانا بھی ضروری ہے جیسے تمام انبیاو رسل علیہم السلام اور وہ کتابیں اور صحیفے جو لوگوں کی ہدایت ور ہنمائی کیلیئے ان نبیوں پر نازل ہوئے سب کے سب برحق ہیں اور ایک مسلمان کیلیئے ان سب پر ایمان لانا ضروری ہے۔ قرآنِ پاک میں ارشاد ہوتا ہے:

یٰۤاَیُّهَا الَّذِیْنَ اٰمَنُوْۤا اٰمِنُوْا بِاللّٰهِ وَرَسُوْلِهٖ وَالْكِتٰبِ الَّذِیْ نَزَّلَ عَلٰى رَسُوْلِهٖ وَالْكِتٰبِ الَّذِیْۤ اَنْزَلَ مِنْ قَبْلُ ؕ (پ5،النسآء:136)

ترجمہ: اے ایمان والو ایمان رکھو اللہ اور اللہ کے رسول پر اور اِس کتاب پر جو اپنے اُن رسول پر اُتاری اور اُس کتاب پر جو پہلے اُتاری۔

نیز اس کے علاوہ جو کچھ پہلے ہو چکا اور جو تا قیام قیامت اور اس کے بعد ہو گا سب حق ہے ہمیں سب پر ایمان لانا ضروری ہے۔

جنت اور اسکے جاں فِزا اَحوال، دوزخ اور اس کے جاں گُزا احوال،

مشکل الفاظ کے معانی جاں فِزا اَحوال: فرحت انگیز اور خوشیاں بخشنے والے احوال۔ جاں گزا احوال: تکلیف دِہ حالات۔

وضاحت ایک مسلمان کیلئے جنت اور اس کی نعمتوں پر ایمان رکھنا ضروریاتِ دین سے ہے [1] اور ضروریاتِ دین کا منکر بلکہ ان میں ادنیٰ شک کرنے والا بالیقین کافر ہوتا ہے ایسا کہ جو اس کے کفر میں شک کرے وہ بھی کافر [2]

---

[1] ...... ضروریاتِ دین کی تعریف یہ کی گئی ہے: فَسِمَاتِ الضَّرُوْرِيَّاتُ بِمَا يُشْتَرَكُ فِيْ عِلْمِهِ الْخَوَاصِ وَالْعَوَام۔ ضروریاتِ دین کی تفسیر یہ کی گئی کہ وہ دینی مسائل جن کو خواص وعوام سب جانتے ہوں۔ اعلیٰ حضرت رحمۃ اللہ علیہ اس کی وضاحت کرتے ہوئے فرماتے ہیں: میں کہتا ہوں کہ عوام سے وہ لوگ مراد ہیں جن کا دین کے ساتھ تعلق اور علمائے دین کے ساتھ میل جول ہے، ورنہ بہت سے جاہل دیہاتی خصوصاً ہندوستان اور مشرق میں ایسے ہیں جو کئی ضروریاتِ دین کو نہیں جانتے، یہ نہیں کہ وہ ان اُمور کے مُنکِر ہیں بلکہ ان سے غافل ہیں، نہ پہچاننا اور کسی چیز کے عدم کا پہچاننا اور ہے اگرچہ جہل مرکب ہی ہو۔ (فتاویٰ رضویہ، 1/242 ملخصاً) حضرت مفتی امجد علی اعظمی رحمۃُ اللہ علیہ بھی ضروریاتِ دین کی تعریف کچھ اس طرح کرتے ہیں: ضروریاتِ دین وہ مسائلِ دین ہیں جن کو ہر خاص وعام جانتے ہوں، جیسے اللہ پاک کی وحدانیت، انبیا کی نبوت، جنت ونار، حشر ونشر وغیرہا، مثلاً یہ اِعتقاد کہ حضورِ اقدس صلی اللہ علیہ واٰلہٖ وسلم خاتم النبیین ہیں، حضور (صلی اللہ علیہ واٰلہٖ وسلم) کے بعد کوئی نیا نبی نہیں ہو سکتا۔ عوام سے مراد وہ مسلمان ہیں جو طبقۂ علماء میں نہ شمار کیے جاتے ہوں، مگر علما کی صحبت سے شرفیاب ہوں اور مسائلِ علمیہ سے ذوق رکھتے ہوں، نہ وہ کہ کوردہ اور جنگل اور پہاڑوں کے رہنے والے ہوں جو کلمہ بھی صحیح نہیں پڑھ سکتے، کہ ایسے لوگوں کا ضروریاتِ دین سے ناواقف ہونا اُس ضروری کو غیر ضروری نہ کر دے گا، البتہ ان کے مسلمان ہونے کے لیے یہ بات ضروری ہے کہ ضروریاتِ دین کے مُنکِر نہ ہوں اور یہ اِعتقاد رکھتے ہوں کہ اسلام میں جو کچھ ہے حق ہے، ان سب پر اِجمالاً ایمان لائے ہوں۔ (بہارِ شریعت، 1/172)

[2] فتاویٰ رضویہ، 29/413

جنت اور اس کی نعمتیں

جنت ایسا مقام ہے جسے اللہ کریم نے اپنے فضلِ عظیم سے نیک بندوں کو ان کے اعمال کا بدلہ دینے کیلئے آخرت میں تیار فرمایا ہے، اسے بہشت بھی کہتے ہیں۔ جنت میں ہر قسم کی راحت وشادمانی وفرحت کا سامان موجود ہے حدیثِ مُبارَک میں ہے کہ اللہ پاک ارشاد فرماتا ہے: میں نے اپنے نیک بندوں کے لئے وہ کچھ تیار کر رکھا ہے جسے نہ کسی آنکھ نے دیکھا، نہ کسی کان نے سنا اور نہ ہی کسی انسان کے دل میں اس کا خیال گزرا۔[1] اگر جنّت کی کوئی ناخن بھر چیز دنیا میں ظاہر ہو تو تمام آسمان وزمین اس سے آراستہ ہو جائیں اور اگر جنّتی کا کنگن ظاہر ہو تو سورج کی روشنی مٹا دے، جیسے آفتاب ستاروں کی روشنی مِٹا دیتا ہے۔[2] (جنّت) میں مختلف جواہر کے محل ہیں، ایسے صاف وشفاف کہ اندر کا حصّہ باہر سے اور باہر کا اندر سے دکھائی دیتا ہے۔[3] جنّت کی دیواریں سونے اور چاندی کی اینٹوں اور مشک کے گارے سے بنی ہیں۔[4] ایک اینٹ سونے کی، ایک چاندی کی، زمین زعفران کی، کنکریوں کی جگہ موتی اور یاقوت۔[3]

جنت اور اس کی نعمتیں دائمی ہیں انہیں کبھی زوال نہیں ہو گا۔ نہ کسی جنتی کو نکالا جائے گا اور نہ ہی کسی جنتی کو موت آئے گی اس پر قرآنِ کریم کی یہ آیاتِ مبارکہ واضح ثبوت ہیں:

وَالَّذِيْنَ اٰمَنُوْا وَعَمِلُوا الصّٰلِحٰتِ سَنُدْخِلُهُمْ جَنّٰتٍ تَجْرِيْ مِنْ تَحْتِهَا الْاَنْهٰرُ خٰلِدِيْنَ فِيْهَآ اَبَدًا ؕ (پ5، النسآء:57)	ترجمہ: اور جو لوگ ایمان لائے اور اچھے کام کیے عنقریب ہم انہیں باغوں میں لے جائیں گے جن کے نیچے نہریں رواں ان میں ہمیشہ رہیں گے۔

---

1. بخاری، 2/391، حدیث: 3244
2. ترمذی، 4/241، حدیث: 2547
3. الترغیب والترہیب، 4/281، حدیث: 27
4. مجمع الزوائد، 10/732، حدیث: 18642
5. دارمی، 2/429، حدیث: 2821

وَمَاهُم مِّنْهَا بِمُخْرَجِينَ ﴿۴۸﴾ (پ14، الحجر:48)

ترجمہ: نہ وہ اس میں سے نکالے جائیں

لَا يَذُوقُونَ فِيهَا الْمَوْتَ إِلَّا الْمَوْتَةَ الْأُولَىٰ ۖ (پ25، الدخان:56)

ترجمہ: اس میں پہلی موت کے سوا پھر موت نہ چکھیں گے۔

جہنم اور اس کی ہولناکیاں

اسی طرح دوزخ پر ایمان رکھنا بھی ضروریاتِ دین میں سے ہے جس کا منکر کافر ہے۔ دوزخ ایسا بھیانک اور خوفناک مقام ہے جو اللہ پاک نے کافروں، منافقوں اور گنہگاروں کو سزا دینے کیلئے تیار کیا ہے۔ جہنم میں دوزخیوں کو طرح طرح کے دردناک عذابات میں مبتلا کیا جائے گا۔ اُن عذابوں اور سزاؤں کی کیفیت کو دنیا میں کوئی سوچ بھی نہیں سکتا۔ حضرت جبرئیلِ امین علیہ السّلام نے نبی پاک صلی اللہ علیہ واٰلہٖ وسلم کو قسم کھا کر بتایا: اگر جہنّم کو سُوئی کے ناکے برابر (دنیا پر) کھول دیا جائے تو تمام زمین والے اس کی گرمی سے مر جائیں اور یہ بھی بتایا کہ اگر جہنمیوں کی زنجیر کی ایک کڑی دنیا کے پہاڑوں پر رکھ دی جائے تو وہ کانپنے لگیں اور انہیں قرار نہ ہو یہاں تک کہ نچلی زمین تک دھنس جائیں۔[1] ایک اور حدیث میں ارشاد فرمایا: اگر جہنم کے ہتھوڑوں میں سے کوئی ہتھوڑا زمین پر رکھ دیا جائے تو تمام جِنّ و اِنس جمع ہو کر بھی اُس کو زمین سے نہیں اُٹھا سکتے۔[2] اگر جہنم کے تھوہڑ (ایک کانٹے دار زہریلے درخت) کا ایک قطرہ دُنیا میں آجائے تو اس کی بدبُو سے تمام اہلِ دُنیا کی معیشت بَرباد ہو جائے۔[3] (جہنمی) پانی مانگیں گے تو انہیں ایسا کھولتا ہوا پانی دیا جائے گا کہ مُنہ کے قریب آتے ہی مُنہ کی کھال گَل کر گِر جائے گی

---

1 مجمع الزوائد، 10/707، حدیث:18573 ملتقطاً
2 مسند احمد، 17/334، حدیث:11233
3 ترمذی، 4/263، حدیث:2594

اور پیٹ میں جاتے ہی آنتوں کو ٹکڑے ٹکڑے کر دے گا۔[1]

کافر جہنم جائیں گے تو انہیں بھی کبھی موت نہیں آئے گی اور نہ ہی ان کے عذاب میں کمی ہو گی بلکہ ہمیشہ جہنم کی آگ میں جلتے رہیں گے اور انہیں کبھی نہیں نکالا جائے گا اس پر قرآن کریم کی یہ آیاتِ مبارکہ واضح دلیل کی حیثیت رکھتی ہیں، ارشادِ باری تعالیٰ ہے:

وَالَّذِیْنَ كَفَرُوْا لَهُمْ نَارُ جَهَنَّمَ ۚ لَا یُقْضٰى عَلَیْهِمْ فَیَمُوْتُوْا وَلَا یُخَفَّفُ عَنْهُمْ مِّنْ عَذَابِهَا ؕ (پ22، الفاطر:36)

ترجمہ: اور جنھوں نے کفر کیا ان کے لیے جہنم کی آگ ہے نہ ان کی قضا آئے کہ مر جائیں اور نہ ان پر اس کا عذاب کچھ ہلکا کیا جائے۔

وَالَّذِیْنَ كَفَرُوْا وَكَذَّبُوْا بِاٰیٰتِنَاۤ اُولٰٓىٕكَ اَصْحٰبُ النَّارِ ۚ هُمْ فِیْهَا خٰلِدُوْنَ ﴿۳۹﴾ (پ1، البقرۃ:39)

ترجمہ: اور وہ جو کفر کریں اور میری آیتیں جھٹلائیں گے وہ دوزخ والے ہیں ان کو ہمیشہ اس میں رہنا۔

اللہ کریم ہمیں جنت اور اس کی نعمتوں سے مستفیض فرمائے اور جہنم اور اس کی ہولناکیوں سے پناہ عطا فرمائے۔ آمین

قبر کے نَعیم و عذاب، منکر نکیر سے سوال و جواب، روزِ قیامت حساب و کتاب و وزنِ اعمال و کوثر و صراط و شفاعتِ عُصاۃ اہلِ کبائر اور اِس کے سبب اہلِ کبائر کی نجات اِلٰی غَیْرِ ذَالِكَ مِنَ الْوَارِدَات سب حق ہے

مشکل الفاظ کے معانی نَعیم: نعمتیں۔ منکر نکیر: قبر میں سوالات کرنے والے فرشتے۔ عُصاۃ اہلِ کبائر: بڑے بڑے گنہگار۔ اِلٰی غَیْرِ ذَالِكَ مِنَ الْوَارِدَات: اس کے علاوہ اور بہت سے واقعات۔

---

[1] ترمذی، 4/264، حدیث:2595

وضاحت اعلیٰ حضرت، امامِ اہلسنت رحمۃ اللہ علیہ کی اس عبارت میں عذابِ قبر، قیامت اور اس کے دیگر معاملات کے منکرین کا رد ہے۔

عذابِ قبر کا عقیدہ

عذابِ قبر حق ہے اور اس کا تعلق ضروریاتِ مذہبِ اہلسنت سے ہے، اس کا منکر گمراہ ہے جیسا کہ حضرت امام احمد بن حنبل رحمۃ اللہ علیہ فرماتے ہیں: عَذَابُ الْقَبْرِ حَقٌّ لَا يُنْكِرُهُ اِلَّا ضَالٌّ مُضِلٌّ یعنی عذابِ قبر حق ہے اس کا انکار گمراہ اور گمراہ گر کے سوا کوئی نہیں کرے گا۔[1] شارح بخاری ابو الحسن علی بن خلف المعروف ابنِ بطال رحمۃ اللہ علیہ فرماتے ہیں: اَنَّ عَذَابَ الْقَبْرِ حَقٌّ، وَاَهْلُ السُّنَّةِ مُجْمِعُوْنَ عَلَى الْاِيْمَانِ بِهٖ وَالتَّصْدِيْقِ، وَلَا يُنْكِرُهُ اِلَّا مُبْتَدِعٌ یعنی بے شک عذابِ قبر حق ہے۔ اہلِ سنت کا اس پر ایمان رکھنے اور تصدیق کرنے پر اجماع ہے اور اس کا منکر بدعتی کے سوا کوئی نہیں ہو سکتا ہے۔[2] آیاتِ مبارکہ اور احادیثِ طیبہ میں اس کا ثبوت موجود ہے جیسا کہ ارشادِ باری تعالیٰ ہے:

سَنُعَذِّبُهُمْ مَّرَّتَيْنِ ثُمَّ يُرَدُّوْنَ اِلٰى عَذَابٍ عَظِيْمٍ (۱۰۱)

ترجمہ: جلد ہم انھیں دو بار عذاب کریں گے پھر بڑے عذاب کی طرف پھیرے جائیں گے۔ (پ:11، التوبۃ:101)

اس آیت کے تحت حضرت علامہ امام علی بن محمد خازن رحمۃ اللہ علیہ فرماتے ہیں: اس بات پر سب کا اتفاق ہے کہ دوسرے عذاب سے مراد عذابِ قبر ہے پھر انہیں بڑے یعنی دوزخ کے عذاب کی طرف پھیرا جائے گا جس میں وہ ہمیشہ گرفتار رہیں گے۔ اس آیت سے ثابت ہوا کہ

---

[1] طبقات الحنابلہ، 1/166

[2] شرح بخاری لابن بطال: 3/38

اللہ تعالیٰ منافقین کو تین بار عذاب دے گا ایک مرتبہ دنیا میں، دوسری مرتبہ قبر میں اور تیسری مرتبہ آخرت میں۔ [1] حضرت امامِ اعظم ابو حنیفہ رحمۃ اللہ علیہ سے عذابِ قبر کا ثبوت طلب کیا گیا تو آپ نے یہ آیتِ مبارکہ تلاوت فرمائی:

وَ اِنَّ لِلَّذِیْنَ ظَلَمُوْا عَذَابًا دُوْنَ ذٰلِكَ (پ:27،الطور:47)

ترجمہ: اور بے شک ظالموں کے لئے اس سے پہلے ایک عذاب ہے۔

دُوْنَ ذٰلِكَ یَعْنِی دُوْنَ جَهَنَّمَ ترجمہ: اس عذاب سے پہلے یعنی جہنم کے عذاب سے پہلے ایک عذاب ہے اور اس سے مراد عذابِ قبر ہے۔ [2] اسی طرح کثیر احادیثِ مبارکہ سے بھی عذابِ قبر کا ثبوت ملتا ہے جن میں سے بخاری شریف کی یہ روایت صریح الفاظ میں عذابِ قبر کی واضح دلیل ہے نبی پاک صلی اللہ علیہ واٰلہٖ وسلم نے ارشاد فرمایا: عَذَابُ الْقَبْرِ حَقٌّ یعنی عذابِ قبر حق ہے۔ [3] یاد رہے! عذابِ قبر سے مراد برزخ میں ہونے والا عذاب ہے، اسے عذابِ قبر اس لئے کہا جاتا ہے کہ عام طور پر میت کو قبر میں ہی دفن کیا جاتا ہے ورنہ جسے اللہ پاک چاہے گا اُسے عذاب ہو گا چاہے وہ قبر میں دفن ہو یا نہ ہو، اسے درندوں نے کھالیا ہو یا جلا کر ہوا میں اڑا دیا گیا ہو۔ [4] اہلِ سنّت کا اس بات پر اتفاق ہے کہ عذابِ قبر اور تنعیمِ قبر روح اور جسم دونوں کو ہوتا ہے۔ [5]

سوالاتِ قبر کا عقیدہ

اسی طرح قبر میں منکر نکیر کے سوالات کا معاملہ بھی حق ہے کہ جب میت کو دفن کر دیا

---

1. تفسیر خازن، 2/276 ملتقطاً
2. تمہید ابو شکور سالمی، ص125
3. بخاری، 1/463، حدیث:1372
4. شرح الصاوی علی جوہرۃ التوحید، ص371
5. المعتمد علی المعتقد، ص330

جاتا ہے تو اُس کے پاس منکر نکیر نامی دو ایسے فرشتے آتے ہیں جن کی آنکھیں نیلی اور لٹکتے گھونگریالے بال [1] نہایت ڈراؤنی اور ہیبت ناک شکلیں، بدن کا رنگ سیاہ، گائے کے سینگوں کی طرح لمبے دانت ہوتے ہیں۔ جن سے زمین چیرتے ہوئے آتے ہیں، مردے کو جھنجھوڑتے، جھڑک کر اُٹھاتے اور نہایت سختی کے ساتھ کرخت آواز میں سوالات کرتے ہیں: مَنْ رَّبُّكَ؟ ”تیرا رب کون ہے؟“ مردہ (اگر مسلمان ہے تو) جواب دے گا: رَبِّیَ اللّٰهُ ”میرا رب اللہ تعالیٰ ہے۔“ سوال ہوگا: مَا دِیْنُكَ؟ ”تیرا دین کیا ہے؟“، جواب دے گا: دِیْنِیَ الْاِسْلَامُ ”میرا دین اسلام ہے۔“ وہ دونوں فرشتے سوال کریں گے: مَا كُنْتَ تَقُوْلُ فِیْ هٰذَا الرَّجُلِ؟ ”ان کے بارے میں تُو کیا کہتا تھا؟“، مومن جواب دے گا: هُوَ رَسُوْلُ اللّٰهِ صَلَّی اللّٰهُ تَعَالٰی عَلَیْهِ وَاٰلِهٖ وَسَلَّم، ”وہ تو رسولُ اللہ صلی اللہ علیہ واٰلہ وسلم ہیں۔“ منکر نکیر کہیں گے: تمہیں کس نے بتایا؟ مردہ کہے گا: میں نے اللہ تعالیٰ کی کتاب پڑھی، اس پر ایمان لایا اور تصدیق کی۔ [2] اور اگر مرنے والا کافر ہو تو فرشتے اس سے سوال کرتے ہیں: مَنْ رَّبُّكَ؟ ”تیرا رب کون ہے؟“ مردہ کہے گا: ”افسوس! مجھے نہیں معلوم۔“ سوال ہوگا: مَا دِیْنُكَ؟ ”تیرا دین کیا ہے؟“، جواب دے گا: ”افسوس! مجھے نہیں معلوم۔“ پھر نبیِ اکرم صلی اللہ علیہ واٰلہ وسلم کی ذاتِ مبارک کے بارے میں سوال ہوگا تو پھر وہ یہی حسرت بھرے کلمات دہرائے گا۔ [3] مسلمان نیکوکار کے امتحان میں کامیابی کے بعد اس کی قبر جنت کے باغوں میں سے ایک باغ بن جائے گی اور گناہگار مسلمان اور کفار کی قبریں امتحان میں ناکامی کے بعد عذابِ الٰہی کے سبب جہنم کے گڑھوں میں سے ایک گڑھا بن جائے گی۔ [4]

---

[1] اثبات عذاب القبر للبیہقی، ص133، حدیث:229

[2] ابوداود، 4/266، حدیث:4753 ملتقطاً، بخاری، 1/463، حدیث:1374

[3] ابوداود، 4/316، حدیث:4753

[4] ترمذی، 4/209، حدیث:2468

یاد رہے منکر نکیر کے سوالات کے حق ہونے کا عقیدہ رکھنا بھی واجب ہے۔ یہ سوالات اسی امت کا خاصہ ہیں۔ مرنے والا چاہے مومن ہو یا کافر اور منافق۔[1] چونکہ یہ عقیدہ صحیح احادیث سے ثابت ہے اس لئے اس کا انکار جائز نہیں ہے۔[2] جلیل القدر محدث، حضرت علامہ امام جلال الدین سیوطی شافعی رحمۃ اللہ علیہ فرماتے ہیں: اس سلسلے میں احادیث مُتَواتِر ہیں۔[3] نیز آپ نے 26 صحابہ وصحابیات رِضوانُ اللہِ علیہم اجمعین کی روایات کو شرح الصدور میں ذکر فرمایا ہے۔ حضرت امام نسفی رحمۃ اللہ علیہ فرماتے ہیں: پانی میں مرنے والے اور جسے درندے کھالیں اس سے بھی سوال کیے جائیں گے۔[4] صحیح ترین قول کے مطابق انبیائے کرام سے سوال نہیں ہوں گے اسی طرح بعض صالحین سے بھی سوالاتِ قبر نہیں ہوں گے جیسے شہید، راہِ خدا میں مسلمانوں کی سرحد پر ایک دن رات پہرہ دینے والا، مسلمانوں کے بچے اور جو مسلمان شبِ جمعہ یا روزِ جمعہ یا رمضان المبارک میں فوت ہو جائے وہ سوالِ نکیرین سے محفوظ رہے گا۔[5] سونے سے قبل سورۂ سجدہ اور سورۂ ملک پڑھنے والا،[6] طاعون کے سبب مرنے والے سے بھی سوالاتِ قبر نہیں ہوں گے۔[7]

اسی طرح قبر کے بعد بروزِ قیامت حساب وکتاب، میزان عمل، حوضِ کوثر اور شفاعتِ مصطفٰے وغیرہ معاملات کے حق ہونے کا عقیدہ رکھنا بھی ایک مسلمان کیلئے ضروری ہے۔

حساب وکتاب کا عقیدہ

قیامت کے دن اعمال کے حساب وکتاب کا عقیدہ حق ہے اس پر آیاتِ مبارکہ میں واضح

---

1. شرح الصاوی علی جوہرۃ التوحید، ص369
2. اغتنام الفوائد فی شرح قواعد العقائد، ص188
3. شرح الصدور، ص117
4. الاعتماد علی الاعتقاد للنسفی، ص432
5. المعتمد علی المعتقد، ص331
6. اھوال القبور، ص61
7. شرح الصدور، ص150

ثبوت موجود ہے ارشاد ہوتا ہے: وَاللّٰهُ سَرِيْعُ الْحِسَابِ ﴿۲۰۲﴾ [1] ترجمہ: اور اللہ جلد حساب کرنے والا ہے۔ اور مقام پر ہے: اِنْ حِسَابُهُمْ اِلَّا عَلٰى رَبِّيْ لَوْ تَشْعُرُوْنَ ﴿۱۱۳﴾ [2] ترجمہ: اُن کا حساب تو میرے رب ہی پر ہے اگر تمہیں حس (شعور) ہو۔ حضرت عائشہ صدیقہ رضی اللہ عنہا فرماتی ہیں: میں نے ایک مرتبہ نماز کے بعد نبی کریم صلی اللہ علیہ والہ وسلم کو یہ دعا مانگتے ہوئے سنا "اَللّٰهُمَّ حَاسِبْنِیْ حِسَابًا يَّسِيْرًا" اے اللہ! مجھ سے آسان حساب لے۔ جب نماز سے فارغ ہو کر آپ واپس ہوئے تو میں نے عرض کی: یارسولَ اللہ! صلی اللہ علیہ والہ وسلم، آسان حساب سے کیا مراد ہے؟ ارشاد فرمایا "اس سے مراد یہ ہے کہ بس بندے کے اعمال نامے کو دیکھا جائے اور اس کے گناہوں کو نظر انداز کر دیا جائے۔ اے عائشہ! رضی اللہ عنہا، قیامت کے دن جس سے اعمال کے حساب کے معاملے میں جرح کی گئی تو وہ ہلاک (یعنی عذاب میں گرفتار) ہو جائے گا۔ [3] یاد رہے یہ عقیدہ قرآن و سنّت اور اجماع سے ثابت ہے۔ مومن، کافر، انسان اور جنّات سب کا حساب ہوگا سوائے ان کے جن کا استثناء کیا گیا ہے۔ [4] (یہ عقیدہ ضروریاتِ دین سے ہے لہٰذا) اس کا منکر کافر ہے۔ [5] قیامت کے دن اللہ پاک ہر ایک کا علیحدہ علیحدہ حساب نہیں لے گا بلکہ تمام لوگوں کا ایک ساتھ حساب لے گا حتّٰی کہ ہر کوئی یہی سمجھے گا کہ صرف مجھ اکیلے کا حساب ہو رہا ہے۔ [6] ہر ایک کے حساب کی کیفیت بھی مختلف ہوگی کسی کا آسانی سے، کسی کا سختی سے، کسی کا خفیہ، کسی کا اعلانیہ، کسی کا ڈانٹ ڈپٹ کے ساتھ اور کسی کا فضل تو کسی کا عدل کے ساتھ حساب لیا جائے گا۔ [7]

---

1. پ2، البقرۃ: 202
2. پ19، الشعراء: 113
3. مسند احمد، 40/260، حدیث: 24215
4. تحفۃ المرید علی جوہرۃ التوحید، ص413 ملتقطاً
5. شرح الصاوی علی جوہرۃ التوحید، ص378
6. تحفۃ المرید علی جوہرۃ التوحید، ص414
7. تحفۃ المرید علی جوہرۃ التوحید، ص414

سب سے پہلے عبادات میں نماز سے متعلق حساب لیا جائے گا اور معاملات میں قتل کے متعلق پوچھا جائے گا، حدیث شریف میں ہے: قیامت کے دن سب سے پہلے لوگوں کے درمیان خون بہانے کے متعلق فیصلہ کیا جائے گا۔[1] جبکہ دوسری حدیثِ پاک کے مطابق نماز کا حساب لیا جائے گا۔[2] مفتی احمد یار خان رحمۃ اللہ علیہ فرماتے ہیں: خیال رہے کہ عبادات میں پہلے نماز کا حساب ہو گا اور حقوق العباد میں پہلے قتل و خون کا یا نیکیوں میں پہلے نماز کا حساب ہے اور گناہوں میں پہلے قتل کا۔[3]

اللہ کریم ہمیں قیامت کے حساب و کتاب سے محفوظ فرمائے اور بلا حساب جنت میں اپنے حبیب صلی اللہ علیہ واٰلہٖ وسلم کا پڑوس نصیب فرمائے۔

میزانِ عمل

حساب و کتاب کی طرح بروزِ قیامت میزان (اعمال تولنے کی ترازو بھی) حق ہے، یعنی دلائلِ سمعیہ قطعیہ (قرآن و سنّت) سے ثابت ہے۔ اس پر بھی ایمان لانا واجب ہے۔[4] قرآنِ کریم میں ارشاد ہوتا ہے: وَنَضَعُ الْمَوَازِیْنَ الْقِسْطَ لِیَوْمِ الْقِیٰمَةِ[5] ترجمہ: اور ہم عدل کی ترازوئیں رکھیں گے قیامت کے دن۔ ایک اور مقام پر ارشادِ باری تعالیٰ ہے:

وَالْوَزْنُ یَوْمَىٕذِ ِالْحَقُّ ۚ فَمَنْ ثَقُلَتْ مَوَازِیْنُهٗ فَاُولٰٓىٕكَ هُمُ الْمُفْلِحُوْنَ ⑧

ترجمہ: اور اس دن تول ضرور ہونی ہے تو جن کے پلے بھاری ہوئے وہی مراد کو پہنچے۔

(پ:8، الاعراف:8)

---

1. مسلم، ص711، حدیث:4381
2. نسائی، ص652، حدیث:3997
3. مراٰۃ المناجیح، 2/306
4. المعتمد علی المعتقد، ص333
5. پ17، الانبیاء:47

جمہور مفسرین کے نزدیک اس آیت میں ”وَزْن“ سے ”میزان کے ذریعے اعمال کا وزن کرنا“ مراد ہے۔[1] نیز نبیِّ پاک صلی اللہ علیہ واٰلہٖ وسلم کی احادیثِ مبارکہ میں میزان سے متعلق کئی فرامین موجود ہیں جن سے میزان کے حق ہونے کا ثبوت ملتا ہے جیسا کہ ارشادِ نبوی ہے: ”قیامت کے دن میزان رکھا جائے گا اگر اس میں آسمانوں اور زمینوں کو رکھا جائے تو وہ اس میں سما جائیں۔“ فرشتے کہیں گے: یااللہ! اس میں کس کا وزن کیا جائے گا؟ اللہ تعالیٰ ارشاد فرمائے گا: میں اپنی مخلوق میں سے جس کو چاہوں گا۔ فرشتے عرض کریں گے: تو پاک ہے، ہم تیری اس طرح عبادت نہیں کرسکے جو تیری عبادت کا حق ہے۔[2] اس میزان کے دو پلڑے ہیں، عرش کی سیدھی جانب کا پلڑا نورانی ہے جبکہ دوسرا تاریک (سیاہ) پلڑا عرش کی بائیں جانب ہے۔[3] نورانی پلڑا نیکیوں کے لئے جبکہ سیاہ پلڑا گناہوں کے لئے ہوگا۔[4] حضرت عبد اللہ بن سلام رضی اللہ عنہ سے مروی ہے کہ میزان کا ایک پلڑا جنّت پر اور دوسرا دوزخ پر ہوگا۔[5] فتاویٰ رضویہ میں ہے: وہ میزان یہاں کے ترازو کے خلاف ہے وہاں نیکیوں کا پلّہ اگر بھاری ہوگا تو اُوپر اٹھے گا اور بدی کا پلّہ نیچے بیٹھے گا، اللہ پاک کا ارشاد ہے:

اِلَیْهِ یَصْعَدُ الْكَلِمُ الطَّیِّبُ وَ الْعَمَلُ الصَّالِحُ یَرْفَعُهٗ (پ22، الفاطر:10)

ترجمہ: اسی کی طرف چڑھتا ہے پاکیزہ کلام اور جو نیک کام ہے وہ اُسے بلند کرتا ہے۔

جس کتاب میں لکھا ہے کہ نیکیوں کا پلہ نیچا ہوگا غلط ہے۔[6]

---

1. تفسیر خازن، الاعراف، تحت الآیۃ:8، 2/78
2. مستدرک، 5/807، حدیث:8778
3. الدرۃ الفاخرۃ فی کشف علوم الآخرۃ، ص62
4. التذکرۃ للقرطبی، ص302
5. تفسیر کبیر، الاعراف، تحت الآیۃ:8، 5/202
6. فتاویٰ رضویہ، 29/626

پل صراط

صراط حق ہے۔ اس پر ایمان لانا واجب [1] اور اس کا انکار گمراہی ہے۔ [2] اس پل سے ہر ایک کو گزرنا ہے جیسا کہ قرآنِ مجید میں ہے:

وَ اِنْ مِّنْكُمْ اِلَّا وَارِدُهَاۚ كَانَ عَلٰى رَبِّكَ حَتْمًا مَّقْضِیًّاۚ(۷۱)

ترجمہ: اور تم میں کوئی ایسا نہیں جس کا گزر دوزخ پر نہ ہو تمہارے رب کے ذمہ پر یہ ضرور ٹھہری ہوئی بات ہے۔ (پ16، مریم:71)

اس پُل سے گزرے بغیر کوئی جنت میں نہیں جا سکتا کیونکہ جنت میں جانے کا یہی راستہ ہے۔ [3] یہ جہنم کے اوپر (بنا) ہو گا، بال سے زیادہ باریک اور تلوار (کی دھار) سے زیادہ تیز ہے، جنت کا یہی راستہ ہے سب کو اُس پر چلنا ہو گا کافر (اس پل پر) نہ چل سکے گا اور جہنم میں گر جائے گا، مسلمان پار ہو جائیں گے بعضے تو اتنی جلدی جیسے بجلی چمکے ابھی ادھر تھے ابھی ادھر پہنچ گئے، بعضے تیز ہوا کی طرح، بعضے تیز گھوڑے کی طرح بعضے دھیرے دھیرے، بعضے گرتے پڑتے کانپتے لنگڑاتے جتنا اچھا عمل ہو گا اتنی ہی جلدی پار ہو گا۔ [4] پُل صراط کی مسافت میں اختلاف ہے بہت سے علماء و مفسرین نے حضرت امام مجاہد اور امام ضحاک رحمہما اللہ تعالیٰ سے نقل فرمایا کہ پُل صراط کا سفر تین ہزار سال کی راہ ہے، ایک ہزار سال اوپر چڑھنے کے، ہزار سال نیچے اُترنے کے اور ہزار سال اس کی سطح پر چلنے کے۔ [5]

---

1. شرح الصاوی علی جوہرۃ التوحید، ص389
2. المعتمد علی المعتقد، ص335
3. الحدیقۃ الندیۃ، 2/15
4. قانونِ شریعت، ص60
5. عمدۃ القاری، 13/482، تفسیر قرطبی، پ30، البلد: 11 الجزء العشرون، 10/47

شفاعتِ مصطفٰے

بروزِ قیامت نبی کریم صلی اللہ علیہ واٰلہٖ وسلم کی شفاعت کا عقیدہ رکھنا بھی حق ہے۔ قیامت کا وہ دن جس کے بارے میں ارشاد باری تعالیٰ ہے: كَانَ مِقْدَارُهٗ خَمْسِیْنَ اَلْفَ سَنَةٍ ﴿٤﴾ [1]

ترجمہ: وہ عذاب اس دن ہو گا جس کی مقدار پچاس ہزار برس ہے۔ اس دن سورج ایک میل پر رہ کر آگ برسا رہا ہو گا، دہکتی ہوئی زمین ہو گی، سورۂ عَبَس میں ارشاد ہوتا ہے:

یَوْمَ یَفِرُّ الْمَرْءُ مِنْ اَخِیْهِ ﴿٣٤﴾ وَ اُمِّهٖ وَ اَبِیْهِ ﴿٣٥﴾ وَ صَاحِبَتِهٖ وَ بَنِیْهِ ﴿٣٦﴾

ترجمہ: اس دن آدمی بھاگے گا اپنے بھائی اور ماں اور باپ اور جورو (بیوی) اور بیٹوں سے۔ (پ:30، عبس:34 تا 36)

ایسے کڑے حالات میں کہ جب کوئی پُرسانِ حال نہ ہو گا، تمام انبیائے کرام علیہمُ السّلام کی طرف سے بھی اِذْهَبُوْا اِلٰی غَیْرِیْ (کسی اور کے پاس جاؤ) کا جواب مل چکا ہو گا، تو اس نازک وقت میں حضور صلی اللہ علیہ واٰلہٖ وسلم ہی کی ذات ہو گی جو گُناہ گاروں کی یاس کو آس میں بدل دے گی اور ان کی ٹوٹی امیدوں کا سہارا ہو گی، آپ ہی کے مبارک لبوں پر اَنَا لَهَا (یعنی شفاعت کیلئے میں ہوں) کی صدائیں ہونگیں جس کی برکت سے لوگ جنت میں جائیں گے۔ نبی کریم صلی اللہ علیہ واٰلہٖ وسلم نے ارشاد فرمایا: ہر نبی کی ایک (مقبول) دعا ہوتی ہے جو وہ اپنی امت کے لئے کرتا ہے میں نے اپنی دعا اپنی امت کی شفاعت کے لئے بچا رکھی ہے۔ [2]

اس بات کا عقیدہ رکھنا واجب ہے کہ ہمارے پیارے نبی صلی اللہ علیہ واٰلہٖ وسلم ایسے شفاعت فرمانے والے ہیں جن کی شفاعت قبول کی جائے گی۔ شَفاعت کے لغوی معنٰی ہیں: وسیلہ اور

---

1. پ29، المعارج:4
2. بخاری، 4/189، حدیث:6304، 6305

طلب جبکہ شرعی طور پر غیر کے لئے خیر مانگنا شفاعت کہلاتا ہے۔[1] جو اس کا انکار کرے اس کے پیچھے نماز جائز نہیں اس لیے کہ وہ کافر ہے[2]۔ یاد رہے! شفاعت دھونس (زور زبردستی) کی نہ ہوگی لہٰذا جو بالکل شفاعت کا انکاری ہو وہ بے ایمان ہے اور جو مشرکینِ عرب کی طرح دھونس کی شفاعت مانے وہ بھی بے دین ہے۔[3]

جبر و قدر باطل، وَلٰکِنْ اَمْرٌ بَیْنَ اَمْرَیْن، جو بات ہماری عقل میں نہیں آتی اس کا علم مَوْکُول بخُدا کرتے اور اپنا نصیبہ اٰمَنَّا بِهٖ ۙ كُلٌّ مِّنْ عِنْدِ رَبِّنَا ۚ ہے

مصطفیٰ اندر میان آنگہ کہ می گوید بعقل
آفتاب اندر جہاں آنگہ کہ می جوید سہا [4]

مشکل الفاظ کے معانی وَلٰکِنْ اَمْرٌ بَیْنَ اَمْرَیْن: لیکن معاملہ ان دونوں باتوں کے درمیان ہے۔ **مَوْکُول بخُدا:** اللہ کے سپرد۔

وضاحت اعلیٰ حضرت رحمۃ اللہ علیہ کی اس عبارت میں باطل نظریات رکھنے والے دو گمراہ فرقوں کا رد موجود ہے جن میں سے ایک **فرقہ قدریہ** ہے جو تقدیر کا منکر ہے وہ یہ کہتا ہے کہ بندہ خود اپنے افعال اختیاریہ کا خالق ہے جبکہ دوسرا **فرقہ جبریہ** جو اپنے آپ کو مجبور محض سمجھتا ہے کہ جیسا لکھ دیا گیا ویسا ہی کرنے پر انسان مجبور ہے۔ حالانکہ ایسا ہرگز نہیں بلکہ انسان کو ان دونوں کی درمیانی راہ پر ہونا چاہئے اور اسی پر یقین ہونا چاہئے کہ یہی سلامتی کا راستہ ہے۔

---

1. شرح الصاوی علی جوہرۃ التوحید، ص400
2. بحر الرائق، 1/611 ملتقطاً، المعتمد علی المعتقد، ص250
3. نور العرفان، پ3، البقرۃ، تحت الآیۃ: 255، ص66
4. مصطفی صلی اللہ علیہ والہٖ وسلم تشریف فرما ہوں تو اپنی عقل سے کون بات کرتا ہے، سورج دنیا میں جلوہ گر ہو تو چھوٹے سے تارے کو کون ڈھونڈتا ہے۔

صدر الشریعہ مفتی امجد علی اعظمی رحمۃ اللہ علیہ فرماتے ہیں: ”قضاو قدر کے مسائل عام عقلوں میں نہیں آسکتے اور ان میں زیادہ غور و فکر کرنا ہلاکت کا سبب ہے، صدیق و فاروق رضی اللہُ تعالیٰ عنہما اس مسئلہ میں بحث کرنے سے منع فرمائے گئے تو ہم اور آپ کس گنتی میں۔۔۔! اتنا سمجھ لیں کہ اللہ تعالیٰ نے آدمی کو پتھر اور دیگر جمادات کی طرح بے حس و حرکت پیدا نہیں کیا بلکہ اسے ایک طرح کا اختیار دیا ہے کہ ایک کام چاہے کرے چاہے نہ کرے اور اس کے ساتھ عقل بھی دی ہے کہ بھلے، برے، نفع، نقصان کو پہچان سکے اور ہر قسم کے سامان اور اَسباب مہیا کر دیئے ہیں کہ بندہ جب کوئی کام کرنا چاہتا ہے تو اسے اسی قسم کے سامان مہیا ہو جاتے ہیں اور اسی بنا پر اس پر مُؤاخذہ ہے۔ اپنے آپ کو بالکل مجبور یا بالکل مختار سمجھنا دونوں گمراہی ہے۔[1]

اب اگر کسی کا یہ ذہن بن جائے کہ ہم تو مقدّر کے ہاتھوں مجبور ہیں، ہمارا اپنا کوئی قصور ہی نہیں بَس ہم ہر وہ برا بھلا کام کرنے کے پابند ہیں جو تقدیر میں لکھ دیا گیا ہے یہ سراسر گمراہی اور دین سے دوری ہے، اِس ضمن میں فتاویٰ رضویہ جلد 29 صفحہ 284 تا 285 سے ایک سوال جواب پیش کیا جاتا ہے۔

سوال زید کہتا ہے جو ہُوا اور ہو گا سب خدا کے حکم سے ہی ہوا اور ہو گا پھر بندہ سے کیوں گرِفت ہے اور اس کو کیوں سزا کا مُرتکِب ٹھہرایا گیا؟ اس نے کون سا کام ایسا کیا جو مُستحِق عذاب کا ہوا؟ جو کچھ اُس (یعنی اللہ پاک) نے تقدیر میں لکھ دیا ہے وُہی ہو تا ہے کیونکہ قراٰنِ پاک سے ثابِت ہو رہا ہے کہ بِلا حکم اُس کے ایک ذَرّہ نہیں ہلتا پھر بندے نے کون سا اپنے اِختیار سے وہ کام کیا جو دوزخی ہوا یا کافِر یا فاسِق۔ جو بُرے کام تقدیر میں لکھے ہوں گے تو بُرے کام کریگا اور بھلے لکھے ہونگے تو بھلے۔ بَہَر حال تقدیر کا تابع ہے پھر کیوں اس کو مجرم بنایا جاتا ہے؟ چوری کرنا،

[1] بہار شریعت، 1/19، 18 ملخصاً

زِنا کرنا، قتل کرنا وغیرہ وغیرہ جو بندہ کی تقدیر میں لکھ دیئے ہیں وُہی کرنا ہے ایسے ہی نیک کام کرنا ہے؟

جواب: زید گمراہ بے دین ہے اُسے کوئی جُوتا مارے تو کیوں ناراض ہوتا ہے؟ یہ بھی تو تقدیر میں تھا۔ اس کا کوئی مال دبائے تو کیوں بگڑتا ہے؟ یہ بھی تقدیر میں تھا۔ یہ شیطانی فِعلوں کا دھوکہ ہے کہ جیسا لکھ دیا ایسا ہمیں کرنا پڑتا ہے (حالانکہ ہرگز ایسا نہیں) بلکہ جیسا ہم کرنے والے تھے اُس (یعنی اللہ پاک) نے اپنے علم سے جان کر وُہی لکھا ہے۔

ایک مثال کے ذریعے وضاحت

اِس بات کو اس عام فہم مِثال سے سمجھنے کی کوشش فرمایئے جیسا کہ آج کل قانون کے مطابِق غِذاؤں اور دواؤں وغیروں کے پیکٹوں پر انتہائی تاریخ (EXP.DATE) لکھی جاتی ہے۔ بچّہ بھی یہ بات سمجھ سکتا ہے کہ کمپنی والوں کو چُونکہ تجربہ ہوتا ہے کہ یہ چیز فُلاں تاریخ تک خراب ہو جائے گی، اِس لئے لکھ دیتے ہیں، یقیناً کمپنی کے ایکسپائری ڈیٹ (EXP.DATE) لکھنے نے اُس چیز کو خراب ہونے پر مجبور نہیں کیا، اگر وہ نہ لکھتے تب بھی اُس چیز کو اپنی مُدّت پر خراب ہونا ہی تھا۔

یاد رہے تقدیر کا مسئلہ انتہائی نازک ہے اور اس مسئلے میں الجھا کر شیطان لوگوں کا ایمان برباد کرنے کی کوشش کرتا ہے لہٰذا ہر مسلمان کو چاہئے کہ وہ تقدیر پر ایمان رکھے اور اس بارے میں بحث و تکرار اور غور و فکر سے پرہیز کرے کہ یہ ایمان کی بربادی کا سبب بن سکتی ہے۔ اس بارے میں بات چیت کرنے سے نبی پاک صلی اللہ علیہ واٰلہٖ وسلم نے صحابۂ کرام کو منع فرمادیا تو ہمیں تو بدرجۂ اَولیٰ بچنا چاہیے جیسا کہ

حضرت ابوہریرہ رضی اللہُ عنہ فرماتے ہیں: رسولِ اکرم صلی اللہ علیہ واٰلہٖ وسلم ہمارے پاس تشریف لائے ہم اس وقت تقدیر کے بارے میں ایک دوسرے سے بحث کر رہے تھے (یہ دیکھ

کر) آپ کو اتنا جلال آیا کہ چہرۂ اَقدس ایسے سرخ ہو گیا جیسے آپ کے مبارک رخساروں پر انار نچوڑ دیا گیا ہو۔ آپ نے فرمایا: کیا تمہیں اس بات کا حکم دیا گیا ہے یا اسی بات کیلئے میں تمہاری طرف بھیجا گیا ہوں ؟ تم سے پہلے لوگوں نے جب اس (تقدیر کے) بارے میں اختلاف کیا تو وہ ہلاک ہو گئے، میں تمہیں قسم دے کر کہتا ہوں کہ اس میں مت جھگڑو۔ [1]

حضرت جابر بن عبد اللہ رضی اللہ عنہ سے روایت ہے، رسولِ اکرم صلی اللہ علیہ واٰلہ وسلم نے ارشاد فرمایا: بے شک اس امت کے مجوسی وہ لوگ ہیں جو اللہ تعالیٰ کی تقدیر کا انکار کرتے ہیں، اگر وہ لوگ بیمار ہو جائیں تو ان کی عیادت نہ کرنا، اگر وہ مر جائیں تو ان کے جنازے میں حاضر نہ ہونا اور اگر تمہاری ان سے ملاقات ہو جائے تو انہیں سلام تک نہ کرنا۔ [2]

حضرت احمد بن عبد اللہ رحمۃ اللہ علیہ نے فرمایا: کسی نے حضرت سفیان ثوری رحمۃ اللہ علیہ سے پوچھا: ایک شخص تقدیر کا منکر ہے، کیا میں اُس کے پیچھے نماز پڑھ سکتا ہوں ؟ تو آپ رحمۃ اللہ علیہ نے فرمایا: اسے امام نہ بناؤ۔ اس نے کہا: گاؤں میں بس وہی امام ہے اس کے سوا اور کوئی امام نہیں ہے۔ آپ نے باآوازِ بلند فرمایا: اسے امام نہ بناؤ، نہ بناؤ۔ [3]

---

[1] ترمذی، 4/51، حدیث:2140

[2] ابن ماجہ، 1/70، حدیث:92

[3] حلیۃ الاولیاء 7/27، رقم:9432

عقیدۂ عاشرہ (10)

دسواں عقیدہ شریعت اور طریقت کے بارے میں

عقیدہ عاشرہ (10)[1]

شریعت و طریقت دو راہیں، متبائن نہیں بلکہ بے اِتّباعِ شریعت، خدا تک وُصول محال۔

مشکل الفاظ کے معانی راہیں: راستے۔ مُتَبائِن: باہم مختلف، ایک دوسرے کے مخالف۔ بے اِتّباع: پیروی کئے بغیر۔ وُصول: پہنچنا۔ محال: جو موجود نہ ہو سکے۔

وضاحت نبیِ کریم صلی اللہ علیہ واٰلہٖ وسلم کے اقوال کو شریعت جبکہ آپ کے افعال کو طریقت کہتے ہیں۔[2] یعنی اسلام کے ظاہر کو شریعت اور باطن کو طریقت کہتے ہیں، شریعت بدن کا حصہ ہے اور طریقت دل کا[3] اور یہ دونوں ایک دوسرے سے الگ و مختلف نہیں بلکہ ایک ہی راستہ کے دو الگ الگ نام ہیں۔ اور وہ لوگ جو تصوف (طریقت) کو قرآن و سنت کے خلاف سمجھتے ہیں، وہ سخت غلطی پر ہیں۔ بلکہ تصوف (طریقت) میں اتباعِ قرآن و سنت یعنی شریعت کی پیروی نہایت ضروری امر ہے۔[4] حضرت جُنید بَغدادی رحمۃ اللہ علیہ نے فرمایا! ہماری طریقت قرآن و سنت کے ساتھ مشروط ہے۔ اور راہِ طریقت! نبیِ کریم صلی اللہ علیہ واٰلہٖ وسلم کی پیروی اور سنت کی تابعداری کے بغیر طے نہیں ہو سکتی۔[5]

صراطِ مستقیم کیا ہے؟

شریعت ہی وہ راستہ ہے جس پر چلنے اور اس پر ثابت قدم رہنے کے لیے دعا مانگنے کا قرآن نے حکم دیا: اِهۡدِنَا الصِّرَاطَ الۡمُسۡتَقِيۡمَ ۝[6] ترجمہ: ہم کو سیدھا راستہ چلا۔

---

1 دسواں عقیدہ شریعت اور طریقت کے بارے میں۔

2 فتاویٰ رضویہ، 21/460 ملخصاً

3 مرقاۃ المفاتیح، 1/419، تحت الحدیث: 171

4 تنبیہ المغترین، ص20

5 رسالہ قشیریہ، ص155 ماخوذاً

6 الفاتحہ:5

اس آیت میں صراطِ مستقیم سے مراد "عقائد کا سیدھا راستہ" ہے، جس پر تمام انبیائے کرام علیہمُ السّلام چلے یا اِس سے مراد "اسلام کا سیدھا راستہ" ہے جس پر صحابۂ کرام رضی اللہُ عنہم بزرگانِ دین اور اولیائے کرام رحمۃ اللہ علیہم چلے، اور یہی راستہ اہلسنّت کا ہے کہ آج تک اولیائے کرام صرف اِسی مسلکِ اہلسنّت میں گزرے ہیں اور اللہ پاک نے انہی کے راستے پر چلنے اور انہی کے ساتھ ہونے کا فرمایا ہے۔ جیسا کہ فرمانِ باری تعالیٰ ہے:

یٰۤاَیُّهَا الَّذِیْنَ اٰمَنُوا اتَّقُوا اللّٰهَ وَ كُوْنُوْا مَعَ الصّٰدِقِیْنَ ﴿۱۱۹﴾ (پ11، التوبۃ:119)

ترجمہ: اے ایمان والو اللہ سے ڈرو اور سچوں کے ساتھ ہو۔

تو جو شخص سیدھی راہ پر چل کر خدا تک پہنچنا چاہتا ہے یا طریقت کے اعلیٰ مراتب پانا چاہتا ہے تو اس کے لیے یہ ضروری ہے کہ شریعت کی پیروی کرے کہ یہی وہ راستہ ہے جس کے ذریعے خدا تک پہنچنا ممکن ہے۔ جیسا کہ قرآن مجید میں ہے: اِنَّ رَبِّیْ عَلٰى صِرَاطٍ مُّسْتَقِیْمٍ ﴿۵۶﴾ [1] ترجمہ: بے شک میرا رب سیدھے راستہ پر ملتا ہے۔ وَ هٰذَا صِرَاطُ رَبِّكَ مُسْتَقِیْمًا [2] ترجمہ: اور یہ تمہارے رب کی سیدھی راہ ہے۔

ان آیات میں رب کی سیدھی راہ سے مراد یہ ہے کہ قرآنِ کریم یا نبی پاک صلی اللہ علیہ واٰلہٖ وسلم کی تعلیم ہی وہ راستہ ہے جو بلا تکلُّف اللہ پاک تک پہنچا دیتا ہے جیسے سیدھا راستہ منزلِ مقصود تک پہنچاتا ہے۔ اس لئے اس راستے کو "شریعت" کہتے ہیں یعنی وہ وسیع اور سیدھا راستہ جس پر ہر شخص آسانی سے چل سکے۔ [3] لہٰذا ہر شخص شریعت پر عمل کرے اور اس کی مخالفت کرنے سے بچے کہ شریعت کی مخالفت کرنا بد دینی اور گمراہی ہے، قرآن مجید میں ہے:

---

1. پ12، ھود:56
2. پ8، الانعام:126
3. صراط الجنان، 3/206 ملخصاً

وَ اَنَّ هٰذَا صِرَاطِیْ مُسْتَقِیْمًا فَاتَّبِعُوْهُ ۚ وَ لَا تَتَّبِعُوا السُّبُلَ فَتَفَرَّقَ بِكُمْ عَنْ سَبِیْلِهٖ ؕ (پ:8،الانعام:153)

ترجمہ: اور یہ کہ یہ ہے میرا سیدھا راستہ تو اس پر چلو اور اَور راہیں نہ چلو کہ تمہیں اس کی راہ سے جدا کر دیں گی۔

یعنی (قرآن) میں مذکور جو احکام تمہیں بیان کئے گئے ہیں یہ اللہ پاک اور اس کے نبی صلی اللہ علیہ واٰلہٖ وسلم کا سیدھا راستہ ہیں تو اس پر چلو[1] اگر اس راستے سے ادھر ادھر ہوئے تو گمراہی میں پڑ جاؤ گے۔ جیسے کہ وہ شخص جو کہے کہ شریعت کے احکام تو اللہ تک پہنچنے کا ذریعہ تھے اور ہم اللہ تک پہنچ گئے اب ہمیں شریعت کی کوئی حاجت نہیں، تو ایسے شخص کے بارے میں حضرت جنید بغدادی رحمۃ اللہ علیہ نے فرمایا: وہ سچ کہتا ہے وہ پہنچنے والا ضرور ہے مگر کہاں؟ جہنم تک۔[2]

نہ بندہ کسی وقت کیسی ہی ریاضات و مجاہدات بجالائے اس رُتبہ تک پہنچے کہ تکالیفِ شرع اس سے ساقط ہو جائیں اور اسے اَسْپِ بے لگام و شُتُرِ بے زمام کر کے چھوڑ دیا جائے۔

مشکل الفاظ کے معانی ریاضات و مجاہدات: نفس کشی، بہت زیادہ عبادت کرنا۔ رُتبہ: مقام۔ تکالیفِ شرع: شریعت کے احکام۔ ساقط: ختم ہونا، معاف ہونا۔ اَسْپِ بے لگام: سرکش گھوڑا۔ شُتُرِ بے زمام: بغیر نکیل کا اونٹ۔

ہر شخص مکلفِ شریعت ہے

وضاحت اگر کوئی شخص چاہے وہ کتنا ہی نیک و پرہیز گار ہو اور خود کو ہر وقت یادِ الٰہی میں مشغول رکھ کر کتنی ہی عبادت کر لے وہ کبھی اس رتبے تک نہیں پہنچ سکتا کہ احکامِ شریعت، تمام تر فرائض و عبادات اور امر و نہی کے جملہ امور اس سے ساقط ہو جائیں اور وہ

[1] صراط الجنان، 3/244

[2] الیواقیت والجواہر، 1/206

جانوروں کی طرح بے لگام اور آزاد پھرے۔ بلکہ ہر شخص پر شریعت کی پیروی لازم اور احکامِ امر و نہی پر عمل کرنا ضروری ہے اور کوئی بھی ان سے آزاد نہیں، حضور غوثِ پاک رضی اللہُ عنہ فرماتے ہیں: یہ خیال کرنا کہ شرعی مکلفات کسی حال میں ساقط ہو جاتے ہیں، غلط ہے۔ فرض عبادات کا چھوڑنا زِندِیقیت (یعنی بے دینی) ہے اور حرام کام کرنا گناہ، اور فرض کسی حال میں معاف نہیں ہوتا۔[1] حضرت جنید بغدادی، حضرت سری سقطی، حضرت بایزید بسطامی اور دیگر جتنے بھی بزرگانِ دین گزرے ہیں سب نے شریعت کی پیروی کی ہے اور سب تعظیمِ شریعت اور سیدھی راہ "شریعت" کی پیروی کے سبب ہی اللہ تک پہنچے، ان بزرگوں سے یا ان کے علاوہ کسی اور ولی سے ایک بھی ایسا قول منقول نہیں کہ اس نے شریعتِ مطہرہ کے کسی حکم کی تحقیر کی ہو یا اسے قبول کرنے سے باز رہا ہو بلکہ تمام اولیاء نے شریعت کے سامنے اپنی گردنیں جھکائی ہیں اور اپنے باطنی علوم کی بنیاد نبیِ پاک صلی اللہ علیہ واٰلہٖ وسلم کے طریقے پر رکھی ہے۔[2]

صوفی وہ ہے کہ اپنے ہَوا کو تابعِ شرع کرے نہ وہ کہ ہَوا کی خاطر شرع سے دستبردار ہو، شریعت غذا ہے اور طریقت قُوَّت، جب غذا ترک کی جائے گی قوت آپ زوال پائے گی۔ شریعت آئینہ[3] اور طریقت نظر، آنکھ پھوٹ کر نظر رہنا غیر مُتَصَوَّر،

مشکل الفاظ کے معانی — **صوفی:** نیک و پرہیزگار شخص۔ **ہَوا:** خواہشِ نفس۔ **تابعِ شرع:** شریعت کے مطابق چلنا۔ **شرع:** شریعت۔ **دستبردار:** چھوڑنے والا، باز آنے والا۔ **زوال:** ختم ہونا۔

---

1. الفتح الربانی والفیض الرحمانی، ص144
2. حدیقہ ندیہ، 1/394
3. ...... مفتی خلیل خان برکاتی رحمۃ اللہ علیہ نے اس مقام پر آئینہ کی جگہ آنکھ لکھا ہے اور عبارت کے لحاظ سے یہی درست لگتا ہے۔

وضاحت جب یہ بات ثابت و محقق ہو گئی کہ کوئی بھی شخص احکامِ شرع کی پیروی سے آزاد نہیں اور ہر ایک پر شریعت کی پیروی لازم ہے تو اب اگر کوئی شخص چہ جائیکہ وہ صوفی ہی کیوں نہ ہو، وہ بھی اتباعِ شریعت سے آزاد نہیں۔ بلکہ اس پر بھی شریعت کی پیروی لازم ہے کہ جب قرآن میں یہ حکم عام ہے:

وَمَآ اٰتٰىكُمُ الرَّسُوْلُ فَخُذُوْهُۗ وَمَا نَهٰىكُمْ عَنْهُ فَانْتَهُوْاۚ (پ:28، الحشر:7) ترجمہ: اور جو کچھ تمہیں رسول عطا فرمائیں وہ لو اور جس سے منع فرمائیں باز رہو۔

یعنی (اے لوگو!) نبیِ کریم صلی اللہ علیہ واٰلہٖ وسلم تمہیں جو حکم دیں اس کی اِتّباع کرو کیونکہ ہر حکم میں نبیِ کریم صلی اللہ علیہ واٰلہٖ وسلم کی اطاعت واجب ہے اور جس سے منع فرمائیں اس سے باز رہو، اللہ سے ڈرو، نبیِ پاک صلی اللہ علیہ واٰلہٖ وسلم کی مخالفت نہ کرو اور ان کے حکم کی تعمیل میں سستی نہ کرو، بیشک اللہ اسے سخت عذاب دینے والا ہے جو نبیِ اکرم صلی اللہ علیہ واٰلہٖ وسلم کی نافرمانی کرے۔[1] اس تفسیر سے معلوم ہوا کہ جب ہر شخص پر نبیِ پاک صلی اللہ علیہ واٰلہٖ وسلم کی اطاعت لازم ہے تو جو شخص صوفی ہو اس کے لیے تو اس پر عمل کرنا بدرجۂ اَولیٰ ضروری ہے کیونکہ صوفی دوسروں کے مقابلے شریعت کا زیادہ پابند ہوتا ہے اور اپنی خواہشات پر چلنے کے بجائے شریعت کے مطابق عمل کرتا ہے۔ حضرت سری سقطی رحمۃ اللہ علیہ فرماتے ہیں: صوفی وہ شخص ہے جس کی معرفت کا نور اس کی پرہیز گاری کے نور کو نہ بجھائے[2] یعنی جن کاموں کے کرنے کا حکم ہے ان پر عمل کرے اور جن سے بچنے کا حکم ہے ان سے بچے اور ہر حال میں شریعت کا سچا و پکا تابعدار رہو۔

---

1. تفسیر روح البیان، 9/429 ملخصاً۔ تفسیر نسفی، ص1224 ملتقطاً
2. وفیات الاعیان، 2/299

اس وضاحت سے معلوم ہوا کہ صوفی وہ ہے جو شریعت کی اتباع کرے نہ کہ وہ جو اپنی نفسانی خواہشوں کے سبب خود کو اتّباعِ شریعت سے آزاد سمجھے اور کہے کہ مجھ سے سارے احکام اُٹھالیے گئے ہیں۔ ایسے شخص کے بارے میں اللہ پاک نے فرمایا:

فَخَلَفَ مِنۢ بَعْدِهِمْ خَلْفٌ اَضَاعُوا الصَّلٰوةَ وَ اتَّبَعُوا الشَّهَوٰتِ فَسَوْفَ يَلْقَوْنَ غَيًّا ﴿۵۹﴾

ترجمہ: تو ان کے بعد ان کی جگہ وہ ناخلف آئے جنھوں نے نمازیں گنوائیں (ضائع کیں) اور اپنی خواہشوں کے پیچھے ہوئے تو عنقریب وہ دوزخ میں غیّ کا جنگل پائیں گے۔ (پ:16، مریم:59)

یعنی جس نے اللہ پاک کی اطاعت پر اپنی نفسانی خواہشات کی پیروی کو ترجیح دی اور اللہ پاک کی اطاعت کرنے کی بجائے گناہوں کو اختیار کیا اس کا انجام یہ ہے کہ وہ عنقریب جہنم کی خوفناک وادی غی میں ڈال دیا جائے گا۔[1] لہٰذا ہر حال میں شریعت کی اتباع کی جائے کہ اتباعِ شریعت سے خود کو آزاد سمجھنے والے صوفیوں کے بارے میں امام عبد الغنی نابلسی رحمۃ اللہ علیہ نے فرمایا: جو اپنی طرف سے صوفی بنتے ہیں وہ خود گمراہ اور دوسروں کو گمراہ کرتے ہیں، وہ شریعت کے راستے سے ٹیڑھے ہو کر جہنم کے راستے پر چلتے ہیں کیونکہ یہ لوگ شریعت کو چھوڑے ہوئے ہیں اور شریعت کا انکار کرنے کی وجہ سے کافر ہیں، اگرچہ ان کا دعویٰ یہ ہے کہ یہ لوگ انوار سے روشن ہیں۔ حالانکہ طریقت کے جملہ جلیل القدر بزرگ تو شریعت کے آداب پر قائم ہیں اور احکام الٰہی کی تعظیم کے معتقد ہیں۔ اسی لئے اللہ پاک نے انہیں کمالات کا تحفہ دیا جبکہ طریقت سے بے خبر لوگ اپنی خرافات پر دھوکے کا لباس پہنے ہوئے ہیں اور ظاہر میں مسلمان لیکن حقیقت میں کافر ہیں۔[2]

---

[1] تفسیر خازن، 3/240

[2] حدیقہ ندیہ، 1/396، 395

شریعت و طریقت متضاد نہیں

صوفی کی وضاحت کرنے کے بعد شریعت و طریقت کے ایک ہونے اور ان کے آپس میں اتصال کو ان دو مثالوں کے ذریعے سمجھایا جارہا ہے:

(1) شریعت خوراک کی طرح اور طریقت اس خوراک سے حاصل ہونے والی طاقت و قوت کی طرح ہے، اور یہ بات بالکل یقینی ہے کہ جب کوئی شخص خوراک چھوڑ دے اور یہ امید رکھے کہ اسے بغیر خوراک کے طاقت ملتی رہے گی تو یہ ایک احمقانہ بات ہے کیونکہ خوراک چھوڑ دینے سے طاقت و قوت بھی ختم ہو جاتی ہے۔ یہی معاملہ شریعت و طریقت کا ہے کہ احکامِ شرع پر عمل کیے بغیر طریقت کا حصول ممکن نہیں ہے۔

(2) شریعت آئینہ (آنکھ) کی طرح اور طریقت اس سے دکھائی دینے والی نظر کی طرح، تو جس طرح آنکھ کے پھوٹ جانے پر نظر باقی نہیں رہتی اور کچھ دکھائی نہیں دیتا ہے، اسی طرح شریعت و طریقت کا معاملہ ہے کہ شریعت کی آنکھ پھوٹی تو فوراً طریقت کی نظر جاتی رہی۔ جس نے شریعت کا دامن چھوڑ دیا اس کے پاس طریقت بھی نہیں رہتی۔ شریعت و طریقت کے اتصال کے بارے میں حضور غوثِ پاک رحمۃ اللہ علیہ فرماتے ہیں: اللہ پاک کے سوا کسی کی طرف نگاہ نہ اٹھانا جو کہ طریقت کا ایک بلند مرتبہ ہے، ضروری ہے کہ وہ ان چیزوں کے ساتھ ہو کہ اللہ پاک کی مقرر کردہ حدود کی پابندی کی جائے اور اس کے تمام احکام کی حفاظت کی جائے اور اگر بندے کی طرف سے شریعت کی حدود میں سے کسی حد میں خلل آئے تو وہ جان لے کہ وہ فتنہ میں پڑا ہوا ہے اور شیطان اس کے ساتھ کھیل رہا ہے لہٰذا فوراً شریعت کے حکم کی طرف لوٹ آئے اور اپنی نفسانی خواہش کو چھوڑ دے کیونکہ جس حقیقت کی تصدیق شریعت سے نہ ہو وہ حقیقت باطل ہے۔ [1]

---

[1] الطبقات الکبریٰ للشعرانی، 1/ 185

بعد اَز وصول اگر اتباعِ شریعت سے بے پروائی ہوتی تو سیّدُ العٰلمین صلی اللہ تعالیٰ علیہ وسلم اور امام الواصلین علی کَرَّمَ اللہُ تعالیٰ وجہہ اس کے ساتھ احق ہوتے، نہیں بلکہ جس قدر قرب زیادہ ہوتا ہے شرع کی باگیں اور سخت ہوتی جاتی ہیں حَسَنَاتُ الْاَبْرَارِ سَیِّئَاتُ الْمُقَرَّبِیْنَ، توہینِ شریعت کفر اور اس کے دائرے سے خُرُوج فسق۔

مشکل الفاظ کے معانی بعد اَز وصول: منزل پالینے کے بعد۔ بے پروائی: بے فکری، غفلت، احکام شریعت کا اتباع لازم و ضروری نہ رہنا۔ احق: زیادہ حقدار۔ شرع کی باگیں: شرع کی لگام، شریعت کی حدیں۔ دائرے: دائرہ کی جمع معنیٰ حلقہ۔ خُرُوج: نکلنا۔

وضاحت شریعت و طریقت کے آپس کے اتصال کو جان لینے کے بعد یہ بات بھی جاننا ضروری ہے کہ اگر مقام و مرتبہ کی وجہ سے احکامِ شریعت کی پیروی لازم نہ ہوتی اور اس مرتبہ پر پہنچ کر انسان کو یہ اختیار دیا جاتا کہ وہ جو چاہے کرے اور جو چاہے نہ کرے تو نبیِ کریم صلی اللہ علیہ واٰلہٖ وسلم جو کائنات میں سب سے افضل ہیں اور حضرت علی رضی اللہ عنہ جن کا مرتبہ بہت بلند و اعلیٰ ہے وہ اس کے زیادہ حق دار تھے کہ شریعت کی اتباع نہ کرتے، نہ عبادت کرتے اور نہ ہی احکامِ خداوندی کی پیروی کرتے، حالانکہ نبیِ پاک صلی اللہ علیہ واٰلہٖ وسلم کی اتباعِ شریعت کے حوالے سے قرآنِ کریم میں فرمایا گیا:

قُلْ اِنِّیْۤ اُمِرْتُ اَنْ اَكُوْنَ اَوَّلَ مَنْ اَسْلَمَ (پ:7، الانعام:14) ترجمہ: تم فرماؤ مجھے حکم ہوا ہے کہ سب سے پہلے گردن رکھوں۔

نبیِ کریم صلی اللہ علیہ واٰلہٖ وسلم کو یہ حکم دیا گیا ہے کہ آپ سب سے پہلے فرمانبرداری کے لئے گردن جھکائیں کیونکہ نبی اپنی اُمت سے دین میں آگے ہوتے ہیں۔[1] نیز نبیِ رحمت صلی اللہ

[1] صراط الجنان، 3/81

علیہ واٰلہٖ وسلم کی عبادت کے بارے میں حضرت عائشہ صدیقہ رضی اللہ عنہا فرماتی ہیں: نبیِ پاک صلی اللہ علیہ واٰلہٖ وسلم رات کو اٹھ کر نماز ادا فرمایا کرتے تھے یہاں تک کہ آپ کے مبارک پاؤں سُوج جاتے۔[1] اس سے یہ معلوم ہوا کہ جب نبیِ کریم صلی اللہ علیہ واٰلہٖ وسلم نے بھی اپنی زندگی اطاعتِ الٰہی اور عبادات میں گزاری تو کوئی شخص اس بات کا کیونکر حقدار ہو سکتا ہے کہ اس سے احکامِ شرع اُٹھا لیے جائیں، اور وہ نماز، روزہ، زکوٰۃ وحج وغیرہ اور جملہ اوامر و منہیات اور شریعت کے تمام احکام سے آزاد ہو جائے؟ حالانکہ یہ بات بالکل یقینی ہے کہ جس کی قدر و منزلت اللہ پاک کی بارگاہ میں بہت زیادہ ہوتی ہے تو شریعت کی گرفت اور پکڑ بھی اس شخص پر اتنی ہی سخت ہو جاتی ہے۔ یعنی ان کو مشکلات بھی زیادہ پیش آتی ہیں، ان کا امتحان بھی بڑا ہوتا ہے اور ان کو مجاہدے وریاضتیں بھی زیادہ کرنی پڑتی ہیں۔ حضرت سعد بن ابی وقاص رضی اللہ عنہ فرماتے ہیں کہ میں نے عرض کی: یارسولَ اللہ صلی اللہ علیہ واٰلہٖ وسلم! سب سے زیادہ مصیبتیں کن لوگوں پر آئیں؟ فرمایا: "انبیائے کرام علیہم السّلام پر پھر ان کے بعد جو لوگ بہتر ہیں پھر ان کے بعد جو بہتر ہیں، بندے کو اس کی دینداری کے اعتبار سے مصیبت میں مبتلا کیا جاتا ہے اگر وہ دین میں سخت ہوتا ہے تو اس کی آزمائش بھی سخت ہوتی ہے اور اگر وہ اپنے دین میں کمزور ہوتا ہے تو اللہ پاک اس کی دینداری کے مطابق اسے آزماتا ہے۔ بندہ مصیبت میں مبتلا ہوتا رہتا ہے یہاں تک کہ دنیا ہی میں اس کے سارے گناہ بخش دیئے جاتے ہیں۔"[2]

توہینِ شریعت کفر ہے

یہ بات بھی یاد رکھنی چاہئے کہ شریعت کی توہین کرنے والا کافر ہو جاتا ہے کہ شریعت کا

---

[1] بخاری، 1/384، حدیث: 1130

[2] ابن ماجہ، 4/369، حدیث: 4023

مذاق اُڑانا یا توہین کرنا کفر ہے۔ فُقَہائے کرام رحمۃ اللہ علیہم فرماتے ہیں: جس شخص نے شریعت یا اس کے مسائل کی توہین کی اُس نے کُفر کیا۔[1] اور جو کہے: علمِ شریعت میں توحید نہیں یا علمِ حقیقت، علمِ شریعت سے اعلیٰ ہے جب کہ مقصود شریعت کی توہین ہو یا کہے: ”علمِ شریعت کی کوئی حقیقت نہیں“ تو اس نے کفر کیا کہ یہ سب کفریہ کلمات ہیں۔[2] اور جو شخص خود کو احکامِ شرع سے آزاد سمجھے وہ فاسق ہے۔

صوفی صادِق عالم سنّی صحیح العقیدہ خدا اور رسول کے فرمان پر ہمیشہ یہ عقیدت رکھتا ہے[0]

”علمائے شرع مبین وارثانِ خاتم النبیین ہیں اور علومِ شریعت کے نگہبان و علمبردار، تو ان کی تعظیم و تکریم صاحبِ شریعت صلی اللہ تعالیٰ علیہ وسلم کی تعظیم و تکریم ہے اور اس پر دین کا مدار“

مشکل الفاظ کے معانی صادِق: سچا۔ صحیح العقیدہ: درست عقیدے والا۔ فرمان: حکم۔ عقیدت: اعتقاد، بھروسہ۔ شرع مبین: روشن و واضح شریعت۔ نگہبان: محافظ۔ علمبردار: مدعی، محافظ۔ دین کا مدار: دین کی بنیاد۔

وضاحت جیسا کہ پیچھے ذکر ہوا کہ صوفی وہ ہے جو اپنی خواہشات کو شریعت کے مطابق کرے یعنی جو شریعت کے مطابق چلے۔ اب یہاں صوفی اور ایک دین دار عالم کے آپس میں تعلقات کو ذکر کیا جا رہا ہے کہ ایک حقیقی اور سچا صوفی ہمیشہ باعمل، سنت کی پیروی کرنے اور درست عقیدہ رکھنے والے عالم کے بارے میں یہ اعتقاد رکھتا ہے کہ یہ عالم اللہ پاک اور اس کے پیارے رسول صلی اللہ علیہ واٰلہٖ وسلم کے فرمان: ”اِنَّ العلماء ورثۃُ الانبیاء“[4] ”علماء انبیاء کے وارث

---

1. منح الروض الازہر، ص473
2. مجمع الانہر، 2/511
3. یہاں بریلی شریف والے نسخے میں بیاض ہے، اگلی عبارت مفتی خلیل خان برکاتی رحمۃ اللہ علیہ کی ہے۔
4. ابو داؤد، 3/444، حدیث: 3641

ہیں" کے مطابق شریعت کے علوم کو صحیح طور پر جاننے والے اور پھیلانے والے ہیں۔ نبیِ پاک صلی اللہ علیہ والہٖ وسلم نے فرمایا: اولادِ آدم میں میرے بعد سب سے زیادہ سخی وہ شخص ہے جو علم حاصل کرے پھر اپنے علم کو پھیلائے، اسے قیامت کے دن ایک امت کے طور پر اٹھایا جائے گا۔ [1]

ایک صوفی کا کسی دین دار عالم کے بارے میں یہ اعتقاد بھی ہے کہ یہ لوگ علومِ شریعت کے محافظ و نگہبان ہیں کہ نبیِ کریم صلی اللہ علیہ والہٖ وسلم نے فرمایا: "بیشک زمین پر علماء کی مثال ان ستاروں کی طرح ہے جن سے بحر و بر کی تاریکیوں میں رہنمائی حاصل کی جاتی ہے تو جب ستارے ماند پڑ جائیں تو قریب ہے کہ ہدایت یافتہ لوگ گمراہ ہو جائیں۔" [2] ایک اور حدیثِ پاک میں ہے: "لوگوں میں سب سے افضل وہ مومن عالم ہے کہ جب اس کی ضرورت پڑے تو نفع دے اور اگر اس سے بے پرواہی کی جائے تو وہ اپنے آپ کو بے نیاز رکھے۔" [3]

ایک صوفی کا علمائے کرام کے بارے میں یہ اعتقاد بھی ہونا چاہیے کہ ان کی تعظیم اور عزت کرنا درحقیقت ایسے ہی ہے جیسے کہ نبیِ پاک صلی اللہ علیہ والہٖ وسلم کی تعظیم و تکریم کرنا کیونکہ یہی وہ لوگ ہیں جن پر دین کا دار و مدار ہے۔ حضرت خطیب بغدادی رحمۃ اللہ علیہ نقل فرماتے ہیں: علماء رسولوں کی لائی ہوئی باتوں کی طرف لوگوں کی راہنمائی کرتے ہیں۔ [4] امیر المومنین حضرت علی رضی اللہ عنہ فرماتے ہیں: عالمِ دین دن بھر روزہ رکھنے والے اور رات بھر قیام کرنے والے مجاہد سے افضل ہے اور جب عالمِ فوت ہو جاتا ہے تو اسلام میں ایک ایسا شگاف پڑ جاتا ہے جسے اس عالم کے جانشین کے علاوہ کوئی پُر نہیں کر سکتا۔ [5] اور انہی لوگوں سے

---

[1] مسند ابو یعلیٰ، 3/16، حدیث: 2782

[2] مسند احمد، 20/52، حدیث: 12600

[3] تاریخ مدینہ دمشق، 45/303، حدیث: 9886۔ مشکاۃ المصابیح، 1/67، حدیث: 251

[4] الفقیہ والمتفقہ، ص 148، رقم: 132 مختصراً

[5] المتجر الرابح، ص 15

دین کی صحیح سمجھ و آگاہی ہوتی ہے۔ کیونکہ عالم لوگوں کے اخلاق کو سنوارتا اور اپنے علم کے ذریعے ایسی چیزوں کی طرف دعوت دیتا ہے جو انہیں اللہ پاک کا قرب عطا کرتی ہیں، جیسا کہ قرآن پاک میں ہے:

اُدْعُ اِلٰى سَبِيْلِ رَبِّكَ بِالْحِكْمَةِ وَ الْمَوْعِظَةِ الْحَسَنَةِ وَ جَادِلْهُمْ بِالَّتِيْ هِيَ اَحْسَنُ (پ14، النحل:125)

ترجمہ: اپنے رب کی راہ کی طرف بلاؤ پکی تدبیر اور اچھی نصیحت سے اور ان سے اس طریقہ پر بحث کرو جو سب سے بہتر ہو۔

اس سے معلوم ہوا کہ عالم خاص لوگوں کو حکمت، عوام کو نصیحت اور منکرین کو بحث و مباحث کے ذریعے اللہ پاک کی طرف بلاتا ہے، اور اس طرح وہ اپنی اور دوسروں کی نجات کا سامان کرتا ہے اور یہی انسان کا کمال ہے۔ [1]

عالِم مُتَدَیِّن خدا طلب ہمیشہ صوفی [2] "سے بتواضع و انکسار پیش آئے گا کہ وہ حق آگاہ اور حق کی پناہ میں ہے" اور اسے اپنے سے افضل و اکمل جانے گا جو اعمال اس کے اس کی نظر ظاہر میں قانونِ تقویٰ سے باہر نظر آئیں گے۔ [3]

اے اللہ! سب کو ہدایت اور اس پر ثبات و استقامت اور اپنے محبوبوں اور سچے پکے عقیدے پر جہانِ گُزران سے اٹھا۔ اٰمِیْن یَا اَرْحَمَ الرّٰحِمِیْن

اَللّٰهُمَّ لَكَ الْحَمْدُ وَ اِلَيْكَ الْمُشْتَكٰى وَ اَنْتَ الْمُسْتَعَانُ وَلَاحَوْلَ وَلَاقُوَّةَ اِلَّا بِاللّٰهِ الْعَلِيِّ الْعَظِيْمِ وَصَلَّى اللّٰهُ تَعَالٰى عَلَى الْحَبِيْبِ الْمُصْطَفٰى وَعَلٰى اٰلِهِ الطَّيِّبِيْنَ وَصَحْبِهِ الطَّاهِرِيْنَ اَجْمَعِيْنَ ۔ [4]

---

1. لباب الاحیاء، ص30
2. یہاں بریلی شریف والے نسخے میں بیاض ہے، اگلی عبارت مفتی خلیل خان برکاتی رحمۃ اللہ علیہ کی ہے۔
3. یہاں بریلی شریف والے نسخے میں کچھ بیاض ہے۔
4. اے اللہ! تیرے ہی لیے سب تعریفیں ہیں، اور تیری ہی بارگاہ میں شکایت کی جاتی ہے، اور تجھ ہی سے مدد

مشکل الفاظ کے معانی عالِمِ مُتَدَیِّن: دین دار، پرہیز گار عالم۔ خدا طلب: خدا کا طالب۔ انکسار: عاجزی۔ پیش آنا: برتاؤ کرنا۔ حق آگاہ: اللہ پاک کو جاننے والا۔ حق کی پناہ: اللہ پاک کی نگہبانی میں۔ قانونِ تقویٰ: پرہیز گاری کا قاعدہ۔

وضاحت جس طرح ایک صوفی، عالم کے بارے میں اچھا گمان رکھتا ہے اسی طرح ایک دین دار و پرہیز گار عالم ہمیشہ صوفی کے ساتھ عاجزی و انکساری سے پیش آتا ہے اور اس کے بارے میں یہ اعتقاد رکھتا ہے کہ صوفی کو اللہ پاک کی معرفت حاصل ہے اور وہ اللہ پاک کی نگہبانی میں ہوتا ہے، کیونکہ صوفی شریعت کی پیروی کرتا اور اپنے باطنی علوم کی بنیاد سیرتِ محمدی صلی اللہ علیہ واٰلہٖ وسلم پر رکھتا ہے اور اس کی تمام تر توجہ اللہ پاک کی طرف رہتی ہے اور وہ اَسباب پر بھروسا کرنے کی بجائے اللہ پاک پر دل سے اعتماد رکھتا ہے اور ہر حال میں اللہ پاک کی عبادت میں مشغول رہتا ہے۔ نبیِ پاک صلی اللہ علیہ واٰلہٖ وسلم نے فرمایا: ”ہمارے دوستوں میں سب سے زیادہ قابلِ رَشک وہ مومن ہے جو تھوڑے مال والا، نماز روزے کا پابند، اپنے رب کی اچھے طریقے سے عبادت کرنے والا اور تنہائی میں بھی اس کی اطاعت کرنے والا ہو اور لوگوں میں اس قدر گمنام ہو کہ اُنگلیوں سے اس کی طرف اشارہ نہ کیا جائے، بقدرِ کفایت روزی میسر آنے پر صبر کرے، جب اس کی موت قریب آجائے تو اس پر رونے والوں کی تعداد کم ہو اور اس کا ترکہ بھی بہت تھوڑا ہو۔“[1]

نیز عالم، صوفی کو اپنے سے افضل و اکمل جانتا ہے کیونکہ صوفی دنیا کی برائیوں سے پاک

طلب کی جاتی ہے، نیکی کرنے کی طاقت نہیں اور گناہ سے بچنے کی قوت نہیں مگر اللہ پاک ہی کی مدد سے جو بلند و بالا عظمتوں والا ہے، اور اللہ تعالیٰ دُرود بھیجے اپنے چُنے ہوئے حبیب صلی اللہ علیہ واٰلہٖ وسلم پر، اور ان کی پاکیزہ آل اور تمام مقدس صحابہ پر۔

[1] معجم کبیر، 8/213، حدیث:7860

ہوتا ہے اور اللہ پاک کی نافرمانی والے کاموں سے بچتا ہے۔

ان تمام باتوں کے باوجود صوفی کے جو اعمال عالم کی نظر میں قانونِ تقویٰ و پرہیز گاری کے قاعدے سے باہر ہوں تو عالم ان کو نظر انداز کرتا ہے اور اس معاملے کو اللہ پاک پر چھوڑ دیتا ہے کہ اللہ پاک ہی اپنے بندوں کے دِلوں کے حال بہتر جانتا ہے۔

اَلْحَمْدُ لِلّٰهِ رَبِّ الْعٰلَمِیْنَ وَالصَّلٰوۃُ وَالسَّلَامُ عَلٰی سَیِّدِ الْمُرْسَلِیْنَ مُحَمَّدٍ وَّاٰلِهِ الطَّیِّبِیْنَ الطَّاهِرِیْنَ وَصَحْبِهِ الْمُکَرَّمِیْنَ الْمُعَظَّمِیْنَ وَاَوْلِیَاءِ اُمَّتِهٖ وَعُلَمَاءِ مِلَّتِهٖ وَعَلَیْنَا مَعَهُمْ اَجْمَعِیْنَ ط

عقیدۂ اُولیٰ (1) [1]

حضرت حق سُبْحَانَهٗ وَتَبَارَکَ وَتَعَالٰی شَانُهٗ واحد ہے نہ عدد سے، خالق ہے نہ علّت سے۔ فعّال ہے نہ جوارِح سے۔ قریب ہے نہ مُسافت سے۔ مَلِکِ بے وزیر، والی بے مُشیر، حیات وکلام و سمع وبصر و ارادہ و قدرت وعلم و غیرھا تمام صفاتِ کمال سے ازلاً وابداً موصوف، تمام شِیُون و شَیْن وعَیْب سے اَوّلاً واٰخِراً بری۔ ذاتِ پاک اس کی نِدّ وضِد وشبہ و مِثْل وکَیْف وکَم وشَکل و جِسم وجِہَت ومکان و اَمَد وزَمان سے مُنزَّہ، نہ والد ہے نہ مَولود، نہ کوئی شے اُوس کے جوڑ کی اور جس طرح ذاتِ کریم اس کی مُناسبتِ ذَوات سے مُبرَّا، اُسی طرح صفاتِ کمالیہ اس کی مُشابہتِ صفات سے مُعرَّا، اوروں کے علم وقدرت کو اس کے علم وقدرت سے فقط ”ع، ل، م، ق، د، ر، ت“ میں مُشابہت ہے اس سے آگے اُوس کی تعالِی و تکبر کا سَراپردہ کسی کو اپنے میں بار نہیں دیتا، تمام عزتیں اس کے حضور پَست اور سب ہستیاں اس کے آگے نیست کُلُّ شَیْءٍ هَالِكٌ اِلَّا وَجْهَهٗ۔

وجود واحد، موجود واحد، باقی سب اعتبارات ہیں ذرّاتِ اَکوان کو اس کی ذات سے ایک نسبت مَجْهُوْلَةُ الْکَیْف ہے جس کے لحاظ سے مَن وتُو کو موجود وکائن کہا

[1] پہلا عقیدہ اللہ پاک کی ذات وصفات کے بارے میں۔

جاتا ہے اور اس کے آفتابِ وجود کا ایک پَرتَو ہے کہ ہر ذرّہ نگاہِ ظاہر میں جلوہ آرائیاں کررہا ہے۔ اگر اس نسبت و پَرتَو سے قطعِ نظر کی جائے تو عالَم ایک خوابِ پریشاں کا نام لے۔ ہُو کا مَیدان عدمِ بَحت کی سُنسان۔ موجود واحد ہے، نہ وہ واحد جو چند سے مل کر مُرکَّب ہوا نہ وہ واحد جو چند کی طرف تحلیل پائے، نہ وہ واحد جو بہ تُہمت حُلولِ عینِیّت اَوجِ وحدت سے حضیضِ اِثْنَینِیت میں آئے۔ هُوَ وَلَا مَوْجُوْدٌ اِلَّا هُو۔ آیۂ کریمہ سُبۡحٰنَهٗ وَتَعٰلٰی عَمَّا یُشۡرِكُوۡنَ ﴿۱۸﴾ [1] جس طرح شرک فِی الْاُلُوہِیَّۃ کو رَدّ کرتی ہے یوہیں اِشتِراک فِی الْوُجُود کی نفی فرماتی ہے۔

غَیرتش غیر در جہاں نہ گزاشت
لاجرم عین جملہ معنی شد [2]

عقیدۂ ثانیہ (2) [3]

بَایں ہمہ اس نے اپنی حکمتِ کاملہ کے مطابق عالَم کو جس طرح وہ جانتا ہے اِیجاد فرمایا اور مُکَلَّفِین کو اپنے فَضل و عَدل سے دو فرقے کر دیا فَرِیۡقٌ فِی الۡجَنَّةِ وَ فَرِیۡقٌ فِی السَّعِیۡرِ ﴿۷﴾ [4] اور جس طرح پَرتَوِ وجود سے سب نے بَہرَہ پایا اسی طرح فریقِ جنت کو اس کے صفاتِ

---

[1] پ 11، یونس:18

[2] اس کی غیرت نے جہاں میں کوئی غیر نہ رکھا تو بلاشبہ ہر شے کا وجود اسی ذاتِ واحد کا ظل ہوا۔

[3] دوسرا عقیدہ سب سے اعلیٰ اور سب سے اَولیٰ یعنی سید الانبیاء صلی اللّٰہ علیہ وآلہٖ وسلم کے بارے میں۔

[4] پ 25، الشوریٰ:7

کمالیہ سے نصیبۂ خاص ملا۔ دَبستانِ عَلَّمَكَ مَالَمْ تَكُنْ تَعْلَمُ[1] میں تعلیم فرمایا۔ وَكَانَ فَضْلُ اللّٰهِ عَلَيْكَ عَظِيْمًا ۝۱۱۳[2] نے اور رنگ آمیزیاں کیں اور یہ سب تَصَدُّق ایک ذات جامِعُ البرَکات کا تھا جسے اپنا محبوبِ خاص فرمایا۔ مرکزِ دائرہ و دائرۂ مرکز کاف و نون بنایا، اپنی خلافتِ کاملہ کا خِلعت رفیعُ المَنزِلت اُوس کے قامتِ موزُوں پر سجا کہ تمامہ افرادِ کائنات اس کے ظِلِّ ظَلیل اور ذَیلِ جَلیل میں آرام کرتے ہیں۔ اَعاظِم مُقَرَّبین کو جب تک اُس مَامَنِ جہان سے تَوَسُّل نہ کریں بادشاہ تک پہونچنا ممکن نہیں۔ کُنجیاں خزائنِ علم وقدرت، تدبیر و تَصَرُّف کی اس کے ہاتھ میں رکھیں۔ عظمت والوں کو مَہ پارے (اور اُس کو) اوس نے آفتابِ عالَم تاب کیا کہ اس سے اِقتباسِ اَنوار کریں اور اس کے حضور "اَنا" زبان پر نہ لائیں۔ اس کے سَراپردۂ عزت و اِجلال کو وہ رِفعت و وُسعت بخشی کہ عرشِ عظیم جیسے ہزاران ہزار اس میں یوں گم ہو جائیں جیسے بَیدائے ناپید اکنار میں ایک شَلَنگ ذرّۂ کم مقدار، علم وہ وسیع و غزیر عطا فرمایا کہ علومِ اَوّلین و آخرین... اس کے بحرِ علوم کی نہریں یا جوششِ فُیُوض کے چھینٹے قرار پائے۔

اَزَل سے اَبد تک تمام غیب وشہادت پر اطلاعِ تام حاصل اِلَّا ماشاءَ اللہ، بصر وہ محیط کہ شَشْ جِہت اس کے حضور جِہتِ مُقابِل، دنیا اس کے سامنے اُٹھالی کہ تمام

---

[1] تمہیں سکھادیا جو کچھ تم نہ جانتے تھے (پ5، النساء:113)

[2] اور اللہ کا تم پر بڑا فضل ہے (پ5، النساء:113)

کائنات تابروزِ قیامت، آنِ واحد میں پیشِ نظر، سمع والا کے نزدیک پانچ سو برس کی راہ کی صدا جیسے کان پڑی آواز ہے۔ اور قدرت کا تو کیا پوچھنا! کہ قدرتِ قدیر علی الاطلاق جَلَّ جَلَالُہٗ کی نمونہ وآئینہ ہے، عالم عُلوِی و سِفلی میں اس کا حکم جاری، فرمانروائی "کُن" کو اس کی زبان کی پاسداری۔ مردہ کو "قُم" کہیں زندہ اور چاند کو اِشارہ کریں فوراً دوپارہ ہو۔ جو چاہتے ہیں خدا وہی چاہتا ہے کہ یہ وہی چاہتے ہیں جو خدا چاہتا ہے۔

مَنشورِ خلافتِ مُطلَقہ و تفویضِ تام اس کے نامِ نامی پر پڑھا گیا اور سِکّہ و خطبہ ان کا مَلاءِ ادنیٰ سے عالَمِ بَالا تک جاری ہوا، دنیا و دِیں میں جو جسے ملتا ہے ان کی بارگاہِ عرش اِشْتِباہ سے ملتا ہے، وہ بَالَا دَست حاکم کہ تمام مَاسِوَی اللّٰہ ان کا محکوم اور ان کے سِوا عَالَم میں کوئی حاکم نہیں سب ان کے محتاج اور وہ خدا کے محتاج۔ قرآنِ عظیم ان کی مدح وستائش کا دَفتر۔ نام ان کا ہر جگہ نامِ الٰہی کے برابر، اَعْنِیْ سَیِّدُ الْمُرْسَلِیْن، خَاتَمُ النَّبِیّیْن، رَحْمَةٌ لِّلْعٰلَمِیْن، شَفِیْعُ الْمُذْنِبِیْن، اَکْرَمُ الْاَوَّلِیْنَ وَالْاٰخِرِیْن، قَائِدُ الْغُرِّ الْمُحَجَّلِیْن، سِرُّ اللّٰہِ الْمَکْنُوْن، دُرُّ اللّٰہِ الْمَخْزُوْن، سُرُوْرُ الْقَلْبِ الْمَحْزُوْن، عَالِمُ مَا کَانَ وَمَا یَکُوْنُ، تَاجُ الْاَتْقِیَا، نَبِیُّ الْاَنْبِیَاءِ، مُحَمَّدٌ رَّسُوْلُ رَبِّ الْعٰلَمِیْن صَلَّی اللّٰہُ تَعَالٰی عَلَیْہِ وَاٰلِہٖ وَصَحْبِہٖ اَجْمَعِیْن وَبَارَكَ وَسَلَّمَ اِلٰی یَوْمِ الدِّیْن۔

بایں ہمہ خدا کے بندہ ومحتاج ہیں، حَاشَ لِلّٰہِ کہ عَیْنِیَّت یا مِثْلِیَّت کا گمان کافر کے سوا مسلمان کو ہو سکے! خزانۂ قدرت میں ممکن کے لیے جو کمالات مُتصَوَّر تھے سب پائے کہ

دوسرے کو ہَم عِنانی (کی مجال نہیں) [1]، مگر دائرۂ عبدیت واِفتِقار سے قدم نہ بڑھانہ بڑھ سکے، اَلْعَظَمَۃُ لِلّٰہِ، خدائے تعالیٰ سے ذات وصفات میں مشابہت کیسی۔ نَعْماءِ خداوندی کے لائق جو شکر وثنا ہے اسے پوراپورا نہ بجالاسکے نہ ممکن کہ بجالائیں کہ جو شکر کریں وہ بھی نعمت آخر، مُوجِبِ شکر دیگر اِلیٰ مَالَانِہَایَۃَ لَہٗ، نِعَم واَفضالِ خداوندی غیر متناہی ہیں، قَالَ اللّٰہُ تَعَالٰی: وَلَلْاٰخِرَۃُ خَیْرٌ لَّکَ مِنَ الْاُوْلٰی [2]، مرتبہ قَابَ قَوْسَیْنِ اَوْ اَدْنٰی [3] کا پایا، قسم کھانے کو فرق کا نام رہ گیا۔ دِیدارِ اِلٰہی بچشمِ سَر دیکھا، کلامِ الٰہی بے وَاسِطہ سُنا (امکانِ وُجوب وقِدم وحُدُوث کی کمانیں مل گئیں) [4] مَحمِلِ لیلیٰ کروروں منزل سے کروروں منزل خِرَدْ خُردَہ میں دَنگ ہے،

نیا سماں ہے نیا رنگ ہے قُربْ میں بُعْد، بُعْد میں قُربْ، وَصْل میں ہِجْر، ہِجْر میں وَصْل، گوہر شِنَاوَر دریا مگر صَدَف نے وہ پردہ ڈال رکھا ہے کہ نَم سے آشنا نہیں۔ اے جاہل نادان! علم کو علم والے پر چھوڑ اور اس میدان دشوارِ جولان سے سَمَنْدِ بیان کی عِنان موڑ۔ زبان بند ہے پر اتنا کہتے ہیں کہ خَلق کے آقا ہیں، خالق کے بندے۔ عبادت اِن کی کُفر اور بے اِن کی تعظیم کے حَبْط، اِیمان اون کی محبت وعظمت کا نام اور

---

[1] اصل نسخہ میں یہاں بریکٹ تھی اس لئے باقی رکھی۔
[2] پ30، الضحیٰ:4
[3] پ27، النجم:9
[4] اصل نسخہ میں یہاں بریکٹ تھی اس لئے باقی رکھی۔

مسلمان وہ جس کا کام ہے نامِ خدا کے ساتھ ان کے نام پر تمام۔ وَالسَّلَامُ عَلٰی خَیْرِ الْاَنَامِ وَالْاٰلِ (وَالْاَصْحَابِ عَلَی الدَّوَامِ)۔

عقیدہ ثالثہ (3)[1]

اُس جنابِ عرش قِباب کے بعد مرتبہ اَور انبیاء و مُرسَلِین کا ہے صلوات اللہ وسلامہ علیہم اجمعین کہ باہم اُون میں تفاضُل مگر اُون کا غیر، گو کسی مرتبۂ ولایت تک پہنچے، فرشتہ ہو خواہ آدمی، صحابی ہو خواہ اہلِ بیت، اُن کے درجے تک وُصول محال، جو قُربِ الٰہی اُنہیں حاصل، کوئی اُس تک فائز نہیں اور جیسے یہ خدا کے محبوب، دوسرا ہرگز نہیں۔ یہ وہ صدر نشینانِ بزمِ عِزّ وجاہ ہیں کہ رَبُّ الْعٰلَمِین تبارَکَ وَتعالٰی خود اُن کے مولیٰ و سردار کو حکم فرماتا ہے: "اُولٰٓىٕكَ الَّذِیْنَ هَدَى اللّٰهُ فَبِهُدٰىهُمُ اقْتَدِهْ"[2] یہ وہ ہیں جنہیں خدا نے راہ دکھائی تو تُو اِن کی راہ کی پیروی کر!" اور فرماتا ہے "اتَّبِعْ[3] مِلَّةَ اِبْرٰهِیْمَ حَنِیْفًا" "تو پیروی کر شریعتِ ابراہیم کی جو سب اَدیانِ باطلہ سے کِنارہ کَش ہو کر دینِ حق کی طرف جھک آیا۔

اِن کی اَدنیٰ توہین مثلِ سَیِّدُ الْمُرسَلِین صلی اللہ علیہ وسلم کفرِ قطعی اور کسی کی نسبت، صدیق ہوں خواہ مرتضیٰ رضی اللہ عنہما اِن کی خَادِمی وَ غَاشِیَہ بَرْداری سے بڑھا کر

---

[1] تیسرا عقیدہ عزت و مرتبے والی محفل کے سرداروں یعنی انبیاء کرام عَلَیْہِمُ الصَّلٰوۃُ وَالسَّلَام کے بارے میں۔

[2] پ7، الانعام:90

[3] اس مقام پر بریلی شریف والے نسخے میں "فَاتَّبِعْ" تھا جو کہ کتابت کی غلطی معلوم ہوتی ہے، اس لیے ہم نے یہاں عبارت اور اس کے مفہوم کے اعتبار سے اسے سورۂ نحل کی آیت 123 "اَنِ اتَّبِعْ مِلَّةَ اِبْرٰهِیْمَ حَنِیْفًا" کے مطابق کر دیا۔

دعویٔ ہمسَری محض بے دینی، جس نگاہِ اِجلال و توقیر سے انہیں دیکھنا فرض حاشا کہ اس کے سَو حصہ سے ایک حصّہ دوسرے کو دیکھیں، آخر نہ دیکھا کہ صدیق و مرتضیٰ رضی اللہُ تعالیٰ عنہما جس سرکارِ ابد قرار کے غلام ہیں، اُسی کو حکم ہوتا ہے: ان کی راہ پر چل اور اُن کی اِقتدا سے نہ نکل۔

عقیدہ رابعہ (4) [1]

اِن کے بعد اَعلیٰ طبقہ ملائکہ مُقرّبین کا ہے، مِثْل سَادَاتِنا و مَوالینا جبرئیل و میکائیل و اسرافیل و عزرائیل و حَمَلَۂ عرشِ جلیل، صَلَوَاتُ اللهِ وَ سَلَامُهٗ عَلَيْهِمْ اَجْمَعِيْنَ۔ اِن کے عُلوِّ شان و رِفعتِ مکان کو بھی کوئی ولی نہیں پہنچتا اور ان کی جناب میں گستاخی کا بھی بِعَیْنِہٖ وہی حکم۔ جبرئیل علیہ الصلوٰۃ والسلام "مِنْ وَجْہٍ" رسولُ اللہ صلی اللہُ علیہ واٰلہٖ وسلم کے استاذ ہیں۔ قَالَ تَعَالٰی عَلَّمَهٗ شَدِيْدُ الْقُوٰىۙ ﴿۵﴾ [2] پھر کسی کے شاگرد کیا ہوں گے جسے اِن کا استاذ بنائے، اسے سَروَرِ عالَم صلی اللہُ تعالیٰ علیہ وسلم کا "اُستاذُ الاستاذ" ٹھہرائیے۔ یہ وہی ہیں جنہیں حق تبارک و تعالیٰ رسولِ کریم، مکینِ اَمین فرماتا ہے: نبی صلی اللہُ علیہ وسلم کے سوا دوسرے کے خادم نہیں۔ اکابر صحابہ و اَعَاظِم اَولیاء کو اگر ان کی خدمت ملے دوجہاں کی فخر و سعادت جانیں، پھر یہ کس کے خدمت گار یا

---

[1] چوتھا عقیدہ سب سے اعلیٰ مقرب ترین فرشتوں کا ہے۔

[2] پ27، النجم:5

غاشیہ بَرْدَار ہوں گے!

عقیدۂ خامسہ (5) [1]

ان کے بعد اَصحابِ سیّدُ المرسلین صلی اللہ تعالیٰ علیہ و علیہم اجمعین ہیں اور اِنہیں میں حضرت بتُول، جگر پارۂ رسول، خاتونِ جہاں، بانویٔ جِناں، سیدۃُ النّسا فاطمہ زَہرا اور اس دوجہاں کی آقازادی کے دونوں شاہزادے، عرش کی آنکھ کے دونوں تارے، چرخِ سِیادت کے مہ پارے، باغِ تَطہیر کے پیارے پھول، دونوں قرۃُ العینِ رسول، اِمامین کَریمین سَعیدَین شَہیدَین تَقیَّین نَقیّین نَیّرَین طاہرَین ابو محمد حسن و ابو عبد اللہ حسین، اور تمام مادَرانِ اُمت، بانوانِ رسالت عَلَی الْمُصْطَفٰی وَعَلَیْہِمْ کُلِّہِمُ الصَّلَاۃُ وَالتَّحِیَّۃ میں داخل کہ صحابی ہر وہ مسلمان ہے جو حالتِ اسلام میں اس چہرۂ خدا نُما کی زیارت سے مُشَرَّف ہوا اور اسلام ہی پر دنیا سے گیا،

ان کی قَدر و منزلت وہی خوب جانتا ہے جو سیّدُ المُرسلین صلی اللہ تعالیٰ علیہ وسلم کی عزت و رِفعت سے آگاہ ہے، آفتابِ نیمروز سے روشن تر کہ محب جب قدرت پاتا ہے اپنے محبوب کو صحبتِ بَد سے بچاتا ہے، حق تعالیٰ قادرِ مُطلَق اور رسولُ اللہ صلی اللہ تعالیٰ علیہ وسلم اس کے محبوب و سَیّدُ المَحبُوبِین۔ کیا عقلِ سلیم تجویز کرتی ہے کہ ایسا قدیر ایسے عظیم ذِی وجاہت، جانِ محبوبی، کانِ عزّت کے لیے خَیارِ خَلق کو جلیس و انیس و یار و مددگار مقرر نہ فرمائے، جو اُن میں سے کسی پر طعن کرتا ہے جنابِ باری

---

[1] پانچواں عقیدہ سرکار صَلَّی اللہُ عَلَیْہِ وَاٰلِہٖ وَسَلَّم کے صحابہ اور بزرگ و برتر اہل بیت کے بارے میں۔

تعالیٰ کے کمالِ حکمت و تمامِ قدرت یا رسولُ اللہ صلی اللہ تعالیٰ علیہ وسلم کی غایتِ محبوبیت و نہایتِ منزلت پر حرف رکھتا ہے، اسی لیے سرورِ عالَم صلی اللہ تعالیٰ علیہ وسلم ارشاد فرماتے ہیں: اَللّٰهَ اَللّٰهَ فِیْ اَصْحَابِیْ، لَا تَتَّخِذُوْهُمْ غَرَضًا مِّنْ بَعْدِیْ، فَمَنْ اَحَبَّهُمْ فَبِحُبِّیْ اَحَبَّهُمْ وَمَنْ اَبْغَضَهُمْ فَبِبُغْضِیْ اَبْغَضَهُمْ، وَمَنْ اٰذَاهُمْ فَقَدْ اٰذَانِیْ وَمَنْ اٰذَانِیْ فَقَدْ اٰذَی اللّٰهَ وَمَنْ اٰذَی اللّٰهَ فَیُوْشِكُ اَنْ یَّاْخُذَهٗ ”خدا سے ڈرو! خدا سے ڈرو! میرے اصحاب کے حق میں، اُنہیں نشانہ نہ بنالینا میرے بعد، جو اُنہیں دوست رکھتا ہے میری محبت سے اُنہیں دوست رکھتا ہے اور جو اُن کا دشمن ہے میری عداوت سے ان کا دشمن ہے، جس نے اُنہیں ایذا دی اُس نے مجھے ایذا دی اور جس نے مجھے ایذا دی اس نے اللہ کو ایذا دی اور جس نے اللہ کو ایذا دی تو قریب ہے کہ اللہ تعالیٰ اس کو گرفتار کرلے۔“ رواہ الترمذی[1] وغیرہ۔

اب اے خارجیو، ناصبیو! کیا رسولُ اللہ صلی اللہ تعالیٰ علیہ وسلم نے اس ارشادِ عام اور جنابِ باریِ تعالیٰ نے آیۂ کریمہ: رَضِیَ اللّٰهُ عَنْهُمْ وَ رَضُوْا عَنْهُ[2] سے جناب ذوالنُّورَین و حضرت اَسَدُ اللّٰہِ الغالِب حضرات سِبطَین کَرِیمَین رضی اللہ تعالیٰ عنہم اجمعین، یا اے شِیْعو! اے رافِضیو! اِن احکامِ شاملہ سے خدا اور رسول نے حضرت صدّیقِ اَعظم و جناب فاروقِ اکبر و حضرت مُجَہِّزُ جیشِ العُسرَۃ وجناب اُمُّ المؤمنین محبوبۂ سیّد العٰلمین عائشہ صدیقہ بنتِ صدیق و حضرات طَلحہ و زبیر و معاویہ وغیرہم رضوانُ اللہ تعالیٰ

[1] ترمذی، 5/ 463، حدیث: 3888
[2] ترجمہ: اللہ ان سے راضی اور وہ اس سے راضی (پ30، البینۃ: 8)

علیہم اِلٰی یومِ الدّین کو خارج فرما دیا اور تمہارے کان میں (رسول نے) کہہ دیا کہ ''اَصْحَابِیْ'' سے ہماری مراد اور آیت میں ضمیر ''هُمْ'' (کے مصداق) ان لوگوں کے سِوا ہیں جو تم ان کے اے خوارج! (اور اے رَوافِض) دشمن ہو گئے اور عِیاذاً باللہ لعن و طعن سے یاد کرنے لگے۔ یہ نہ جانا کہ یہ دشمنی در حقیقت رسولُ اللہ صلی اللہ علیہ وسلم سے دشمنی ہے اور ان کی ایذا حق تبارک وتعالیٰ کی ایذا، مگر اے اللہ! تیری برکت والی رحمت اور ہمیشگی والی عنایت اس پاک فرقہ اہلِ سنّت وجماعت پر جس نے تیرے محبوب صلی اللہ تعالیٰ علیہ وسلم کے سب ہم نشینوں اور گلستانِ صحبت کے گُل چِینوں کو نگاہِ تعظیم واِجلال سے دیکھنا اپنا شِعار و دِثار کر لیا اور سب کو چرخِ ہدایت کے ستارے اور فلکِ عزت کے سیّارے جاننا عقیدہ کر لیا کہ ہر ہر فردِ بشر اُن کا سرورِ عُدول و اَخیار و اَتقیاء و اَبرار کا سردار، تابعین سے لے کر تابقیامت اُمت کا کوئی ولی کیسے ہی پایہ عظیم کو پہنچے، صاحبِ سلسلہ ہو خواہ غیر اِن کا، ہر گز ہر گز ان میں سے ادنیٰ کے رتبہ کو نہیں پہنچتا،

اور اُون میں ادنیٰ کوئی نہیں، رسولُ اللہ صلی اللہ علیہ وسلم کے ارشادِ حق صادِق کے مطابق اوروں کا کوہِ اُحد برابر سونا ان کے نیم صاع جَو کے ہمسر نہیں۔ جو قُربِ خدا اِنہیں حاصل دوسرے کو میسر نہیں اور جو درجاتِ عالیہ یہ پائیں گے غیر کو ہاتھ نہ آئیں گے۔ ان سب کو بالاجمال پَرلے درجے کا ''بِرّ'' و ''تقی'' جانتے ہیں اور تفاصیلِ احوال پر نظر حرام مانتے۔ جو فعل کسی کا اگر ایسا منقول بھی ہوا جو نظرِ قاصر

میں اُون کی شان سے قدرے گرا ہوا ٹھہرے، اسے مَحْمَلِ حَسَن پر اُتارتے ہیں۔ اور اللہ کا سچا قول رَضِیَ اللہُ عَنْہُم سُنکر آئینۂ دل میں یک قلم زنگِ تفتیش کو جگہ نہیں دیتے، رسولُ اللہ صلی اللہ تعالیٰ علیہ وسلم حکم فرماچکے: اِذَا ذُکِرَ اَصْحَابِیْ فَاَمْسِکُوْا "جب میرے اصحاب کا ذکر آئے تو باز رہو۔"[1] ناچار اپنے آقا کا فرمانِ عالی شان اور یہ سخت وعیدیں، ہولناک تہدیدیں سُن کر زبان بند کرلی اور دل کو سب کی طرف سے صاف کرلیا۔ جان لیا کہ ان کے رُتبے ہماری عقل سے وَراء ہیں پھر ہم اُن کے معاملات میں کیا دَخل دیں، ان میں جو مشاجرات واقع ہوئے ہم ان کا فیصلہ کرنے والے کون ؎

گدائے خاک نشینی تو حافظا مخُروش

رموزِ سلطنت خویش خسرواں دانند[2]

حاشا کہ ایک کی طرف داری میں دوسرے کو بُرا کہنے لگیں یا ان نِزاعوں میں ایک فریق کو دنیا طلب ٹھہرائیں، بلکہ بِالیقین جانتے ہیں کہ وہ سب مَصالِحِ دِین کے خواستگار تھے جس کے اِجتہاد میں جو بات دینِ الٰہی وشرعِ رسالت پناہی جَلَّ جَلَالُہٗ وَصَلَّی اللہُ تَعَالٰی عَلَیْہِ وَسَلَّمَ کے لیے اصلح وانسب معلوم ہوئی اختیار کی، گو اجتہاد میں خطا ہوئی اور ٹھیک بات ذہن میں نہ آئی لیکن وہ سب حق پر ہیں، اُن کا حال بِعَیْنِہٖ ایسا ہے جیسا فُروعِ مذہب میں ابو حنیفہ وشافعی کے اختلافات، نہ ہرگز ان مُنازعات کے سبب

---

1. معجم کبیر، 2/96، حدیث:1427
2. تُو خاک نشین گدا گر ہے اے حافظ! شور مت کر کہ اپنی سلطنت کے راز بادشاہ خود جانتے ہیں۔

ایک دوسرے کو گمراہ فاسق جاننا، نہ اُون کا دشمن ہو جانا۔ اللہ تعالیٰ فرماتا ہے: اَشِدَّآءُ عَلَى الْكُفَّارِ رُحَمَآءُ بَيْنَهُمْ [1] کافروں پر سخت آپس میں نرم دل ہیں، پھر جو اس کے خلاف اعتقاد کرتا ہے خدا کی بات جھٹلاتا ہے۔ بِالْجُمْلَہ ارشاداتِ خدا اور رسول عَزَّمَجْدُہٗ وصلّی اللہ تعالیٰ علیہ وسلّم سے اتنا یقین کر لیا کہ سب اچھے اور عدل و ثقہ، تقی و نقی، اَبرار ہیں ان تفاصیل پر نظر گمراہ کرنے والی ہے۔ نظیر اس کی عِصْمَتِ انبیا علیہم الصلاۃ والثناء ہے کہ اہلِ حق شاہراہِ عقیدت پر چل کر مقصود کو پہنچے اور اَربابِ باطل تفصیلوں میں خوض کر کے مَغاکِ بد دینی میں جا پڑے۔ کہیں دیکھا وَعَصٰۤى اٰدَمُ رَبَّهٗ فَغَوٰى ﴿۱۲۱﴾ [2] کہیں سنا لِیَغْفِرَ لَكَ اللّٰهُ مَا تَقَدَّمَ مِنْ ذَنْۢبِكَ وَمَا تَاَخَّرَ [3] کبھی موسیٰ و قبطی کا قصہ یاد آیا کبھی داوٗد و اُوریّا کا فسانہ سن پایا، لگے چوں و چرا کرنے اور تسلیم و گردن نِہادوں کے زینہ سے اُترنے، پھر ناراضئ خدا اور رسول کے سوا اور بھی کچھ پھل پایا؟ اور خُضْتُمْ كَالَّذِیْ خَاضُوْا [4] نے حَقَّتْ كَلِمَةُ الْعَذَابِ [5] کا دن دکھایا، اِلَّآ اَنْ یَّشَآءَ رَبِّیْ اِنَّهٗ فَعَّالٌ لِّمَا یُرِیْدُ۔ اَللّٰھُمَّ الثَّبَاتَ عَلَى الْھُدٰى اِنَّكَ اَنْتَ الْعَلِیُّ الْاَعْلٰی

---

[1] پ26، الفتح:29
[2] پ16، طٰہٰ:121
[3] پ26، الفتح:2
[4] پ10، التوبۃ:69
[5] پ24، الزمر:71

عقیدۂ سادسہ (6) [1]

اب ان سب میں افضل و اعلیٰ و اکمل حضرات عشرۂ مُبشرہ ہیں اور ان میں خلفائے اربعہ رضی اللہ تعالیٰ عنہم اجمعین اور اِن چار اَرکانِ قصرِ ملّت وچار اَنہارِ باغِ شریعت کے خصائص وفضائل کچھ ایسے رنگ پر واقع ہیں کہ ان میں سے جس کسی کی فضیلت پر تنہا نظر کیجئے یہی معلوم ہوتا ہے کہ جو کچھ ہیں یہی ہیں ان سے بڑھ کر کون ہوگا!

بہر گلے کہ ازیں چار باغ می نگرم
بہار دامن دل می کشد کہ جا اینجاست [2]

علی الخصوص شمعِ شَبِستانِ وِلایت، بہارِ چَمَنِستَانِ معرفت، امام الواصِلین، سیّد العارِفین، خاتِمِ خلافتِ نبوّت، فاتحِ سلاسلِ طریقت، مولی المسلمین، امیر المومنین، اَبو الْاَئِمَّۃِ الطَّاھرین طاہر، مُطَہّر، قاسمِ کوثر، اَسَدُاللہِ الْغَالِب، مُظْہِرُ الْعَجَائِبِ وَالْغَرَائِبِ، مَطْلُوْبُ کُلِّ طَالِبٍ، سیّدنا و مولانا علی ابن ابی طالب کرّم اللہ تَعَالٰی وَجْھَہُ الْکَرِیْم وَحَشَرَنَا فِیْ زُمْرَتِہٖ فِیْ یَوْمٍ عَقِیْمٍ کہ اس جناب گردُوں قِباب کے مناقبِ جلیلہ و محامدِ جمیلہ جس کثرت و شہرت کے ساتھ ہیں دوسرے کے نہیں۔ حضراتِ شیخین، صَاحِبَیْن صِہْرَیْن وَزِیرَین امیرَین و مُشِیرَین ضَجِیْعَیْن رَفِیْقَین سیّدنا و مولانا عبد اللہ

[1] ......چھٹا عقیدہ دس جنتی صحابہ کے بارے میں ہے جن میں چاروں خلفائے راشدین بھی شامل ہیں۔
[2] ان چار باغوں میں سے جس پھول کو میں دیکھتا ہوں تو بہار میرے دل کے دامن کو کھینچتی ہے کہ اصل جگہ تو یہی ہے۔

العتیق ابو بکر صدیق وجناب حق مآب ابو حفص عمر فاروق رضی اللہ تعالیٰ عنہما کی شانِ وَالا سب کی شانوں سے جدا ہے اور ان پر سب سے زیادہ عنایتِ خدا اور رسولِ خدا جلّ جلالہ وصلی اللہ تعالیٰ علیہ وسلم ہے، بعد انبیاء ومرسلین وملائکہ مقربین کے جو مرتبہ ان کا خدا کے نزدیک ہے دوسرے کا نہیں اور رب تبارک وتعالیٰ سے جو قرب ونزدیکی اور بارگاہِ عرش اِشْتِباہِ رسالت میں جو عزت وسربلندی ان کا حصہ ہے اوروں کا نصیبہ نہیں اور منازلِ جنت وزابِ بے مِنَّت [1] میں اِنہیں کے درجات سب پر عالی، فضائل وفواضل وحَسَنات وطَیِّبات میں اِنہیں کو تقدُّم وپیشی۔ ہمارے ائمہ وعلمانے اس میں مستقل تصنیفیں فرما کر سعادتِ کونین وشرافتِ دارَین حاصل کی ورنہ غیر مُتَناہی کا شمار کس کا اختیار، وَاللہ العَظِیم! اگر ہزار دفتر اِن کے شَرحِ فضائل میں لکھے جائیں یکے از ہزار تحریر میں نہ آئیں۔

وَعَلٰی تَفَنُّنِ وَاصِفِیْہِ بِحُسْنِہٖ
یُغْنِی الزَّمَانُ وَ فِیْہِ مَا لَمْ یُوْصَفٖ [2]

مگر کثرتِ فضائل وشہرتِ فواضل چیزے دیگر وافضیلت وکرامت اَمرے آخَر،

---

[1] بریلی شریف والے اصل نسخے میں ”وزاب بے منت“ ہی مطبوع ہے اور اسی کے حاشیہ پر ہے کہ اصل میں ایسا ہی ہے۔ مفتی خلیل خان برکاتی رحمۃ اللہ علیہ نے اس مقام پر یہ حاشیہ لگایا ہے: فقیر نے اسے ”مواہب“ لکھا جب کہ ”منازل“ کا ہم قافیہ ہے ”مناہل“ یعنی چشمے، اور یہی اَنْسَب۔ ۱۲ محمد خلیل

[2] اور اس کے حُسن کی تعریف کرنے والوں کی عمدہ بیانی کی بنیاد پر زمانہ غنی ہو گیا اور اس میں ایسی خوبیاں ہیں جنہیں بیان نہیں کیا جا سکتا۔

"فضل" اللہ تعالیٰ کے ہاتھ ہے جسے چاہے عطا فرمائے: قُلْ اِنَّ الْفَضْلَ بِيَدِ اللّٰهِ ۚ يُؤْتِيْهِ مَنْ يَّشَآءُ ۭ [1]۔ اس کی کتابِ کریم اور اس کا رسولِ عظیم علیہ وعلیٰ آلہ الصلاۃ والسلام علی الاعلان گواہی دے رہے ہیں کہ حضرت امام حسن رضی اللہ تعالیٰ عنہ اپنے والدِ ماجد مولیٰ علی کَرَّمَ اللہُ تعالیٰ وجہہ الکریم سے روایت کرتے ہیں کہ وہ فرماتے ہیں: كُنْتُ عِنْدَ النَّبِيِّ صَلَّى اللّٰهُ تَعَالٰى عَلَيْهِ وَسَلَّمَ فَاَقْبَلَ اَبُوْ بَكْرٍ وَ عُمَرُ فَقَالَ: يَا عَلِيُّ! هٰذَانِ سَيِّدَا كُهُوْلِ اَهْلِ الْجَنَّةِ وَ شَبَابِهَا بَعْدَ النَّبِيِّيْنَ وَ الْمُرْسَلِيْنَ "میں خدمتِ اقدس حضور افضلُ الانبیاء صلی اللہ تعالیٰ علیہ وسلم میں حاضر تھا کہ ابو بکر و عمر سامنے سے آئے حضور نے ارشاد فرمایا کہ علی! یہ دونوں سردار ہیں اہلِ جنت کے سب بوڑھوں اور جوانوں کے، بعد انبیاء و مرسلین کے۔" رواہ الترمذی وابن ماجۃ وعبد اللہ ابن الامام احمد [2]

حضرت ابوہریرہ رضی اللہ تعالیٰ عنہ سید المرسلین صلی اللہ علیہ وسلم سے راوی، حضور کا ارشاد ہے: اَبُوْ بَكْرٍ وَعُمَرُ خَيْرُ الْاَوَّلِيْنَ وَ الْاٰخِرِيْنَ وَ خَيْرُ اَهْلِ السَّمٰوٰتِ وَخَيْرُ اَهْلِ الْاَرَضِيْنَ اِلَّا النَّبِيِّيْنَ وَالْمُرْسَلِيْنَ "ابو بکر و عمر بہتر ہیں سب اگلوں پچھلوں کے اور بہتر ہیں سب آسمان والوں سے اور بہتر ہیں سب زمین والوں سے، سوا انبیا و

---

[1] پ 3، اٰلِ عمرٰن: 73

[2] ترمذی، اور ابن ماجہ اور عبد اللہ بن امام احمد نے اس کو روایت کیا۔ (ترمذی، 5/376، 375، حدیث: 3684، 3686، ابن ماجہ، 1/72، حدیث: 95، مسند احمد، 1/174، حدیث: 602 واللفظ لہ)

مرسلین علیہم الصّلاۃ والسّلام کے۔" رواہ الحاکم فی الکنی و ابن عدی والخطیب۔[1]

خود حضرت مولیٰ کرّم اللہ تعالیٰ وجہہ نے بار بار اپنی کرسئ مملکت وسطوتِ خلافت میں افضلیت مطلقہ شیخین رضی اللہ تعالیٰ عنہما کی تصریح فرمائی اور یہ ارشاد ان سے بتواتر ثابت ہوا کہ اسّی سے زیادہ صحابہ و تابعین نے اسے روایت کیا[2] اور فی الواقع اس مسئلہ کو جیسا حق مآب مرتضوی نے ساف ساف واشگاف بکرّات و مرّات جلوات و خلوات و مشاہدِ عامّہ و مساجدِ جامعہ میں ارشاد فرمایا دوسروں سے واقع نہیں ہوا۔

امام بخاری رحمۃ اللہ علیہ حضرت محمد بن حنفیہ صاحبزادۂ جنابِ امیر رضی اللہ تعالیٰ عنہما سے راوی: قَالَ: قُلْتُ لِاَبِیْ: اَیُّ النَّاسِ خَیْرٌ بَعْدَ النَّبِیِّ صلی اللہ تعالیٰ علیہ وسلم قَالَ: اَبُوْبَکْرٍ، قَالَ: قُلْتُ: ثُمَّ مَنْ؟ قَالَ: عُمَرُ۔ "یعنی میں نے اپنے والد ماجد امیر المومنین مولیٰ علی کرّم اللہ تعالیٰ وجہہ سے عرض کیا کہ رسول اللہ صلی اللہ تعالیٰ علیہ وسلم کے بعد سب آدمیوں سے بہتر کون ہیں؟ ارشاد فرمایا: ابو بکر، میں نے عرض کیا پھر کون؟ فرمایا: عمر۔[3]

ابو عمر بن عبد اللہ حکم بن حجل سے اور دار قطنی[4] اپنی "سنن" میں راوی، جناب امیر کرّم اللہ تعالیٰ وجہہ ارشاد فرماتے ہیں: لَا اَجِدُ اَحَدًا فَضَّلَنِیْ عَلٰی اَبِیْ بَکْرٍ وَ عُمَرَ اِلَّا

---

1. حاکم نے اسے کُنی میں روایت کیا اور ابن عدی و خطیب نے۔ (تاریخ بغداد، 2/333، الکامل فی ضعفاء الرجال، 2/442۔ کنز العمال، الجزء: 11، 6/256، حدیث: 32642)
2. الصواعق المحرقہ، ص60
3. بخاری، 2/522، حدیث: 3671
4. المؤتلف والمختلف للدار قطنی، 2/807 بتغیرٍ قلیلٍ

جَلَدْتُّهٗ حَدَّ الْمُفْتَرِیْ۔ "جسے میں پاؤں گا کہ شیخین سے مجھے افضل بتاتا ہے اُوسے مُفتری کی حد ماروں گا کہ اَسّی کوڑے ہیں۔" [1]

ابو القاسم طلحی "کتابُ السُنّۃ" میں جناب علقمہ سے راوی: بَلَغَ عَلِیًّا اَنَّ اَقْوَامًا یُّفَضِّلُوْنَهٗ عَلٰی اَبِیْ بَکْرٍ وَّ عُمَرَ فَصَعِدَ الْمِنْبَرَ فَحَمِدَ اللّٰهَ وَ اَثْنٰی عَلَیْهِ ثُمَّ قَالَ: یٰۤاَیُّهَا النَّاسُ! اِنَّهٗ بَلَغَنِیْ اَنَّ اَقْوَامًا یُّفَضِّلُوْنِیْ عَلٰی اَبِیْ بَکْرٍ وَّعُمَرَ، وَ لَوْ کُنْتُ تَقَدَّمْتُ فِیْهِ لَعَاقَبْتُ فِیْهِ فَمَنْ سَمِعْتُهٗ بَعْدَ هٰذَا الْیَوْمِ یَقُوْلُ هٰذَا فَهُوَ مُفْتَرٍ، عَلَیْهِ حَدُّ الْمُفْتَرِیْ، ثُمَّ قَالَ: اِنَّ خَیْرَ هٰذِهِ الْاُمَّةِ بَعْدَ نَبِیِّنَا صلی اللہ تعالٰی علیہ وسلم اَبُوْ بَکْرٍ ثُمَّ عُمَرُ ثُمَّ اللّٰهُ اَعْلَمُ بِالْخَیْرِ بَعْدَ، قَالَ: وَفِی الْمَجْلِسِ اَلْحَسَنُ بْنُ عَلِیٍّ [2] فَقَالَ: وَ اللّٰهِ لَوْ سَمَّی الثَّالِثَ لَسَمّٰی عُثْمٰنَ۔ [3]

"یعنی جناب مولی رضی اللہ تعالٰی عنہ کو خبر پہنچی کچھ لوگ انھیں حضرات شیخین رضی اللہ تعالٰی عنہما پر تفضیل دیتے ہیں، پس منبر پر تشریف لے گئے اور اللہ تعالٰی کی حمد و ثنا کی، پھر فرمایا: اے لوگو! مجھے خبر پہنچی کہ کچھ لوگ مجھے ابو بکر و عمر سے افضل بتاتے ہیں اور اگر میں نے پہلے سے سُنا ہوتا تو اُسے میں سزا دیتا یعنی پہلی بار تفہیم پر قناعت فرماتا ہوں، پس اس دن کے بعد جسے ایسا کہتے سنوں گا تو وہ مفتری ہے، اُوس پر مفتری کی حد لازم ہے، پھر فرمایا: بے شک بہتر اِس اُمّت کے بعد اِن کے نبی صلی اللہ تعالٰی علیہ وسلم کے، ابو بکر ہیں، پھر عمر، پھر خدا خوب جانتا ہے بہتر

---

[1] السنۃ لابن ابی عاصم، ص 281، حدیث: 1254 بتغیرٍ قلیلٍ

[2] الحجۃ میں رَضِیَ اللّٰہُ تَعَالٰی عَنْہُ ہے۔

[3] الحجۃ فی بیان المحجۃ، 2/345، رقم: 327

کو اس کے بعد، اور مجلس میں حضرت امام حسن بھی جلوہ فرما تھے انھوں نے ارشاد کیا: "خدا کی قسم! اگر تیسرے کا نام لیتے تو عثمان کا نام لیتے۔" بِالْجُمْلہ احادیثِ مرفوعہ و اقوالِ حضرت مرتضوی واہلِ بیتِ نبوت اس بارے میں لَا تُعَدُّ وَ لَا تُحْصٰی ہیں کہ بعض کی تفصیل فقیر نے اپنے رسالہ "تفضیل [1]" میں کی۔ اب اَہلِ سنّت نے ان اَحادیث و آثار میں جو نگاہِ غور کو کام فرمایا تو تفضیلِ شیخین کی صدہا تصریحیں علَی الْاِطلاق پائیں کہیں جِہَت و حَیْثِیَّت کی قید نہ دیکھی کہ یہ صرف فلاں حیثیت سے افضل ہیں اور دوسری حیثیت سے دوسروں کو اَفضلیت، لہٰذا انھوں نے عقیدہ کر لیا کہ گو فضائلِ خاصہ و خصائصِ فاضلہ حضرت مولیٰ اور ان کے غیر کو بھی ایسے حاصل جو شیخین نے نہ پائے جیسے کہ اس کا عکس بھی صادِق ہے مگر فضل مطلق کُلّی جو کثرتِ ثواب و زیادتِ قُربِ ربُّ الارباب سے عبارت ہے وہ اِنہیں کو عطا ہوا،

اور اس عقیدہ کا خلاف اوّل تو کسی حدیثِ صحیح میں ہے ہی نہیں اور جو بالفرض کہیں بوئے خلاف پائی بھی تو سمجھ لے کہ یہ ہماری فہم کا قُصُور ہے ورنہ رسول اللہ صلی اللہ تعالیٰ علیہ وسلم اور خود حضرت مولیٰ واہلِ بیتِ کرام کیوں بلا تقیید اُنہیں افضل و خیرِ امت و سردارِ اوّلین و آخرین بتاتے، کیا آیہ کریمہ "وَ اَنْفُسَنَا وَ اَنْفُسَكُمْ [2]" و

---

[1] اعلیٰ حضرت رحمۃ اللہ علیہ نے مسئلہ تفضیل شیخین رضی اللہ عنہما پر نوے جزکے قریب ایک کتاب بنام "منتہی التفصیل لمبحث التفضیل"، لکھی پھر "مطلع القمرین فی ابانۃ سبقۃ العمرین" میں اس کی تلخیص کی، غالباً اس ارشادِ گرامی میں اشارہ اسی کی طرف ہے، واللہ تعالیٰ اعلم۔ محمد خلیل القادری عفی عنہ

[2] پ 3، اٰلِ عمرٰن: 61

حدیث صحیح: مَنْ كُنْتُ مَوْلَاهُ فَعَلِيٌّ مَوْلَاهُ [1] اور خبر شَدِيْدُ الضُّعْفِ قَوِيُّ الْجَرْحِ [2] ”لَحْمُكَ لَحْمِيْ وَدَمُكَ دَمِيْ“ [3] بر تقدیرِ ثبوت وغیر ذٰلک سے اُونہیں آگاہی نہ تھی یا تھی تو وہ مطلب نہ سمجھے، یا سمجھے اور اس میں تفضیلِ شیخین کا خلاف پایا تو کیونکر خلاف سمجھ لیں اور تصریحاتِ بیّنہ قاطعۃ الدلالۃ وغیر مُحْتَمَلَةُ الخِلاف کو پسِ پشت ڈال دیں۔

اور الحمد للہ رب العلمین کہ حق تبارک و تعالیٰ نے فقیر حقیر کو یہ ایسا جوابِ شافی تعلیم فرمایا کہ مُنصِف کے لیے اس میں کفایت اور مُتعَصّب کو اس میں غَیظِ بے غایت۔ یہی محبتِ علی مرتضیٰ ہے اور اس کا بھی یہی مقتضٰی ہے کہ محبوب کی اطاعت کیجئے اور اس کے غضب اور اَسّی کوڑوں کے اِستحقاق سے بچیئے۔ اور جب ثابت ہو گیا کہ قربِ الٰہی میں شیخین رضی اللہُ تعالیٰ عنہما کو مزیت و تفوّق ہے تو ولایت بھی اُنھیں کی اعلیٰ ہوئی مگر ایک درجہ قُربِ الٰہی جَلَّ جَلَالُہٗ وَ رَزَقَنَا اللہُ کا۔ پر ظاہر کہ سیر اِلَی اللہ میں تو سب اَولیاء برابر ہوتے ہیں اور وہاں ”لَا نُفَرِّقُ بَيْنَ اَحَدٍ مِّنْ رُّسُلِهٖ“ کی طرح ”لَا نُفَرِّقُ بَيْنَ اَحَدٍ مِّنْ اَوْلِيَائِهٖ“ کہا جاتا ہے، جب ماسوائے الٰہی آنکھوں سے گر گیا اور مرتبہ ُفنا تک پہنچ کر آگے قدم بڑھا تو وہ سیر فی اللہ ہے اس کے لیے انتہا نہیں اور یہیں تفاوتِ قُرب جلوہ گر ہوتا ہے، جس کی سیر فی اللہ زائد وہی خدا سے

---

[1] ترمذی، 5/ 398، حدیث: 3733

[2] حدیث لحمك لحمی دمك دمی نہایت ضعیف ہے۔ (بریلی شریف کے نسخہ میں یہ عبارت حاشیہ میں ہے۔)

[3] کنز العمال، الجزء: 11، 6/ 279، حدیث: 32933 بتغیر

زیادہ نزدیک، پھر بعضے بڑھتے چلے جاتے ہیں۔

اور بعض کو دعوتِ خلق کے لیے منزلِ ناسوتی عطا فرماتے ہیں ان سے طریقہ خِرقہ وبیعت کا رواج پاتا ہے اور سلسلۂ طریقت جنبش میں آتا ہے یہ معنی اسے مُستلزَم نہیں کہ ان کی سَیرُ فِی اللہ اگلوں سے بڑھ جائے۔ ہاں یہ ایک فضلِ جداگانہ ہے کہ انھیں ملا اور دوسروں کو عطا نہ ہوا، تو یہ کیا؟ اس کے سوا صدہا خصائص حضرتِ مولیٰ کو ایسے ملے کہ شیخین کو نہ ملے، مگر قرب ورفعتِ درجات میں اُنھیں کو اَفزُونی رہی ورنہ کیا وجہ ہے کہ ارشاداتِ مذکورہ میں اُنہیں ان سے افضل و بہتر کہا جاتا ہے اور ان کی افضلیت کا بتاکیدِ اَکِیدانکار کیا جاتا ہے حالانکہ ادنیٰ ولی اعلیٰ ولی سے افضل نہیں ہوسکتا ہے۔ آخر دیکھئے حضرتِ امیر کے خلفائے کرام میں حضرت سِبطِ اصغر وجناب خَواجَہ حسن بصری کو تنزُّلِ ناسوتی ملا اور حضرت سِبطِ اکبر سے کوئی سلسلہ جاری نہ ہوا حالانکہ قربِ ولایتِ امام مجتبیٰ ولایت و قربِ خواجہ سے بالیقین اَتم و اعلیٰ اور ظاہرِ احادیث سے سِبطِ اصغر شہزادۂ گلگوں قبا پر بھی ان کا فضل ثابت رضی اللہُ تعالیٰ عنہم اجمعین۔

عقیدۂ سابعہ (7)[1]

حضرتِ مرتَضوِی رضی اللہُ عنہ سے جنہوں نے مشاجرات و منازعات کیے، ہم اہلسنّت اُون میں حق جانب جنابِ مولیٰ علی اور ان سب کو بَر سرِ غلَط وخطا اور حضرت

---

[1] ...... ساتواں عقیدہ صحابۂ کرام علیہم الرضوان کے اختلافات کے بارے میں۔

اَسَدُ اللّٰہی کو بدرجہا ان سے اکمل و اعلیٰ جانتے ہیں مگر بایں ہمہ بلحاظِ احادیثِ مذکورہ زبانِ طعن و تشنیع ان دوسروں کے حق میں نہیں کھولتے اور اُنہیں ان کے [1] مراتب پر جو اُن کے لیے شرع میں ثابت ہوئے رکھتے ہیں، کسی کو کسی پر اپنی ہوائے نفس سے فضیلت نہیں دیتے اور ان کے مشاجرات میں دَخْل اندازی کو حرام جانتے ہیں اور ان کے اختلافات کو ابوحنیفہ و شافعی جیسا اختلاف سمجھتے ہیں، تو ہم اہلسنّت کے نزدیک ان میں سے کسی ادنیٰ صحابی پر طعن جائز نہیں چہ جائیکہ اُمّ المومنین صدیقہ رضی اللہُ تعالیٰ عنہا کی جنابِ رفیع میں طعن کریں، حاشا! یہ اللہ و رسول کی جناب میں گستاخی ہے، اللہ تعالیٰ ان کی تَطْہِیر و بَرِیَّت میں آیات نازل فرمائے اور اُن پر تہمت دھرنے والوں کو وعیدیں عذابِ الیم کی سنائے۔ حضور صلی اللہ علیہ واٰلہٖ وسلم انھیں اپنی سب ازواجِ مطہرہ میں زیادہ چاہیں، جہاں منہ رکھ کر عائشہ صدیقہ پانی پئیں حضور اُسی جگہ اپنا لبِ اقدس رکھ کر وہیں سے پانی پئیں، [2] یوں تو حضور صلی اللہ علیہ وسلم کی سب ازواج دنیا و آخرت میں حضور ہی کی بیبیاں ہیں مگر عائشہ سے محبت کا یہ عالَم کہ ان کے حق میں اِرشاد ہوا کہ "یہ حضور کی بی بی ہیں دنیا و آخرت میں۔" [3]

حضرت خیر النساء یعنی فاطمہ زہرا رضی اللہُ تعالیٰ عنہا کو حکم ہوا ہے فاطمہ! تو مجھ

---

[1] ......نوٹ: بریلی شریف سے شائع ہونے والے رسالہ میں ہے "یہاں اصل میں بہت بیاض ہے درمیان میں کچھ ناتمام سطریں ہیں مناسبتِ مقام سے جو کچھ فہم قاصر میں آیا بنا دیا ۱۲۔" (تاج الشریعہ) ہم نے ان تمام مقامات کی نشاندہی کر دی ہے۔ علمیہ

[2] ......مسلم، ص138، حدیث:692

[3] ......ترمذی، 5/470، حدیث:3906

سے "محبت رکھتی ہے تو عائشہ سے بھی محبت" [1] رکھ کہ میں اسے چاہتا ہوں۔ سوال ہوا: سب آدمیوں میں حضور کو محبوب کون ہیں؟ جواب عطا ہوا: "عائشہ۔" [2] اور زبیر و طلحہ ان سے بھی افضل کہ عشرہ مبشرہ سے ہیں، وہ رسولُ اللہ صلی اللہ تعالیٰ علیہ واٰلہٖ وسلم کے پھُپھّی زاد بھائی اور حَواری اور یہ رسولُ اللہ صلی اللہ علیہ وسلم کے چہرۂ انور کے سِپَر وقتِ جاں نثاری، رہے امیر معاویہ رضی اللہ تعالیٰ عنہ ان کا درجہ ان سب کے بعد ہے اور حضرتِ مولیٰ کے مقامِ رَفیع وشانِ مَنیع تک تو ان سے وہ دور دراز منزلیں ہیں جن میں ہزاراں ہزار رَہْوار بَرْق کردار صبار فتار تھک رہیں اور قطع نہ کر سکیں، مگر فضلِ صحبت۔

ہم تو بحمدِ اللہ! سرکارِ اَہلِ بیت کے غلامانِ خانہ زاد ہیں ہمیں معاویہ سے کیا رشتہ کہ خدانخواستہ ان کی حمایتِ بے جا کریں مگر ہاں اپنی سرکار کی طرفداری اور ان کا الزامِ بدگویان سے بَری رکھنا منظور ہے کہ ہمارے شہزادۂ اکبر حضرت سِبْطِ مجتبیٰ رضی اللہُ تعالیٰ عنہ نے حسبِ بشارت اپنے جدِّ امجد سید المرسلین صلی اللہ تعالیٰ علیہ وسلم کے بعد اختتامِ مدّت عین مَعْرِکۂ جنگ میں ہتھیار رکھ دیے اور مُلک امیر معاویہ کو سپرد کر دیا۔ اگر امیر معاویہ رضی اللہُ عنہ اَلْعِیَاذُ بِاللہ کافر یا فاسق فاجر یا ظالم جائر تھے تو الزام تو حضرت امام حسن پر آتا ہے کہ انھوں نے کاروبارِ مسلمین و انتظامِ شَرْع و دِین باختیارِ خود ایسے شخص کو تفویض کر دیا اور خیر خواہیٔ اسلام کو مَعاذَ

---

[1] ...... انور ٹڈ کاماز میں عبارت مفتی خلیل خان برکاتی رحمۃ اللہ علیہ کی ہے۔

[2] ...... ترمذی، 5/ 471، حدیث: 3911

اللہ کام نہ فرمایا۔ اگر مدتِ خلافت ختم ہوچکی تھی اور آپ بادشاہت منظور نہیں فرماتے تو صحابہ حجاز میں کوئی اور قابلیتِ نظم و نسق دین نہ رکھتا تھا جو اِنھیں کو اختیار کیا حَاشَاللّٰہ! بلکہ یہ بات خود رسول اللہ صلی اللہ تعالی علیہ وسلم تک پہنچتی ہے کہ حضور نے اپنی پیشن گوئی میں ان کے اس فعل کو پسند فرمایا اور ان کی سِیادت کا نتیجہ ٹھہرایا کَمَا فِیْ "صَحِیْحِ الْبُخَارِی"[1]۔

عقیدہ ثامنہ (8)[2]

رسول اللہ صلی اللہ علیہ وسلم کے بعد امامتِ صدیق بِالْقَطْعِ وَالتَّحْقِیْق حَقَّہ راشدہ ہے، نہ غاصبہ جائرہ رحمت و رَافت و حُسنِ سِیادت ولحاظِ مَصْلَحت و حمایتِ ملّت و پناہِ اُمت سے مُزَیَّن اور عدل و داد، صِدق و سَدَاد و رُشد و اِرشاد و قطعِ فساد و قمعِ اہلِ اِرتداد سے مُحلّٰی۔ اوّل تو تلویحات و تصریحات سیّدُ الکائنات علیہ و علی اٰلہٖ افضل الصلوات و التحیات اس بارے میں بکثرت وارد، دوسری خلافت اس جناب تقویٰ مآب کی باجماعِ صحابہ واقع ہوئی، اور باطل پر اجماعِ اُمّت خصوصاً اصحابِ حضرتِ رِسالت علیہ و علیہم الصلاۃ و التحیۃ ممکن نہیں۔ اور مان لیا جائے تو غصب و ظلم پر اتفاق سے عِیَاذًا بِاللّٰہ سب فُسّاق ہوئے، اور یہی لوگ حاملانِ قرآنِ مبین و راویانِ دینِ متین ہیں، جو انھیں فاسق بتائے اپنے لیے نبی صلی اللہ تعالیٰ علیہ وسلم تک دوسرا سلسلہ پیدا کرے یا ایمان سے ہاتھ دھو بیٹھے، اسی طرح ان کے بعد خلافتِ

---

1 ...... بخاری، 2/214، حدیث:2704

2 ...... آٹھواں عقیدہ صدیق اکبر رضی اللہ عنہ کی امامت کے بارے میں۔

فاروق، پھر امامتِ ذی النورین، پھر جلوہ فرمائی ابو الحسنین رضی اللہُ تعالیٰ عنہم اجمعین۔

عقیدۂ تاسعہ (9) [1]

نصوصِ قرآنیہ واحادیثِ مشہورہ متواترہ واجماعِ امتِ مرحومہ مبارکہ سے جو کچھ دربارہ اُلوہیت ورِسالت وَمَاکَانَ وَمَایَکُوْنُ ثابت سب حق ہے اور ہم سب پر ایمان لائے۔ جنت اور اسکے جاں فِزا احوال، دوزخ اور اس کے جاں گُزا احوال، قبر کے نَعیم و عذاب، منکر نکیر سے سوال وجواب، روزِ قیامت حساب وکتاب ووزنِ اعمال وکوثر و صراط وشفاعتِ عُصاۃ اہلِ کبائر اور اِس کے سبب اہلِ کبائر کی نجات اِلیٰ غَیْرِ ذَالِكَ مِنَ الْوَارِدَاتِ سب حق سے جبر وقدر باطل، وَلٰکِنْ اَمْرٌ بَیْنَ اَمْرَیْن، جو بات ہماری عقل میں نہیں آتی اس کا علم مَوْکُول بخُدا کرتے اور اپنا نصیبہ اٰمَنَّا بِهٖ ۙ كُلٌّ مِّنْ عِنْدِ رَبِّنَا ۚ

مصطفیٰ اندر میان آنگہ کہ می گوید بعقل
آفتاب اندر جہاں آنگہ کہ می جوید سہا [2]

عقیدۂ عاشرہ (10) [3]

شریعت وطریقت دو راہیں، مُتَبائِن نہیں بلکہ بے اِتِّباعِ شریعت، خدا تک وُصول محال۔ نہ بندہ کسی وقت کیسی ہی ریاضات ومجاہدات بجالائے اس رُتبہ تک پہنچے کہ

---

1 نواں عقیدہ دین کی ضروری چیزوں کے بارے میں۔

2 مصطفی صلی اللہ علیہ والہٖ وسلم تشریف فرماہوں تو اپنی عقل سے کون بات کرتا ہے، سورج دنیا میں جلوہ گر ہو تو چھوٹے سے تارے کو کون ڈھونڈتا ہے۔

3 دسواں عقیدہ شریعت اور طریقت کے بارے میں۔

تکالیفِ شرع اس سے ساقط ہو جائیں اور اسے اَسپِ بے لگام وشُتُرِ بے زمام کرکے چھوڑ دیا جائے۔ صوفی وہ ہے کہ اپنے ہَوا کو تابعِ شرع کرے نہ وہ کہ ہَوا کی خاطر شرع سے دستبردار ہو، شریعت غذا ہے اور طریقت قُوَّت، جب غذا ترک کی جائے گی قوت آپ زوال پائے گی۔ شریعت آئینہ [1] اور طریقت نظر، آنکھ پھوٹ کر نظر رہنا غیر مُتصَوَّر، بعد اَز وصول اگر اتباعِ شریعت سے بے پروائی ہوتی تو سیّد العٰلمین صلی اللہ تعالیٰ علیہ وسلم اور امام الواصلین علی کَرَّمَ اللہُ تعالیٰ وجہہ اس کے ساتھ احق ہوتے، نہیں بلکہ جس قدر قرب زیادہ ہوتا ہے شرع کی باگیں اور سخت ہوتی جاتی ہیں حَسَنَاتُ الْاَبْرَارِ سَیِّئَاتُ الْمُقَرَّبِیْنَ، توہینِ شریعت کفر اور اس کے دائرے سے خُرُوج فِسق۔

صوفی صادِق عالِم سنّی صحیح العقیدہ خدا اور سول کے فرمان پر ہمیشہ یہ عقیدت رکھتا ہے [2] علمائے شرع مبین وارثانِ خاتم النبیین ہیں اور علومِ شریعت کے نگہبان وعلمبردار، تو ان کی تعظیم وتکریم صاحبِ شریعت صلی اللہ تعالیٰ علیہ وسلم کی تعظیم وتکریم ہے اور اس پر دین کا مَدار، عالِم مُتدَیِّن خدا طلب ہمیشہ صوفی [3] سے بتواضع وانکسار پیش آئے گا کہ وہ حق آگاہ اور حق کی پناہ میں ہے اور اسے اپنے سے افضل واکمل جانے گا جو اعمال اس کے اس کی نظرِ ظاہر میں قانونِ تقویٰ سے باہر نظر آئیں گے۔ [4]

---

1. مفتی خلیل خان برکاتی رحمۃ اللہ علیہ نے اس مقام پر آئینہ کی جگہ آنکھ لکھا اور عبارت کے لحاظ سے یہی درست لگتا ہے۔
2. یہاں بریلی شریف والے نسخے میں بیاض ہے، اگلی عبارت مفتی خلیل خان برکاتی رحمۃ اللہ علیہ کی ہے۔
3. یہاں بریلی شریف والے نسخے میں بیاض ہے، اگلی عبارت مفتی خلیل خان برکاتی رحمۃ اللہ علیہ کی ہے۔
4. یہاں بریلی شریف والے نسخے میں کچھ بیاض ہے۔

اے اللہ! سب کو ہدایت اور اس پر ثبات و استقامت اور اپنے محبوبوں اور سچے پکے عقیدے پر جہانِ گُزران سے اٹھا۔ اٰمِیْن یَا اَرْحَمَ الرّٰحِمِیْن

اَللّٰھُمَّ لَكَ الْحَمْدُ وَ اِلَیْكَ الْمُشْتَكٰی وَ اَنْتَ الْمُسْتَعَانُ ط وَلَاحَوْلَ وَلَاقُوَّةَ اِلَّا بِاللّٰہِ الْعَلِیِّ الْعَظِیْمِ وَ صَلَّی اللّٰہُ تَعَالٰی عَلَی الْحَبِیْبِ الْمُصْطَفٰی وَعَلٰی اٰلِہِ الطَّیِّبِیْنَ وَ صَحْبِہِ الطَّاھِرِیْنَ اَجْمَعِیْنَ [1]۔

---

[1] اے اللہ! تیرے ہی لیے سب تعریفیں ہیں، اور تیری ہی بارگاہ میں شکایت کی جاتی ہے، اور تجھ ہی سے مدد طلب کی جاتی ہے، نیکی کرنے کی طاقت نہیں اور گناہ سے بچنے کی قوت نہیں مگر اللہ پاک ہی کی مدد سے جو بلند و بالا عظمتوں والا ہے، اور اللہ تعالیٰ دُرود بھیجے اپنے چُنے ہوئے حبیب صلی اللہ علیہ واٰلہٖ وسلم پر، اور ان کی پاکیزہ آل اور تمام مقدس صحابہ پر۔

ماخذ ومراجع

نام کتاب	مطبوعہ	نام کتاب	مطبوعہ
کنزالایمان	مکتبۃ المدینہ، کراچی	صحیح بخاری	دارالکتب العلمیہ، بیروت، ۱۴۱۹ھ
تفسیر نسفی	دارالمعرفہ، بیروت، ۱۴۲۱ھ	صحیح مسلم	دارالکتاب العربی، بیروت
تفسیر کبیر	داراحیاء التراث العربی، بیروت ۱۴۲۰ھ	سنن الترمذی	دارالفکر بیروت، ۱۴۱۴ھ
تفسیر قرطبی	دارالفکر، بیروت	سنن ابوداود	داراحیاء التراث العربی بیروت، ۱۴۲۱ھ
تفسیر خازن	دارالکتب العربیہ الکبری، مصر	سنن ابن ماجہ	دارالمعرفہ، بیروت
تفسیر جلالین	باب المدینہ کراچی	سنن نسائی	دارالکتب العلمیہ، بیروت
تفسیر روح البیان	داراحیاء التراث العربی، بیروت	مسند احمد	مؤسسۃ الرسالۃ، ۱۴۱۶ھ
روح المعانی	داراحیاء التراث العربی، بیروت ۱۴۲۰ھ	الاحسان تقریب صحیح ابن حبان	دارالکتب العلمیہ، بیروت
تفسیر نعیمی	مکتبہ نعیمیہ، گجرات	مستدرک للحاکم	دارالمعرفہ بیروت، ۱۴۱۸ھ
خزائن العرفان	مکتبۃ المدینہ، کراچی	السنن الکبری	دارالکتب العلمیہ بیروت
نور العرفان	پیر بھائی کمپنی لاہور	مجمع الزوائد	دارالفکر بیروت
صراط الجنان	مکتبۃ المدینہ، کراچی	مشکاۃ المصابیح	دارالکتب العلمیہ بیروت
المعجم الکبیر	داراحیاء التراث العربی بیروت	کنز العمال	دارالکتب العلمیہ بیروت
مرقاۃ المفاتیح	دارالفکر، بیروت ۱۴۱۴ھ	سنن الدارمی	دارالکتب العربی بیروت
فتح الباری	دارالکتب العلمیہ، بیروت	الترغیب والترهیب	دارالکتب العلمیہ بیروت
مصنف عبدالرزاق	دارالکتب العلمیۃ بیروت، ۱۴۲۱ھ	مصنف ابن ابی شیبہ	دارقرطبۃ، بیروت، ۱۴۲۸ھ
شرح السنۃ للبغوی	دارالکتب العلمیہ، بیروت	دلائل النبوۃ للبیہقی	دارالکتب العلمیہ بیروت
عمدۃ القاری	دارالفکر، بیروت، ۱۴۱۸ھ	جواہر البحار	مرکز اہلسنت برکات رضا، ہند
معرفۃ الصحابۃ لابی نعیم	دارالکتب العلمیۃ بیروت	المنح المکیۃ فی شرح الهمزیہ	دارالمنهاج، جدہ، ۱۴۲۶ھ
شرح مسلم للنووی	دارالکتب العلمیہ، بیروت	زرقانی علی المواهب	دارالکتب العلمیہ، بیروت

شرح ابن بطال	مکتبۃ الرشد، عرب شریف ۱۴۲۰ھ	السنة للخلال	دارالرایۃ، عرب شریف ۱۴۱۰ھ
الخصائص الکبری	دارالکتب العلمیہ، بیروت	شرح المقاصد	دارالکتب العلمیہ، بیروت
حلیۃ الاولیاء	دارالکتب العلمیہ، بیروت	الباہر فی حکم النبی بالباطن والظاہر	دارالسلام، قاھرة
تاریخ الخلفاء	باب المدینہ کراچی	الصواعق المحرقہ	مدینۃ الاولیاء ملتان
سیر اعلام النبلاء	مؤسسۃ الرسالۃ، بیروت، ۱۴۱۷ھ	الیواقیت والجواہر للشعرانی	دارالکتب العلمیہ، بیروت
نسیم الریاض	دارالکتب العلمیہ، بیروت	تاریخ مدینۃ دمشق	دارالفکر بیروت
مدارج النبوۃ	مرکز اہلسنت برکات رضا، ہند	اہوال القبور	دارالکتاب العربی بیروت
تحفۃ المرید	مکتبہ دارالبیروتی، دمشق	تاریخ بغداد	دارالکتب العلمیہ، بیروت، ۱۴۱۷ھ
بحر الرائق	دارالکتب العلمیہ، بیروت	وفیات الاعیان	دارالکتب العلمیہ، بیروت
احیاء العلوم	دارصادر، بیروت ۲۰۰۰ء	قوت القلوب	دارالکتب العلمیہ، بیروت
لباب الاحیاء	دارالبیروتی، دمشق، ۱۴۲۴ھ	الحدیقۃ الندیۃ شرح الطریقۃ المحمدیۃ	دارالکتب العلمیہ، بیروت
الرسالۃ القشیریۃ	دارالمنہاج، جدہ، ۱۴۳۸ھ	التدوین فی اخبار قزوین	دارالکتب العلمیہ، بیروت
الکامل فی ضعفاء الرجال	دارالکتب العلمیہ، بیروت	شرح العقائد النسفیۃ	مکتبۃ المدینہ کراچی
تمہید ابی شکور السالمی	النوریۃ الرضویۃ پبلشنگ کمپنی لاہور	فتاویٰ قاضِی خان	پشاور
الجوہر المنظم	الکتبۃ القادریۃ لاہور	شرح الصدور	مرکز اہلسنت برکات رضا، ہند
تنبیہ المغترین	دارالمعرفہ، بیروت	منح الروض الأزہر	دارالبشائر الاسلامیہ، بیروت
الفقہ الاکبر	مکتبۃ المدینہ کراچی	اثبات عذاب القبر	دارالفرقان، اردن، ۱۴۱۳ھ
نزہۃ الخاطر الفاتر	مؤسسۃ الشرف، لاہور	الفتاوی الھندیۃ	المطبعۃ الکبریٰ الامیریہ مصر
مطلع القمرین فی ابانۃ سبقۃ العمرین	مکتبہ بہار شریعت، لاہور	شرح عقیدۃ الطحاویہ للبابرتی	دارالبیروتی، دمشق
الامن والعلی	مکتبہ جمال کرم، لاہور	بریقۃ محمودیۃ	شرکہ صحافیہ عثمانیہ
قانونِ شریعت	مکتبۃ المدینہ کراچی	اشعۃ اللمعات	کوئٹہ

الابانة عن اصول الديانة	دار ابن زیدون، بیروت	السنة لابی بکر خلال	دار الراية، عرب شریف
مرأة المناجیح	ضیاء القرآن	طبقات الحنابلہ	مطبعة السنة المحمدية قاهره
بہارِ شریعت	مکتبۃ المدینہ کراچی	المحدث الفاصل	دار الفکر، بیروت
مقالاتِ کاظمی	مکتبہ ضیائیہ کاظمیہ ملتان	شرح الصاوی علی جوہرۃ التوحید	دار ابن کثیر، بیروت
سیرتِ مصطفٰے	مکتبۃ المدینہ کراچی	الشریعۃ للآجری	دار الوطن، عرب شریف ۱۴۲۰ھ
عصیدۃ الشہدۃ	مکتبۃ المدینہ کراچی	توضیح العقائد	نوری بک ڈپو، لاہور
المعتقد المنتقد	دار اہل السنۃ، کراچی	الفقیہ والمتفقہ	دار ابن جوزی، عرب شریف، ۱۴۲۸ھ
طبقات الکبری للشعرانی	دار الفکر، بیروت	المسامرۃ بشرح المسایرۃ	مطبع السعادۃ مصر
اغتنام الفوائد	دار الضیاء کویت	التذکرۃ للقرطبی	دار السلام، مصر
الدرۃ الفاخرۃ فی کشف علوم الآخرۃ	دار الفکر بیروت	الاعتماد علی الاعتقاد	المکتبۃ الازھریۃ للتراث، قاھرۃ ۱۴۳۲ھ
الحجۃ فی بیان المحجۃ	دار الرایۃ، عرب شریف ۱۴۱۱ھ	المفاتیح فی شرح المصابیح	دار النوادر، سوریہ، ۱۴۳۳ھ
الشفاء	دار الکتب العلمیۃ بیروت	مجمع الانھر	دار الکتب العلمیہ، بیروت ۱۴۱۹ھ
فتاویٰ رضویہ	رضا فاؤنڈیشن، لاہور	مواہب اللدنیۃ	دار الکتب العلمیہ، بیروت ۱۴۱۶ھ
مناقب امیر المومنین عمر بن الخطاب	دار الکتاب العربی، بیروت، ۱۴۱۹ھ	سامان بخشش	مکتبۃ المدینہ کراچی
حدائقِ بخشش	مکتبۃ المدینہ کراچی	ذوق نعت	مکتبۃ المدینہ کراچی

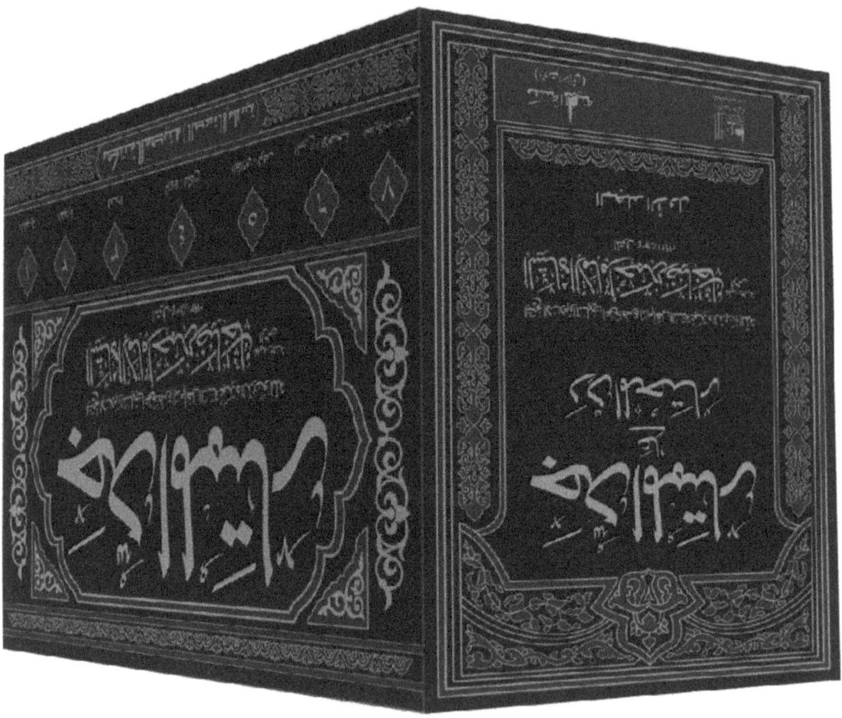